JN493061

사회복지 아카데미(Academy for Social Welfare) 총서 ④

자원봉사론

천정웅 김세광 안명선 문정희 공저

VOLUNTEER MANAGEMENT

양 성 원

불법복사는 지적 재산을 훔치는 범죄행위입니다.

저작권법 제136조(권리의 침해죄)에 따라 위반자는 5년 이하의 징역 또는 5천만 원 이하의 벌금에 처하거나 이를 병과할 수 있습니다.

머리말

자원봉사활동은 대가를 바라지 않고 자발적으로 지역공동체 활동에 참여함으로써 사회문제를 해결하고 공익에 기여하는 것으로 개인적으로는 자아실현과 자기성장에 도움이 되고, 사회적으로는 공익과 사회적 통합에 유익한 성과를 달성하는 것으로 인정받는다. 우리의 자원봉사활동은 선진국에 비해 양적으로나 질적으로 미흡한 점이 있으나 고대로부터 시작하여 두레나 계, 향약과 같은 협동적이고 연대적인 활동을 통해 오랜 시간 실천되어 온 나름의 역사적인 전통을 가지고 있다. 이러한 자원봉사활동은 최근 더욱 급격히 양적으로 증대되는 추세를 나타내고 있으며, 각종 국제적인 행사를 통해 더욱 발전된 모습을 보이고 있다. 그러나 다양한 활동에 미치지 못하는 질적 충실도의 문제가 제기되면서 새롭고 효율적인 자원봉사 프로그램의 개발, 활동의 지속성을 유인하는 관리체계 등 자원봉사활동의 활성화와 발전을 위한 여러 가지 과제들이 제기되고 있는 것도 사실이다.

특히, 오늘날의 우리 사회는 자원봉사자의 지식과 기술, 능력에 의한 사회적 기여에 대한 의존이 더욱 증대하고 있다. 자원봉사활동은 이미 우리 사회의 복지 욕구를 채우는 중요한 한 축이 되었다고 볼 수 있으며 점차 다양한 연령층과 계층들, 전문가와 숙련된 자원봉사자를 모집, 교육하고 관리하는 자원봉사관리자의 자질과 능력 또한 강조되고 있다. 더우기 자원봉사는 자원봉사활동기본법 제정 등을 통해 보다 더 성숙한 모습으로 변화하고 있으며 자원봉사의 정체성에 있어서도 이타적인 서비스 활동에서부터 사회적 변화를 위한 시민참여운동으로 보는 시각까지 다양화되고 있다. 자원봉사활동은 이제 점차 통합적으로 이해하고 기본정신과 가치를 증진하여 성공적으로 발전하도록 하는 것이 중요한 사회적 과제가 되고 있는 것이다.

이런 점에서 이 책은 자원봉사활동과 관련한 전반적인 내용을 포함하고 있으며, 내용 구성의 순서는 자원봉사의 이론적 기초(제1부)를 먼저 이해하고 자원봉사의 역사와 발전(제2부) 그리고 자원봉사의 관리체계(제3부)와 관련한 내용을 공부하도록 하였으며, 전체 13개 장으로 편집하였다. 4명의 공동 저자들이 각자의 전공분야와 관심을 고려하여 주제영역을 정하였으며 1장(개념과 특성)과 2장(구성과 체계), 8장(센터의 설치・운영)은 천정웅 교수가 집필하였다. 4장(외국의 자원봉사), 9장(교육과 관리), 그리고 10장(위험관리와 수퍼비전)은 김세광교수가 맡아하였으며 3장(동기부여와 자원봉사이론)과 5장(우리나라 자원봉사 역사)은 천정웅과 김세광이 공동집필하였다. 또한, 7장(활동관리체계)과 12장(국제비교) 및 13장(활성화)은 안명선 교수가 집필하였고, 6장(봉사학습)과 11장(인정보상과 프로그램 평가)은 문정희 센터장이 맡아하였다. 필자들이 기본적인 체제와 분량을 맞추려고 노력했지만, 각 장별 주제의 특성이 다르기 때문에 전체가 일관성을 갖도록 하는 것은 쉽지 않았다.

이 책은 사회복지 아카데미(Academy for Social Welfare) 총서의 네 번째 책이다. 사회복지 아카데미 총서는 사회복지와 관련하여 다양한 분야에서의 새로운 관점과 접근을 요구하는 시대적 기대에 부응하면서 이론과 정책 그리고 실천의 발전된 내용들을 담고자 하는 학술커뮤니티를 지향하고 있다. 이 책의 발간은 그러한 사회복지 아카데미의 뜻을 전하는 네 번째 발간물의 의미를 갖는 것이다. 그동안 이러한 총서 발간에 함께 참여하고 있는 국내・외의 교수들과 연구자들에게 고마움을 전하면서, 흔쾌히 출판을 맡아주신 도서출판 양성원의 강철원 대표님과 직원 여러분께 깊은 감사를 드린다.

2019년 12월

저자들을 대신하여

천 정 웅 씀

차 례

Part 01 자원봉사의 이론적 기초

chapter 01 자원봉사의 개념과 특성

chapter 02 자원봉사활동의 구성과 체계

chapter 03 동기부여와 자원봉사 이론

Part 02 자원봉사의 역사와 발전

chapter 04 외국의 자원봉사

chapter 05 우리나라 자원봉사의 역사와 현황

chapter 06 봉사학습의 발전과 특성

Part 03 자원봉사의 관리체계

chapter 07 자원봉사활동의 관리체계

chapter 08 자원봉사센터의 설치 · 운영

chapter 09 자원봉사교육과 관리

chapter 10 위험관리와 슈퍼비전

chapter 11 인정 보상과 프로그램 평가

Part 04 자원봉사활동의 활성화

chapter 12 자원봉사의 국제비교

chapter 13 자원봉사활동의 활성화

Part 05 부록

volunteerism | part

01

자원봉사의 이론적 기초

CONTENTS

volunteerism | chapter 01

자원봉사의 개념과 특성

1. 자원봉사의 개념과 의의

1) 자원봉사의 정의

자원봉사에 대한 정의는 활동분야에 따라, 학자에 따라 여러 가지로 정의되고 있다. 국어 사전에 나와 있는 자원봉사(自願奉仕)라는 말은 자원과 봉사의 합성어로서, 자원봉사를 한문의 문자 의미로 풀이해 보면, 스스로 자(自), 바랄 원(願), 받들 봉(奉), 섬길 사(仕)로 '스스로 원하여 받들어 섬김'의 뜻을 가지고 있다. 국어사전을 보면, 자원은 어떤 일을 자기 스스로 하고자 나서는 것이고, 봉사는 국가와 사회 또는 남을 위하여 자신을 돌보지 않고 애쓰는 것이라고 풀이하고 있다. 자원봉사(voluntarism)라는 용어의 어원은 인간의 자발적 의지(will)와 욕망(desire)을 나타내는 라틴어 'voluntas(자유의지)'와 사람(~er)의 복합어에서 유래한다. 이러한 사전적 의미는 자원봉사란 기본적으로 자발적 활동에 근거하고 있고 국가권력이나 외부압력에 의해 지배되지 않는 자유로운 활동이라는 사실을 말한다.(양정하 외, 2019). 즉, 자유의지로서 실천하는 자선활동으로 볼 수 있다. 우리나라에서는 자원봉사, 자원활동, 자원복지활동 등 다양한 용어로 사용하고 있다(이영철, 2009; 전해황 외, 2008).

따라서 자원봉사자란 자유의지를 가지고 자기 스스로 강제 받지 않는 상태에서 다른 사람이나 사회를 위해 헌신하는 사람을 의미한다. 그리고 지속적인 자원봉사활동이란 자원봉사활동이 일회성이나 일시적인 충동적 활동으로 끝나는 산발적・불규칙적인 것이 아닌 자원봉사자의 지속적이고 계획적인, 그리고 개인적이고 집단적인 행위의 활동 일체를 의미한다고 볼 수 있다. 이렇게 볼 때, 자원봉사활동은 어떤 특정한 사람이나 집단 또는 시간과 물질적 여유가 있는 사람만이 하는 특별한 활동이 아니고 누구라도 언제든지 어디서라도 어떤 방법으로든 시작할 수 있는 지속적・계획적 활동이다. 이러한 점에서 전통사회의 단순한 주민참여, 온정주의 활동과는 구별되는 산업화 이후에 등장한 근대적 개념이라고 볼 수 있다. 즉 자원봉사는 내가 지역사회의 주민이라는 민주주의 시민의식과 민간조직이 등장되면서 시작된 개념인 것이다.

한국사회복지협의회(1987)는 자원봉사활동을 사회문제의 예방 및 해결 또는 국가의 공익사업을 수행하고 있는 공사조직에 자발적으로 참여하여 반대급부를 받지 않고 인간존중의 정신과 민주주의 원칙에 입각하여 필요한 서비스를 제공함으로써 이타심의 실현과 자기실현을 성취하고자 하는 활동이라고 정의한다. 현대사회에서 자원봉사활동은 이미 일상생활 속에서 자아실현, 자기성숙을 넘어 환경정화, 각종사회문제의 예방과 치료, 공공의 복지실현을 위한 자율적・민주적 삶의 실현과정이 되고 있다.

자원봉사에 대한 개념은 다양하게 정의할 수 있다. 일반적으로 자원봉사란 다른 사람과 사회의 복지증진을 위해 사회 구성원으로서 책임감을 가지고, 자신이 가진 직・간접적인 자원과 시간과 능력을 자발적으로 할애하여 특정한 보상을 바라지 않고 지속적으로 수행하는 행동으로 정의할 수 있다. 자원봉사는 특별한 사람에 의해 수행되는 특별한 행동이 아니다. 모든 사회 구성원이 언제, 어디서라도 참여할 수 있는 활동으로, 자신과 가족의 차원을 넘어 다른 사람과 지역사회의 복지를 향상시키는 역할을 담당한다(권중돈 외, 2008).

미국의 Manser와 Cass(1976)는 자원봉사는 "개인이 자신이 선택한 자원봉사기관을 통하여 활동하고, 창조하고, 실험하고 또 새로운 목표를 달성하려고 노력하는 과정이며, 최대의 자유와 민주적 과정 속에서 독특한 역할을 하고 또 공익의 어떤 요소를 증진 혹은 촉진시키기 위하여 자발적·사적 노력에 의하여 나타나는 활동과 그 기관"이라고 정의한다(양정하 외, 2019 재인용). Smith(1974)는 자원봉사 행동을 직접적인 보상에 대한 기대, 법·물리적 힘의 강제, 생리적·신체적 요구의 강압 등에 의해서가 아니라 자발적인 동기에 의하여 수행되는 인간의 행동으로 보았다. 즉, 보상, 강압, 강제 등에 의해서가 아니라 기본적으로 정신적인 이익(psychic benefit)을 지향하면서 이루어지는 인간의 행동이라고 하였다.

또한, Baldock(1990)은 자원봉사를 민간·공공기관, 사회행동, 사회복지문제에 관련된 자조집단 등에 규칙적이고 무상적으로 자신의 시간, 노력 등을 기여하는 것이라고 하였으며, 미국의 사회사업백과사전에서는 자원봉사란 욕구가 인식되었을 때 어떤 구체적 이득을 생각하지 않고 사회적 책임이라는 태도로 행동을 선택하는 것이며 자선이나 대가를 기대하거나 의무적으로 행하는 것을 초월하는 것으로 정의하였다. 이러한 자원봉사활동을 행하는 자원봉사자는 모든 형태의 사회복지활동에 관여하고 있는 공적 또는 민간기관들을 위해 보상없이 그들의 서비스를 자유롭게 제공하는 개인들이라고 할 수 있다.

한편, 김영옥(2011)은 자원봉사는 자유의지를 가지고 자기 스스로 강제 받지 않은 상태에서 다른 사람이나 사회를 위해 헌신하려는 개인적, 집단적 행위나 활동이라 했으며, 황치정(2012)은 자원봉사는 아무런 보상 없이 스스로 참여하여 사회의 변화와 발전을 위해 봉사를 하는 것으로 스스로의 존재가치를 회복하고, 유지시켜 역할상실을 보충해 주는 활동이라고 정의하였다. 그 이후 김창래(2015)는 개인 또는 단체가 자유의사에 의해 지역사회, 국가 및 인류를 위하여 자발적으로 참여하여 시간과 노력을 제공하는 일이라고 하였다.

자원봉사에 대한 이상의 개념을 종합하여 보면, 자원봉사란 개인, 집단, 지역사회의 문제를 치료하고 예방하며 공동 복지목표를 위한 개인적 · 사회적 노력에 반대급부 없이 자발적으로 협력 또는 직접 참여하는 활동이며, 자원봉사활동은 기존의 사회기관, 사회복지기관을 중심으로 지역사회의 국가편익을 위하여 일하는 모든 사회기관 및 조직에서의 활동을 말한다.

일반적으로 지역사회에서 민간 자원을 동원하는 방법은 두 가지가 있다. 하나는 물적자원을 가용하는 공동모금(community chest)이고 다른 것은 인적자원을 가용하는 자원봉사(voluntary service)이다(양정하 외, 2019). 이와 함께 자원봉사와 관련한 다양한 용어들을 정리하면 다음과 같다.

〈표 1-1〉 자원봉사 관련 용어

구분	내용
Voluntarism	민간영역, 비영리단체의 복지기관재단, 종교단체에서 자발적으로 행해지고 있는 활동으로 정부기관은 포함되지 않음. 소정의 유급직원들을 활용하여 사업을 전개하고 있음
Volunteerism	자신의 의지나 선택 또는 권유에 의해 자발적으로 무보수로 순수하게 자원봉사활동에 참여하는 활동을 말함. 자원봉사정신, 자원봉사철학, 자원봉사주의 라고도 말함
Voluntary Action	자신의 의지나 선택에 의한 행위를 말하나, 자발적으로 참여한 모든 활동을 자원봉사활동이라고 할 수는 없음
Voluntary Agency (민간기관)	어떤 욕구나 문제를 인식한 개인들에 의해 설립되고 사적 기금으로 조직체를 형성한 것을 말함. 단, 정부의 보조금이나 공공기금을 지원받아 설립 · 위탁되었다면 민간기관이라고 할 수 있음
Volunteer Association (자원봉사자협회)	자원봉사자들에 의해서 발전되고 자원봉사자로 구성된 회원집단(membership group). 조직체에 의해서 유급직원이 채용될 수있지만 자원봉사자 스스로 조직의 중심을 형성함
Private Sector (민간 부문)	정부 공공영역(public sector)에 대립되는 개념으로서 voluntary agencies, volunteer association 그리고 business로 구성. 사적 영역은 또한 비영리부문과 영리추구 영역으로 구분되기도 하는데, 최근에 비영리부문에만 적용하는 용어로 제3의 영역(the third sector)과 독립영역(the independent sector)이라는 용어로 사용.
Philanthropy(자선)	일반적으로 금전이나 물건을 자애적인 이유로 주는 것으로 개인적 자비심의 표현임

구분	내용
Community Service (사회봉사명령)	지역사회의 욕구에 부합하는 활동들을 포함. 단, 법원의 명령에 따라 교도소에서 수형 대신에 사회봉사활동에 참여하여 형을 감형받는 활동으로 엄격한 의미에서 자원봉사라고 할 수 없음
Citizenship (시민권)	민주주의의 기능에서 시민으로서의 참여 의미. 항상 자발적인 것이지만 모두 자원봉사행위는 아님. 예를 들면 투표행위.
Amateur or Nonprofessional (아마추어, 비전문가)	보수를 받지 않는다는 측면에서는 자원봉사와 유사하지만 기술이 없거나 낮다는 측면의 개념적용은 자원봉사와 같은 의미라 할 수 없음.

출처: 김범수 · 신원우(2018), p. 380.

2) 자원봉사의 의의

자원봉사활동은 자유의사에 의해 자발적으로 한 실천행위 그 자체이며 복지사회를 만드는 데 적극적으로 참여하는 의도적, 계획적 일상 활동이라 할 수 있다. 즉 시민의식을 기초로 지역사회를 위해 보다 살기 좋고 밝은 생활로, 상호연대하며 구축해 가는 끊임없는 활동이다. 이러한 자원봉사활동이 가지는 사회적 의의로 다음 세 가지를 들 수 있다.

첫째, 현대사회는 도움이 필요한 사람 · 집단 및 기관들의 증가로 적절한 욕구 충족이 이루어지지 못하고 있는 실정이다. 재정과 인력의 부족이 그 원인 중의 하나인데, 자원봉사는 이러한 복지제도의 불완전성을 보완, 강화하는 의의를 갖는다. 복지서비스의 욕구는 점점 늘어만 가는데, 재정 확보가 어려운 상황에서 자원봉사활동을 효율적으로 활용하여 다양한 욕구를 충족시키는 일은 매우 중요하다.

둘째, 자원봉사활동은 자발성에서 우러나온 민간활동이고, 활동과정을 통해서 공동체 의식을 높이는 것이므로 시민참여의 한 형태로서 중요한 의의가 있다.

셋째, 우리 사회도 국민소득의 증대와 기술 문명에 의한 노동력의 대치로 많은 여가를 누리게 되었다. 여가는 그 사용에 따라서 건설적이고 긍정적일 수 있는 한편, 파괴적이고 부정적인 결과를 초래할 수도 있다. 여가를 자원봉사활동에 활용하는 것은 개인적 차원에서 긍정적일 뿐 아니라 사회적으로도 사회복지에 기여하게 되며, 여가를 활용하여 발생할 수 있는 파괴적 요소를 예방하는 것이라 볼 수 있다(김익균 외, 2013).

〈표 1-2〉 자원봉사활동의 의의

개인적 차원	사회적 차원
• 긍정적 자아형성 • 삶의 의미 발견, 성찰의 기회 • 사회적 존재로서의 개인 자각 • 소외감과 고독감 해소 • 능력계발과 폭넓은 경험의 기회	• 지역공동체 강화 • 가정의 기능 회복 · 보완 • 사회적 갈등 감소 • 사회의 유휴인력 활용 • 부족한 사회복지 예산과 인력에 보탬

2. 자원봉사활동의 필요성과 특성

1) 자원봉사의 필요성

자원봉사의 필요성은 다음과 같은 몇가지로 제시할 수 있다(송복렬, 2004; 이영철, 2008).

첫째, 자원봉사활동은 복지제도의 불완전성을 보완, 강화하는 기능을 갖는다. 현대사회에 이르러 물질적 풍요 속에서도 각종 비복지의 증가로 인해 사회문제가 급증하지만 국가가 복지적 측면에서 전체를 충족시키는 것은 불가능하고, 정부의 재정적 부담능력에는 한계가 있기 때문이다. 정부의 부담능력이 있다하더라도 정서적 지원과 같이 공적 · 제도적 서비스로는 해결할 수 없는 욕구가 있으므로 자원봉사활동은 이러한 공적 · 제도적 복지서비스의 불완전성을 보완한다.

둘째, 1960년대 이후 급격한 경제발달에 의한 생활양식의 변화, 생활의식의 변혁 및 핵가족화 경향은 생활 안전망으로서의 전통적인 가족의 기능을 축소시키고 있는데, 가족 내 노인, 아동, 장애인에 대한 보호의 필요성이 대두되면서 사람에 의해서만 해결이 가능한 대인적 욕구가 증대됨에 따라 자원봉사활동이 필요하게 되었다. 국민의 자발적 참여에 의한 자원봉사활동으로서 공동체의식을 유지하고 불완전한 가족기능을 보완할 수 있다.

셋째, 자본주의의 발달과 더불어 국민소득의 증대 및 기술문명의 발달은 인간에게 많은 여가활용 기회를 주었는데, 여가를 건전하게 이용하는 것에 대한 인식이 점차 중요한 사회적 이슈가 되어가고 있다. 이러한 상황에서 자원봉사활동은 가치있는 여가활동의 하나로 고려되어진다. 자원봉사활동은 개인적 측면뿐만 아니라 사회적 측면에서도 많은 보탬이 된다.

2) 자원봉사의 특성

시민들이 주체적으로 사회문제를 해결하는 것은 시민사회를 설명하는 가장 명료한 표현 중의 하나라고 할 수 있다. 여기에 시민들이 해결하고자 하는 문제의 영역과 공간적 범위에 대한 구체성을 추가하면 지역사회의 복지 서비스를 주민들의 자발적 참여를 통해 해결하는 자원봉사활동과 연결시킬 수 있다. 즉 시민의 힘을 바탕으로 한 장기적인 사회발전이라는 우리사회의 거창한 과제가 시민들의 자발적이고 이타적인 공적 행위인 자원봉사활동을 통해 구체적으로 구현되는 것이다(박춘희, 2015).

자원봉사활동이 타인의 강요나 억압에 의해 행해지는 것이 아니라 타인을 돕고자 하는 인간의 자발적인 의지에 의해서 비롯된 자유스런 활동인 만큼 그 활동형태나 내용은 다양하다고 볼 수 있다. 하지만 이러한 다양함 속에서도 자원봉사활동의 공통적인 특성을 살펴보면 자원봉사활동의 이념이나 본질을 더욱 명확히 이해할 수 있다. 우리나라에서 자원봉사활동에 관한 교재를 참고해 보면 자원봉사활동의 특성에 관하여 다양하게 제시하고 있음을 알 수 있다. 양창삼(1997)은 자아실현성, 자발성, 무보수성, 이타성, 공동체성, 사회성, 사회복지성, 민주성, 개척성, 지속성 등 19가지를 지적했는가 하면 김범수와 신원우(2018)는 자원봉사활동의 특성을 자발성, 복지성, 무급성, 지속성, 이타성, 자아실현성, 학습성, 헌신성, 협동성, 전문성 등의 열 가지로 제시하였다.

양정하 외(2019)는 자발성, 이타성, 자아실현성, 무보수성, 지속성, 복지성, 협동성, 교육성, 민주성, 전문성으로 분류하였다. 그러나 우리나라에 제시되는 자원봉사활동의 특성은 대개 일본 오사카 볼런티어 협회에서 발간한 자원봉사활동 관련 교재에서 원용이 되었음을 알 수 있다. 오사카 볼런티어협회에서는 자원봉사활동의 특성을 자발성, 복지성, 무급성, 계속성의 4가지로 제기하고 있다. 또한 Ilsley(1990)는 자원봉사활동의 특성을 이타주의, 자유의지, 학습, 헌신, 무급성, 조직, 심리적 보상, 희생 등의 8가지를 들었다. 기존의 여러 견해들을 종합하여 자원봉사활동의 특성을 다음과 같이 10가지로 정리하기로 한다.

(1) 자발성(自發性, free will)

자원봉사는 타인의 강요나 억압에 의해 행해지는 것이 아닌, 타인을 돕고자하는 자신의 자발적인 의지에 의해 비롯된 자유스러운 활동이란 특성을 가지며 이는 자원봉사활동에 있어 가장 우선적으로 고려되어야 할 점이다(최덕경 외, 2012). 즉, 자원봉사는 다른 사람의 강제나 명령에 의하지 않고 자신의 주체성에 의해 참여하며 활동하는 속성을 갖는다. 자원봉사자는 자유의지로 참여해야 한다는 것에 대해 이의를 제기하는 사람은 없지만, 자유의지의 범주와 관련해서는 명확하게 정의하기 어려운 면이 있다.

(2) 이타성(利他性)

자원봉사는 자신의 이익이나 목적을 위한 것이 아니라 타인을 존중하고 이웃과 더불어 살아간다는 이타주의(altruism)적 정신을 바탕으로 하며 자신의 자아실현, 대인관계 향상, 여가선용 기술과 전문적 기능의 습득 등과도 관련성이 있다. 즉, 인간에게는 누구나 어려운 환경에 처해 있는 사람들을 돕고 싶어하는 정신이 있으며, 이타성이란 이와 같이 자원봉사의 동기나 과정, 결과에 있어 자원봉사자 자신의 이익이나 명예를 먼저 생각하지 아니하고 도움의 대상자를 먼저 생각하는 행동을 말하는 것이다(김범수 외, 2018). 타인의 어려움에 동참하는 사람이 증가하도록 사회적 분위기를 조성하고 상부상조하는 정신, 자원봉사 문화를 정착시키는 것이 매우 중요하다.

(3) 무보수성

자원봉사는 자신의 활동에 상응하는 금전적인 보수나 대가를 받을 목적으로 행하는 활동이 아닌 무보수적 활동이다. 무급성(non-paid)이란 무보상성(non-reward) 또는 무보수성이라는 용어로도 표현하고 있는데, 여기서 무급성이란 자원봉사활동을 하면서 일어나는 여러 가지 소요경비를 자원봉사활동에 참여하는 자원봉사자가 스스로 책임지는 것을 말한다. 자원봉사는 어떤 금전적인 보수나 대가, 경제적 보상을 목적으로 하지 않으며, 민주시민으로서 당연히 해야 할 의무이며, 자신의 행복을 추구하기 위한 자발적인 행동이기 때문이다. 그러나 최근에는 필요에 따라서 최소한의 경비나 수당은 받을 수도 있다는 여론이 많다. 왜냐하면 교통비나 식비 등 최소한의 실비지원은 자원봉사자를 촉진할 수 있기 때문이다(최덕경 외, 2012). 외국에서는 급여나 보수에 해당하지 않는 식사비나 교통비 정도의 최소한도의 활동경비를 지원받으며 자원봉사활동을 촉진하고 장려하는 실비자원봉사자(paid volunteer)의 참여도 활발하다. 일본에서는 실비의 비용으로 활동하는 자원봉사자를 가리켜 아르바이트와 볼런티어를 합한 알바이티어(albeiteer)라고도 한다. 자원봉사자들에게 지불되는 비용은 봉사의 대가로 지불하는 것이 아니라 봉사활동을 수행하는 데 소요된 비용을 기관 측에서 제공한다고 생각하는 것이 좋다.

(4) 지속성

자원봉사는 일회성이나 충동적인 행동이 아니라 일상생활 속에서 자연스럽게 지속적으로 이루어져야 한다. 지속적인 관심이 없는 자원봉사는 오히려 자원봉사 대상에게 불신감이나 상처를 줄 수도 있기 때문이다. 자원봉사는 개인의 일시적인 기분을 위한 것이 아니라, 항상 이웃을 돌아보고 순수한 마음으로 타인과 지역사회를 위한 활동이 되어야 한다(최덕경 외, 2012). 그러면, 한번 자원봉사활동에 참여한 사람이 어느 정도 봉사기관에 참여해야 효율성이 나타날 수 있을까? 한국사회복지협의회에서는 한번 자원봉사활동에 참여하면 주 1회, 1회 3~4시간을 기준으로 6개월간은 지속(continuity)되어야 한다는 기준을 제시한 바 있다. 자원봉사활동에 참여하는 사람들을 6개월 만이라도 계속해서 자원봉사활동에 참여시키기 위해서는 고도의 자원봉사 관리기술이 필요하다. 또한 한번 자원봉사활동에 참여를 하면 일정 기간 계속 하여야 한다는 것을 인식시킬 필요가 있다(김범수 · 신원우, 2018).

(5) 공익성(복지성)

자원봉사의 공익성이란 그 활동이 특정한 개인이나 단체의 이익, 특정 사상과 신념, 종교, 민족, 목적 집단 등의 이익만을 위한 것이 아니라 모든 사람이나 사회의 보편적 이익으로 환원되는 것이라고 정의할 수 있다(김익균 외, 2013). 자원봉사는 개인의 자아실현을 목적으로 하는 경우도 있지만 대부분 전체사회의 공익을 증진시키거나, 지역사회 주민의 욕구충족이나 문제해결과 같이 사회복지를 증진시키기 위한 활동인 것이다. 따라서, 자원봉사는 영리를 초월하여 공익을 제일로 삼아야 한다. 자원봉사는 개인의 자아실현뿐만 아니라, 지역주민의 복지향상과도 깊은 연관이 있다. 즉, 이웃과 더불어 행복한 삶을 영위하기 위하여 책임감을 가지고 공동체의 구성원이나, 사회적 약자의 복지향상을 위한 활동이어야 한다. 특히 봉사자와 대상자의 관계는 수직적 관계가 아니라, 상호보완적이고 대등한 관계여야 한다(최덕경 외, 2012).

(6) 전문성

자원봉사는 누구나 할 수 있는 것 같지만 대상과 영역에 따라 전문성이 요구되기도 한다. 대상자에게 서비스가 체계적이고 효율적, 효과적으로 이루어져야 하기 때문이다. 이를 위하여 봉사활동의 사전 준비와 계획 및 실천과정이 전문적이어야 한다(최덕경 외, 2012). 전문적 상담 프로그램에 참여하는 자원봉사자들은 보통 상당기간의 교육을 받아야 하는 곳도 있다. 특히 대학생들이나 전문직장인들이 참여하는 자원봉사활동의 경우에도 자신의 전문성(professional)을 활용하여 자원봉사활동에 참여하면 효과가 높아질 수도 있다(김익균 외, 2013). 그러나 자원봉사활동에서 전문성을 논할 경우 유의해야 할 점은 본인의 전문성이 우수하다 하더라도 일단 자원봉사활동기관이나 시설에 가면 전문가들을 위해 보완적인 역할에 참여한다는 의식이 필요하다. 가끔 자신의 전문성을 너무 내세우다가 갈등의 골이 깊어지는 사례도 종종 있기 때문이다. 그러나 자신의 전공과 개성 및 특성에 알맞은 자원봉사활동에 참여하면 자원봉사활동의 흥미는 더욱 깊어질 것은 분명하다(김범수 · 신원우, 2018).

(7) 자아실현성

자원봉사활동에 참여하면서 자원봉사자들이 얻을 수 있는 가장 큰 만족감은 자아실현성(self-realization), 자기만족감이라고 할 수 있다. 어려운 이웃을 도우려고 하는 동기에서 자원봉사활동에 참여하면서 새로운 경험, 성취감, 만족감, 폭넓은 인간관계 등의 심리적 보상을 얻게 된다. 특히 처음 자원봉사활동에 참여할 때 느끼게 되는 막연한 두려움, 초조감, 긴장감 등에서 탈피하여 새로운 일을 개척하고 사회의구성원으로서 인정을 받을 수 있다.

(8) 교육성

자원봉사활동이란 타인에게 도움이 되는 것도 중요하지만 봉사활동 준비나 봉사활동에 참여하는 과정을 통하여 얼마나 교육적인 효과를 얻었는가도 중요하다. 미국 사회사업백과사전에서는 자원봉사자는 일정한 교육을 이수하여야 한다고 전제하고 있다. 다시 말하면 자원봉사에 관한 일정한 교육을 이수하지 않은 사람들은 예비 자원봉사자 또는 자원봉사신청자라고 부르는 것이 정확할 것이다. 자원봉사자는 일정한 기간을 교육에 참여함으로써 학습하기도 하고, 또 경험, 지식, 기술, 태도, 신념 등을 학습할 수도 있다. 그것은 자원봉사활동에 참여하는 모든 과정과 경험이 봉사학습(service learning)이 될 수 있기 때문이다. 특히 어린 시설의 자원봉사활동 경험은 성인이 되어서도 이어진다는 많은 연구결과들은 자원봉사활동이 복지교육을 실현하기 위한 훌륭한 교육적 활용이 된다는 것을 말해준다(양정하 외, 2019).

(9) 헌신성

자원봉사활동은 어려운 이웃을 돕는 이타주의라는 특성이 있다는 것에 대해서는 많은 논란이 있기도 하다. 자원봉사활동을 통해서 오히려 많은 것을 배울 수 있다는 점 때문이다. 그러나 헌신이란 자원봉사활동에 있어서 매우 중요한 요소가 된다. 헌신(commitment)은 자원봉사활동의 철학과 신념과도 관련이 있기 때문에 자원봉사자들이 어려운 환경을 변화시키고 극복할 수 있는 계기가 될 수 있었다. 자원봉사활동에 참여하기 위해서는 자신의 시간과 비용 등을 투입하게 되는데 이와 같은 희생(sacrifice) 정신도 필요하다.

(10) 협동성

자원봉사활동은 혼자서 할 수 있는 개인활동이 아니며 자원봉사자와 봉사대상자 그리고 조정자 등 여러 사람들이 함께 수행하는 체계적인 활동이다. 물론 봉사활동을 혼자서 하는 것도 가능하지만 모임이나 단체 등 다양한 조직에서 함께 프로그램을 계획하고 목적을 설정하여 봉사하는 경우가 일반적이다. 이럴 때 봉사자 상호 간에 협동성(cooperation)이 필요하며 각자 주어진 역할에 충실해야 한다. 다시 말해 봉사활동은 수요 측과 공급 측의 조화로운 역동적 활동을 통해 이루어지는 산물이기 때문에 이러한 안정된 균형을 위해서는 서로의 이해가 가장 필수적이라 볼 수 있다. 따라서 봉사활동은 공동체에 대한 이해, 소속감, 적극적인 사고방식 등 공동체 의식을 함양할 수 있는 기회를 제공한다. 봉사자만의 협동성을 넘어 각 기관 간의 연계성으로까지 확대될 필요가 있다.

3. 자원봉사활동의 기능과 동기

1) 자원봉사활동의 기능

자원봉사활동은 단순히 개인의 활동으로 보기보다는 이러한 개인적인 차원에서부터 국가적인 차원에 이르기까지 다양한 기능을 가지고 있다. 자원봉사자를 크게 구분하면 직원, 이사, 위원회의 위원으로서의 관리자의 위치에 있는 자원봉사관리자와 사무, 사회문제, 개인과 개인의 접촉, 집단활동 등과 같은 직접 또는 보완적인 서비스를 하는 서비스 자원봉사자로 구별할 수 있다. 자신의 능력과 사회의 필요에 따라 이들의 역할은 다양해질 수 있다. 이러한 기능을 요약하면 시설 및 기관 서비스 기능, 가정복지 및 재택 서비스 기능, 지역사회 형성 기능, 개인적 측면에서의 자기개발 기능 등으로 구분할 수 있다(사회복지협의회, 1981; 양정하 외, 2019).

(1) 시설과 기관의 서비스 기능

인간의 사회생활과 사회복지를 위한 기관을 설립하는 일에서부터 기관을 운영하고 직원을 돕는 일, 기관의 사업을 보완하는 것 등 사회복지 시설과 기관 등에 대한 서비스 기능은 기관과 지역 간의 보이지 않는 심리적 장벽 혹은 거리감을 없애주며 시설 직원들의 심리적, 육체적 노동 과중과 그로 인한 피로를 덜어주어 서비스를 보다 능률적, 효과적으로 해나갈 수 있도록 지원한다. 특히 시설 자원봉사자의 참여는 사회복지시설 입소자의 고독감을 덜어주고 시설 입소자의 올바른 인격 형성과 사회적 재활, 그리고 시설의 사회화를 위하여 중요한 의미를 갖는다.

(2) 가정복지 및 재택 서비스 기능

자기 가정과 이웃 가정을 대상으로 하는 가정 복지 서비스의 기능은 인간성 회복과 사회복지의 인간관을 기초로 약화되는 가정의 기능을 회복하고 장애인을 둔 가정이나 노인의 고독감을 덜어주며 또 그들의 생활을 지원하는 것이다. 그리고 주민의 차별과 편견을 없애고 함께 산다는 연대적 인간관계를 형성하며 가정복지적 측면에서의 전인적 인간 양육에도 매우 중요한 의미를 갖는다. 인간이라면 누구나 각자의 능력에 따라 사회 속에서 가치를 찾고 사회에 공헌하며 또한 삶의 보람을 느낄 수 있는 환경을 만드는 것이 보다 필요한 것이다. 오늘날은 특히 사회복지의 발전에 따라 노인, 장애자, 요보호 아동을 지역사회의 가정에서 보호 육성할 필요성이 주장되고 있다는 점에서 재택 자원봉사자 활동은 그 기능과 의의가 강조되어야 한다.

(3) 지역사회 형성기능

시설보호나 가정 보호도 이른바 요보호자의 주체적 생활의 회복을 위해서는 지역사회 자원봉사활동의 지원이 필요한데, 자원활동의 기능은 산산이 붕괴되어가는 지역사회를 재형성하는 일이다. 지역사회는 아동이 건전하게 성장하는 장소이자 노인과 장애인이 가족과 안심하고 함께 살아가는 보람을 느끼는 장소가 되어야 한다. 결국 자원봉사활동은 지역사회의 주인의식과 연대의식을 향상시키고 지역사회 감정을 형성하며 지역사회의 문제를 주민의 상호협동과 참여를 통해 해결하고 예방하게 하는 기능을 가지고 있다. 수용보호나 재택보호도 소위 클라이언트 주체적인 생활의 회복을 위해서는 지역사회의 자원봉사활동을 통해 붕괴된 지역사회를 재형성하는 것이다. 인간은 본래 원하든 원하지 않든 간에 공통의 이해관계를 갖는 여러 집단을 만들어 생활하는 것이다. 지역사회는 이와 같이 이해를 달리하는 집단의 집합이기도 한데 이것들이 상호 관련을 갖고 상호 이익을 얻기 위해서는 상호 이해와 승인과 타협이 필요하다. 이런 점에서 지역사회 내 자원봉사활동은 지역사회 형성을 목표로 하는 인간의 사는 보람으로서 또는 특권으로서, 누구든지, 언제든지, 어디서든지, 실행하여야만 하는 근린애의 활동이라고 말할 수 있다.

(4) 개인의 자기개발 기능

자원봉사활동은 각 개인이 한 인간으로서 자신을 사회적 존재로 자각하여 스스로 타인에게 또는 타인과 더불어 봉사하는 경험을 통하여 자신의 인격적 성장과 발달, 그리고 자신의 잠재력을 실현하는 기회를 갖게 하는 것이다. 특히 자기발전과 성숙에 기반이 되는 사회성을 키울 수 있는 도구로서의 기능을 수행하며, 이러한 사회성은 자아실현이라는 인간이 추구해야 할 인생의 의미 내지 목표를 확보하고 달성하는 데 꼭 필요한 요인으로 작용하는 것이다(NASW, 1977).

2) 자원봉사의 참여동기

자원봉사의 참여도 역시 여러 동기가 전제되는데 성공적인 자원봉사는 자원봉사자가 봉사에 대한 분명한 동기를 자각할 때에 가능하다. 인간의 행위를 이끌고 행동의 원동력이 되는 동기는 인간을 이해하는 데 매우 중요한 요소가 된다. 동기가 없이는 행동하지 않듯이 자원봉사활동을 이해하기 위해서는 자원봉사자들의 참여동기에 대한 이해가 선행되어야 한다. 지속적인 자원봉사활동을 기대하기 위해서 즉 개인이 자원봉사를 실천하고 자원봉사자로서의 역할을 자부심있게 수행하기 위하여는 시간과 에너지를 바치겠다는 동기 부여가 필요하다.

자원봉사의 동기에 대한 이해는 자원봉사자의 욕구 충족의 측면에서 중요한 의미가 있다. 자원봉사자의 욕구 충족의 측면에서 보면, 자원봉사자는 확실히 자신의 욕구보다는 봉사대상의 욕구를 충족시키기 위하여 자원봉사활동에 참여하고 있으나 자원봉사자도 어떠한 특수한 한정적인 욕구를 가지고 있음을 인식하는 것이 중요한 일이다. 실제로 자원봉사자가 자원봉사활동에 참여하는 동기는 매우 다양하며 또한 어떤 특정한 동기에 의해 참여하기도 하지만 여러가지 동기가 혼재되어 있을 수 있고, 처음 가졌던 동기가 자원봉사활동을 하면서 변화되기도 한다. 자원봉사의 동기는 다양한 요인에 근원을 가지고 있어 이러한 동기는 항상 변화하는 역동적인 것이며 자원봉사활동의 진행에 따라 새로운 동기가 첨가되기도 하는 것이다(양정하 외, 2019).

윌슨(Wilson, 1990)은 시민이 봉사활동에 참여하게 되는 동기에 대해 다음과 같이 구분하였다. 첫째, 인간이 타고난 유전적 특성에 의해 어려움에 처한 이웃에 봉사하고자 하는 이타적 동기 둘째, 여가선용이나 신앙생활의 일부분 또는 자신의 능력이나 지식을 활용하여 개인의 욕구를 충족시키고자 하는 이기적 동기, 셋째, 사회문제의 위기감에 의한 사회적 의무감과 사회적 관계, 사회적 승인, 사회적 성취 등의 사회적 욕구를 충족시키고자 하는 사회·심리적 동기 등이다. 자원봉사자의 참여동기를 좀 더 구체적으로 제시한 의견을 살펴보면 사람들이 가지는 일반적 동기는 다음과 같다(양정하 외, 2019 재인용).

- 집밖으로 나오고 싶어서
- 지역사회에서 존경받는 인물을 알기 위해서
- 직업을 얻을 수 있는 경력을 쌓기 위해서
- 직업을 바꾸기 전에 자신의 능력을 시험해 보기 위하여
- 새로운 친구를 사귀고 싶어서
- 새로운 기술을 개발하기 위하여
- 지역사회 문제에 대한 지식을 얻기 위하여
- 지위를 얻고 싶어서
- 짐을 벗어나고 싶어서
- 소속감을 느끼기 위하여

한편 맥컬리와 빈야드(McCurley & Vineyard. 1987)는 자원봉사의 참여동기를 분석하여 자원봉사자의 동기를 다음 표와 같이 성취지향형, 권력지향성, 및 친화지향형의 세 가지로 구분하여 설명하고 있다.

〈표 1-3〉 자원봉사자의 참여동기

성취지향적 동기	권력지향적 동기	친화지향적 동기
지역사회 개선	지위의 변화	선린애의 실현
유익한 경험 습득	타인의 인권회복 기여	활동적 · 포용적 성격
전공 기술 활용	타인의 인정	새로운 사람과의 만남
새로운 기술 습득	타인에 대한 영향력	동료와의 즐거움 공유
새로운 직업기회 탐색	사회적 지지의 획득	타고난 재능의 활용
자기성장과 자아실현	진정한 승리자	친구를 돕는 기회
변화된 삶의 경험	어려웠던 과거 보상	클라이언트와의 만남
취미의 건전한 활용	학문적 신뢰성 구축	가치관이 같은 사람과 사귐
새로운 도전의 기회	자신감 구축	가사에서의 일시 해방
책임감 습득	진정한 존재의 확인	신앙의 실천
상부상조 전통의 계승	소유의 사회적 확인	

출처: 양정하 외, 2019, p. 333.

4. 자원봉사활동의 형태

자원봉사는 자신, 가족, 친척을 돕는 것 이외의 모든 활동을 포함하기 때문에 그 형태는 실로 다양하다. 스미스(Smith, 1999)는 전 세계에서 이루어지는 자원봉사활동의 형태를 다음과 같은 네 가지로 구분하였다(김동배 외, 2009 재인용).

1) 상호부조(mutual aid)와 자조(self-help)

자원봉사활동은 인간의 삶에서 가장 오래되고 보편적인 것이다. 이웃 간의 비공식적인 돌봄과 유사한 상황에 있는 사람들끼리 모여서 서로 도우며 공동체의 복지를 향상시키는 활동이다. 상호부조와 자조 모두 주위 사람들과의 친밀한 상호관계 속에서 이루어지며 결국 자신에게도 이익이 돌아온다. 상호부조는 개발도상국의 경제사회개발 시스템의 하나로 부각되었으며, 자조는 선진국에서 건강과 복지향상에 큰 역할을 하고 있다.

2) 박애(philanthropy)와 서비스 제공(service to others)

자원봉사활동은 이타적 활동을 통해 그 혜택이 제3자에게 돌아가는 것으로서, 주로 민간 부문의 단체에 의해 일어나는 활동이지만, 공공부문이나 기업의 참여에 의해서도 많이 일어난다. 빈곤, 질병, 재난, 문맹의 퇴치 등 인간의 기본적 생존을 위한 활동도 있지만, 최근에는 복지에 대한 다양한 욕구가 분출되면서 전문적인 서비스 제공의 필요성이 증대하고 있다. 이런 형태가 자원봉사의 가장 일반적인 것이다.

3) 참여(participation)

개인이 자기 능력을 발휘할 수 있는 범위 내에서 지역개발사업이나 정부 자문기구에 참여하는 것은 오래된 주민 혹은 시민의 권리로 인정되고 있다. 참여는 시민사회의 전통이 오래된 국가에서 잘 발달하였지만 최근 제3영역의 중요성에 대한 인식이 확산되면서 모든 나라에서 중요한 사회적 과제가 되었다. 이에 따라 참여를 법률적으로 보장하려는 움직임이 강해지고 있다. 정부 프로젝트에 있어서 내부적으로 이미 결정해 놓고 형식적인 참여의 형태만을 띠면서도 사업의 정당성을 확보하려는 것에 대한 비판의 목소리도 높다.

4) 대변(advocacy)과 캠페인(campaigning)

자원봉사활동은 사회적 약자의 지위와 권리를 향상시키기 위해서나, 환경보호, 민주화, 부정부패 척결, 국제평화 등의 영역에서 운동으로 일컬어지는 활동을 포함한다. 자원봉사자들은 대중의 인식을 높이고 구체적인 목적을 달성하기 위해 막강한 힘을 갖고 있는 국가나 기업과의 관계에서 긴장을 유발하기도 하는데, 많은 경우 법과 제도의 제정 또는 수정을 목적으로 하는 로비활동을 포함한다. 캠페인은 한 지역에 국한되기도 하지만 때로 전지구적으로 이루어지기도 한다. 최근에는 인터넷을 통한 국제적 캠페인도 많이 있으며, 우리나라에서는 시민단체가 대변과 캠페인 활동을 많이 하고 있다.

5. 자원봉사의 발전과정

우리나라의 자원봉사활동의 기원으로 대표적인 것은 농촌 부락 단위로 공동경작에 참여하면서 자발적으로 상부상조하는 두레와 농촌에서 노동력을 교환하는 품앗이활동이라고 할 수 있다. 삼한시대의 두레, 품앗이, 마을 안에 중병자나 불구자, 과부, 초상집이 있으면 공동으로 그 집 농사를 지어주는 공굴(共屈), 마을에 흉사가 있을 때 무보수로 봉사해주는 향도(香徒) 등과 고려의 의창・제위보・혜민국제, 조선시대의 상평창・사창 등을 들 수 있다. 이러한 것들을 오늘날의 사회봉사활동으로 보기에는 어려우나 상부상조의 전통이 오늘날의 자원봉사정신으로 계승・발전되었다고 볼 수 있다.

현대적 의미의 자원봉사활동은 1903년 한국기독교청년회(YMCA)의 창립을 계기로 지역사회활동이 조직적으로 이루어지면서 시작되었다. 일제시대의 자원봉사활동은 두 가지 성격으로 나눌 수 있는데 하나는 조선총독부에서 설립한 인보관을 중심으로 여성의 계몽운동과 어린이를 위한 다양한 봉사활동을 전개한 것이다. 1921년 태화기독교사회관은 최초의 인보관운동이라고 할 수 있다. 다른 하나는 일제식민지 시대의 구국운동으로 시작된 학생운동의 형태이다. 학생운동은 광복 이후 문맹퇴치를 위한 야학, 농촌봉사활동, 질병구제 등의 사회봉사활동으로 전개되었다.

1950~1970년대의 지역사회자원봉사를 보면, 1978년 한국 사회복지협의회에서 5개 지역에 '사회봉사안내소'를 설치함으로써 본격적인 활동이 시작되었으나 전반적으로 국민들의 지역사회봉사에 대한 참여도는 미약하였다. 경제가 발전하기 시작한 1980년대에 들어서면서 자원봉사가 본격적으로 활성화되기 시작하였다. 1986년 아시안 게임과 1988년의 서울 올림픽에서 정부가 자원봉사자를 대거 활용하였고, 1984년

한국여성개발원에서 여성유휴인력활용과 여성 사회참여 확대를 위하여 '자원 활동 인력은행'을 구성하였다. 1980년 사회봉사라는 용어 대신 '자원봉사'라는 용어가 보편적으로 사용되었다.

1994년 사회복지협의회의 부설로 1991년부터 설치되어있던 지역봉사센터를 자원봉사정보안내센터(현, 사회복지정보센터)로 개칭하여 16개 시 · 도에 운영하였고, 1995년 정부는 자원봉사활동을 통합 관리하는 행정체계 구축을 위하여 내무부 사회진흥부서에서 자원봉사활동 업무를 총괄 관리하도록 하였다. 또한 1996년 '자원봉사센터'를 전국에 설치, 운영하기 시작하여 2015년 246개의 자원봉사센터가 운영되고 있다. 활동분야도 환경, 문화, 재난 등 사회 전반적인 영역으로 확대되어 범위 및 봉사인력이 해마다 증가하고 있다.

〈표 1-4〉 자원봉사의 발전과정

연도	한국의 자원봉사활동 역사
1903년	한국기독교청년회의 창립 계기로 지역사회활동 조직적으로 이루어지며 시작됨
1921년 이후	일제 강점기 조선총독부에서 설립한 인보관을 중심으로 여성의 계몽운동과 어린이를 위한 다양한 봉사활동 전개
1978년	한국 사회복지협의회에서 5개 지역에 '사회봉사안내소'를 설치함
1980년 이후	• 1980년 '사회봉사'라는 용어 대신 '자원봉사'라는 용어가 보편적으로 사용 • 1984년 한국여성 개발원에서 여성유휴인력 활용과 여성 사회참여 확대를 위하여 '자원 활동 인력은행'을 구성 • 1986~1988년 아시안 게임과 서울 올림픽에서 정부가 자원봉사자를 대거 활용
1990년 이후	• 1994년 지역봉사센터를 자원봉사정보안내센터 (현, 사회복지정보센터 welinfo)로 개칭하여 16개 시 · 도에 운동 • 1995년 정부는 자원봉사활동을 통합 관리하는 행정체계 구축을 위하여 내무부 사회진흥부서에서 자원봉사활동 업무를 총괄 관리하도록 함 • 1996년 전국에 '자원봉사센터' 설치 및 운영
2019년	245개의 자원봉사센터 운영되며 활동분야 영역 대거 확대

volunteerism | chapter 02

자원봉사활동의 구성과 체계

1. 자원봉사의 구성요건

자원봉사활동을 위해서는 다양한 요건들을 필요로 하지만 대표적인 자원봉사활동의 실천을 위한 중요한 요건으로 ① 자원봉사활동을 위한 장소와 자원봉사자의 활동처이면서 자원봉사자가 필요한 자원봉사자 수요기관 혹은 수혜자, ② 지원봉사에 대한 수요와 공급을 연계해 주는 기관 또는 자원봉사자를 모집하여 공급하는 기관, ③ 자원봉사를 실천하는 주체이며 직접 서비스를 제공하는 자원봉사자, 그리고 ④ 자원봉사활동을 펼칠 영역 등의 4가지로 정리해 볼 수 있다(양정하 외, 2019).

1) 자원봉사활동 장소와 수요기관

자원봉사활동의 장소로서 지역사회는 다양한 욕구 혹은 문제를 가지고 있으며, 주민의 상호작용이 활발하게 이루어지고 사회복지 실천이 가능한 규모의 장이다. 자원봉사는 본래 지역사회복지에 있어서의 주민참여를 의미한다. 지역사회 주민은 사회복지의 수혜자인 동시에 자원이며, 서비스 공급자로서의 역할까지를 수행한다. 현대의 자원봉사는 자신들이 속한 민주사회 그리고 복지사회를 형성하고 유지시키려는 노력에 모든 계층이 참여하는 시민참여의 방향으로 전환하고 있다. 특히 지역주민의 참여와 자율이 보장되는 지방자치시대에는 지방자치 단체에 대한 주민들의 관심과 기대가 증폭되고 지역주민들의 다양한 욕구가 분출되는 가운데 지역사회 내 자원봉사활동이 사회복지 전달체계의 공・사 역할을 분담하고 있다.

로버트 파크(Robert Park, 1952)는 지역사회를 영토성, 사회적 상호작용, 끈 혹은 연의 요소를 가진 개념으로 보고 관습, 전통, 언어 등과 같은 일상적인 삶에서 공유되는 것을 지니는 일정한 영토에서 거주하는 인구집단으로 정의하였다. 지역사회란 공동의 장소, 이해, 정체성에 기초한 사회적 단위를 형성하는 사람들의 집단인 것이다.

한편, 자원봉사자 수요기관(처)은 자원봉사자가 필요한 기관이나 개인으로써 자체 홍보와 모집 등을 통하여 자원봉사자를 활용할 수 있지만, 자원봉사자 공급기관으로부터 자원봉사자를 활용하는 것이 좀 더 안정적이고 체계적인 사업을 수행하는 데 도움이 된다.

2) 자원봉사자 연계기관과 공급기관

자원봉사자 연계기관은 자원봉사자 공급기관과 수요기관을 연결시키고 조정하는 역할로 자원봉사자 공급기관에 대해서는 자원봉사자의 모집과 활용을 권장하고 수요기관에 대해서는 자원봉사자의 배치와 활용을 권장하는 입장에 있다. 그리고 자원봉사자에 대해서는 자원봉사활동에 필요한 기초지식과 기술을 교육하고 봉사활동이 끝난 이후에는 이에 대해 평가를 하고, 사후관리를 수행하는 기관이다. 특히, 자원봉사센터는 주민들의 자원봉사활동을 지원, 활성화하고 자원봉사자들이 효율적으로 활동할 수 있도록 지원하기 위하여 설립된다. 자원봉사센터의 설치는 자원봉사자를 필요로 하는 기관 및 시설과 지역사회에서 자원봉사를 하고 싶어도 어디서, 무엇을, 어떻게 해야 하는지 잘 모르는 개인 및 양자의 욕구가 있을 때 서로를 연결시키는 것으로부터 시작되었다.

한편, 자원봉사센터 외에도 학교, 기업, 공공기관, 사회단체 등은 자기 기관의 구성원이나 외부인을 자원봉사자로 모집하여 자원봉사 연계기관의 정보와 알선으로 자원봉사 수요기관에 보내주거나 봉사수요처에 직접 파견하는 역할을 할 수 있는데 이때 수행하는 기관을 자원봉사자 공급기관으로 볼 수 있다. 자원봉사활동 기본법 제3조에서는 "자원봉사센터라 함은 자원봉사활동 개발, 장려, 연계, 협력 등의 사업을 수행하기 위하여 법령과 조례 등에 의하여 설치된 기관, 법인, 단체 등을 말한다." 라고 정의하고 있다.

〈표 2-1〉 **자원봉사센터의 기능과 역할**

기능	역할	업무
수급・조정	수급	모집, 상담, 연결, 관리 배치
	안내(상담)	자원봉사활동(프로그램)에 관한 상담
기록 및 등록	기록 및 등록	활동기록 작성(활동카드, 상담카드 작성)
		등록카드 작성(등록카드, 욕구카드 작성)
자원봉사 활동지원	기자재, 장소대여	회의장, 기자재의 제공
		자원봉사활동에 대한 각종 지원금 및 절차 안내
		자원봉사활동을 위한 기금 조성
	인정과 보상	자원봉사자 보험 가입
		자원봉사활동 인정서 및 수첩 발급, 자원봉사자 표창
	상담・조언	자원봉사활동에 관한 상담, 정보 제공
		자원봉사활동에 관한 자료의 안내, 제공, 대출
	육성・조직	자원봉사자 소그룹 활동의 지원(전산 프로그램 설치)

기능	역할	업무
양성・연수	교육・훈련	자원봉사자 오리엔테이션 및 재교육
	연수	자원봉사 담당자 교육 및 훈련
홍보・개발	홍보	홍보지・포스터 발행, 자원봉사 신문 발행, 사례집 발간
	개발	자원봉사 캠페인 실시, 자원봉사 체험학교
네트워크화	연계망 구축	자원봉사단체 간의 협의체 구성
	교류	자원봉사자, 자원봉사활동 집단, 관계기관・단체, 담당자간 교류
		지역 연대사업(지역 내 공동의 자원봉사대회 참가)
조사・연구	조사・연구	욕구, 지역사회 조사 등
	프로그램 개발	조사・연구를 통한 프로그램 개발

3) 자원봉사의 주체

자원봉사는 서양, 특히 미국에서 시작되었으며 기독교와 민주주의의 사회적 배경과 타인을 위한 봉사정신에 입각하여 발전되었다. 자원봉사자란 자유의지를 가지고 자기 스스로 강제받지 않는 상태에서 다른 사람이나 사회를 위해 헌신하는 사람을 일컫는 개념으로서 의미를 지니고 있다. 자원봉사자는 다른 사람을 돕고 사회적 발전을 도모하기 위하여 헌신적으로 봉사활동을 하고 있는 사람이다. 이러한 자원봉사자는 자신이 소속된 자원봉사자 공급기관을 통해 수요기관에 가서 활동하거나 자원봉사 연계기관의 알선으로 수요 기관에 가서 활동하거나, 개인적으로 직접 수요기관에 찾아가 활동할 수도 있다. 자원봉사활동의 주체는 일반 시민, 여성 주부, 직장인, 학생, 종교인, 사회복지기관 소속인, 은퇴자 등 개인의 신분 유형에 따라 다양하다.

〈표 2-2〉 자원봉사의 주체

주체	활동
청소년	청소년 자신의 정신적 · 육체적 자원을 활용하여 자신이 살아갈 공동체적 삶의 영역을 두루 체험함으로써 건강한 인격 형성과 배움을 실천
노인	능력과 재능, 지혜를 가진 노인 인력풀(pool)을 활용하여 자조적 케어(self care)나 지역사회 역량을 강화
장애인	장애인을 자원봉사의 대상이 아닌 주체로서 인식하고 자원봉사를 통해 사회적 지위와 역할을 보충함과 동시에 사회통합을 성취
여성	우리사회 자원봉사활동의 중추적 역할을 담당, 개인적 · 사회적 측면에서 의의가 큼
가족	대체로 최소한 2명 이상의 가족 구성원이 함께 봉사활동에 참여

(1) 청소년 자원봉사활동

청소년 자원봉사활동은 청소년 자신의 정신적 · 육체적 자원을 활용하여 자신이 살아갈 공동체적 삶의 영역을 두루 체험함으로써 건강한 인격 형성, 배움을 실천해가는 수련활동의 영역이다.

〈표 2-3〉 청소년 자원봉사 활동의 의의와 기대효과

기대 효과	내용
개인적 성장과 발달	자아존중감, 개인적 유능감, 자아와 도덕 발달, 새로운 역할과 관심의 탐색, 새로운 도전의 수용과 위험의 감수, 가치와 신념의 수정과 강화, 책임감의 향상, 자기행동의 결과에 대한 수용
지적 성장과 발달	기본적인 학업기술(생각의 표현, 읽기, 계산하기), 높은 수준의 사고기술(편견 없는 태도, 문제해결, 비판적 사고), 봉사경험과 직접적으로 관련된 내용과 기술, 경험으로부터 습득한 기술(관찰, 질문, 지식에 적용), 지식의 습득과 보유에 대한 동기, 책이나 강의를 통해서 설명할 수 없지만 꼭 알아야 할 통찰력, 판단 및 이해
사회적 성장과 발달	다른 사람의 복지에 대한 관심과 사회적 책임성, 정치적 유능성, 민주시민의 참여정신 함양, 자원봉사와 관련된 직업에 대한 지식과 탐색, 다양한 배경과 삶의 상황에 처해 있는 사람들에 대한 폭넓은 이해와 평가

청소년 자원봉사활동과 관련하여 특히, 대학생의 자원봉사활동은 순수한 이타적 동기보다는 직업적 고려, 사회적 경험, 대인관계 확대, 자아성취 등 다방면의 충족을

얻으려는 이기적인 동기에서 출발하기도 한다. 따라서 자신의 특기를 바탕으로 자원봉사를 통해 사회적 리더쉽을 기를 수 있도록 배려하는 것이 좋다. 자원봉사활동 분야로는 유아, 초등학생 학습 및 생활지도, 중・고등학생 상담 및 집단 활동지도, 사회복지시설의 수리 및 청소, 사회복지시설의 정기적인 방문 및 교류, 사회문제 해결을 위한 캠페인・계몽운동, 재가 노인 및 장애인 보조 역할, 바자회, 기금마련을 위한 공연 등을 통한 모금활동 등이 있다.

(2) 노인의 자원봉사활동

노인의 자원봉사활동은 케어 및 복지서비스를 받아야 하는 노인인구의 급격한 증가라는 측면에서, 능력과 재능, 지혜를 가진 노인 인력풀(pool)을 활용하여 자조적 케어(self care)나 지역사회 역량을 강화해야 한다는 측면에서 생각할 필요가 있다. 노인복지 증진 차원에서 노인에 의한 노인자원봉사의 필요성과 효과는 다음과 같다.

① 노인의 경우 사회・심리적인 욕구를 적절하게 충족하지 못하면 활기찬 노후생활을 영위하기가 어려운데 이 욕구를 아주 효과적으로 충족시킬 수 있는 활동이 바로 자원봉사활동이다.

② 노인도 그 지역사회에 살고 있는 주민이므로 지역사회의 한 구성원으로서의 역할을 수행해야 한다.

③ 노인의 자원봉사활동에의 참여는 사회복지에 큰 공헌을 하게 되고, 나아가서 사회의 개선과 발전에 큰 기여를 하게 되어 노인 자신에게뿐만 아니라 국가나 지역사회를 위해서도 매우 바람직한 요청이라 할 수 있겠다.

(3) 장애인 자원봉사활동

장애인은 전통적으로 자원봉사의 주요 대상으로 여겨져 왔으며 사회복지 서비스의 수혜자로만 인식되어 왔다. 그러나 최근 장애인을 자원봉사의 대상이 아닌 주체로서 인식하기에 이르렀다. 이러한 인식은 자원봉사활동을 단순히 받는 자와 주는 자의 양분법적인 관계가 아닌 자원봉사 대상자와 참여자간의 상호작용을 통한 협력자로 보는 시각을 바탕으로 한다. 장애인 자원봉사활동의 의의를 개인적인 측면과 사회적인 측면에서 살펴보면 먼저 개인적 측면에서 서비스 수혜자로서의 입장에 처해있던 사람이 서비스 제공자로서 자원봉사활동에 참여할 경우 스스로 유용감을 느끼거나, 사회적 고립으로부터 탈피하여 소외감이 감소되며 의사소통을 할 수 있는 기회를 부여받고 유용한 여가시간을 보낼 수 있게 된다. 동시에 사회적 지위와 역할을 보충하게 된다. 사회적 측면에서는 사회적 의식 변화로 장애인들의 가치 있는 역할수행을 통해, 그리고 지역사회에 참여하고 일반인들과 접촉함으로써 장애인에 대해 보다 긍정적 태도를 갖게 하여 사회적 인식변화에 기여한다. 모두가 더불어 살 수 있는 사회통합을 성취할 수 있다.

(4) 여성의 자원봉사활동

우리나라의 자원봉사활동에 대한 기존 연구들을 살펴보면 여성 자원봉사자들을 중심으로 주로 사회복지분야에 편중되어 이루어져 있음을 알 수 있다. 여성들은 우리사회 자원봉사활동의 중추적 역할을 담당해 온 주체들이며, 여성 개인의 발전 측면에서나 사회적 영향력의 측면에서 자원봉사활동의 다양한 의의를 찾을 수 있다.

(5) 가족의 자원봉사활동

가족 자원봉사활동은 가족이 한 단위로서 봉사활동에 함께 참여하는 것을 의미하는 것으로, 대체로 최소한 2명 이상의 가족 구성원이 함께 봉사활동에 참여하는 것을 말한다. 보통 참여하는 가족의 구성은 부모와 자녀, 부부, 조부모와 손자녀, 형제나 자매 등으로 구성되어 있다.

4) 자원봉사의 영역

자원봉사는 최근 더욱 활발해지고 있으며 특히 자신의 사회적 관심을 행동으로 실천하고자 하는 사람들의 자원봉사가 점점 늘어가는 추세이다. 국내 자원봉사와 함께 국제 자원봉사활동은 각국 정부, 국제기구 및 민간단체(NGO)들이 가장 심혈을 기울이는 분야가 되었으며, 그 프로그램과 내용을 점점 확대해 나가고 있는 실정이다.

(1) 자원봉사활동의 주요 영역

자원봉사의 주요 활동영역은 다음과 같은 몇 가지로 구분된다.

첫째, 노력자원봉사로 가장 일반적이고 다수의 자원봉사자들이 활동하고 있는 영역이다.

둘째, 환경자원봉사는 자원봉사자의 가장 큰 활동영역 중 하나로서, 환경보존 및 개선을 위한 노력 등을 전개한다.

셋째, 교통, 환경분야로 교통안전을 위한 활동과 수송 활동 혹은 교통환경 개선활동 등의 활동을 한다.

넷째, 보건, 의료분야 영역으로 의료기관에서의 업무지원, 환자대상 직접서비스, 의료분야종사자의 활동 등이 있다.

다섯째, 재능 기술 자원봉사로 전문 지식, 경험, 기술 등 재능을 활용하여 자원봉사 활동을 하는 것이다.

여섯째, 문화예술, 스포츠 자원봉사활동영역이다. 각종행사 보조활동, 공연활동, 캠페인활동, 관광안내영역에서의 활동으로 볼 수 있다.

일곱째, 인권 및 권익증진영역으로 인권개선활동, 공익옹호 활동이 있다.

여덟째, 교육 및 상담 자원봉사 영역으로 방과후교육, 학습지도, 특수교육, 평생교육, 전문교육, 한글교실 등이 있다.

아홉째, 범죄예방 및 선도자원봉사활동으로 지역방범, 어린이 · 청소년안전, 취약계층 안전 등과 같은 영역으로 볼 수 있다.

열째, 행사지원 자원봉사영역이 있다. 안내, 진행, 홍보, 행사장 주변지원, 행정지원 활동이 포함된다.

〈표 2-4〉 자원봉사활동 영역

활동영역	활동내용 및 활동기관
보건 · 의료기관	정신보건, 정신지체, 발달장애를 위한 일반의료기관 및 재활의료기관, 약물오남용치료 · 방지기관, 질병연구 및 공공교육기관, 병 · 의원, 요양원, 호스피스, 위기상담, 전화상담 서비스
교육(기관)	공 · 사립 초 · 중 · 고 교육기관, 도서관, 교육기관에서의 연구, 성인교육, 비공식교육, 대학 및 부설연구소, 정부출연 연구소에서의 활동
종교단체	종교 관련기관, 영성훈련기관에서의 활동
사회복지(기관)	노인 · 장애인 · 종합 사회복지관, 노인복지센터, 경로당, 어린이집, 쉼터, 주거환경개선, 수양아이의 양육(양부모 역할), 가족상담, 소비자보호법률상담, 범죄 및 비행예방, 노숙자돕기, 실직자 취업상담, 먹거리 나누기, 공공안전, 위기대처 및 구호, 적십자활동, 공동모금회, 성공회, 나눔의 집, 가톨릭사회복지회, 불교사회복지재단, 기독교사회복지재단 등
환경단체	생태계보호, 녹색가게, 쓰레기문제 해결, 도시환경미화, 우리밀 살리기 운동, 야생동불 보호, 유기농산물 생협운동
공익민간단체	사회개혁, 언론개혁, 지방자치, YMCA, YWCA, 여성운동, 인권보호, 시민권리찾기 운동, 지역사회 참여 활동, 대변활동, 주거권, 지역사회 생산자공동체, 자선단체, 소비자보호단체, 자원봉사단체
지역사회개발	거리청소 · 미화, 직업훈련 소개, 식수개발, 도로정비, 벽화그리기, 마을 만들기, 길 안내판, 소득사업, 육아, 위생 등
예술, 문화, 스포츠단체	건축디자인, 행위예술, 역사유적지 보호하기, 박물관, 미술 전시, 오페라, 심포니, 오케스트라, 사진전, 극장, 공공 TV와 라디오 코치, 감독, 레크리에이션, 스포츠, 체육 활동
노동조합, 직능단체, 전문가단체	노동조합, 농민단체, 신용조합, 변호사, 의사, 약사, 기술자 등 전문직종협회 활동
정치 및 정당	정당활동, 비당파적 정치 혹은 지역단체, 다른 정치적 목적의 단체들
관공서	구청, 동사무소, 소방서, 보건소 활동
청소년단체	YWCA 청소년사업부, 청소년상담원, 청소년폭력예방재단, 한국보이스카우트연맹, 한국걸스카우트연맹, 청소년상담소, 지역청년회 활동
재난구호	재난 현장에서의 긴급 구조 및 구호
국제기구	국제구호활동, 유네스코, KOICA(국제협력단), UNDP, 교환학생봉사 프로그램, 개발도상국 경제개발활동

이 외에도 최근에는 지역사회에서의 자원봉사활동을 중심으로 다음과 같은 영역들이 제시되고 있다.

첫째, 환경보전을 위한 자원봉사이다. 최근 환경문제에 대한 시민들의 의식이 높아지면서 이 분야에서의 자원봉사활동이 증가하는 추세이다.

둘째, 교통개선을 위한 자원봉사이다. 시민들이 일상생활에서 가장 큰 불편을 겪으며 불쾌하게 생각되는 생활분야가 교통분야이다 보니 교통정리 활동, 교통여건 개선 및 개발 참여활동 등 전문적인 활동을 한다.

셋째, 스포츠, 취미 분야에서의 자원봉사활동이다. 레크리에이션 지도자, 심판관, 수공예, 놀이지도, 일일 캠프나 숙박캠프의 지도, 게임, 취미, 무용 등의 자원교사로서의 활동 등 전문직과 준전문직 직원들이 갖지 못하고 있는 재능을 발휘할 수 있다.

넷째, 문화분야에서의 자원봉사활동이다. 지역주민의 문화에 대한 욕구를 충족시키고 삶의 질 향상을 도모하며, 문화를 통해 지역발전을 도모하는 측면에서 문화분야의 자원봉사활동은 점차 활발해지고 다양화되고 있다. 역사자료 정리, 문화재 주변 쓰레기 줍기, 낙서 지우기 등의 활동이 있다.

다섯째, 정치분야에서의 자원봉사가 있다. 주로 공명선거 캠페인과 투표소 보조자로서 활동해 왔으나 차츰 지역사회를 관리하는 일에도 활동 범위를 넓히고 있다. 공명선거 계몽, 부정선거 감시활동, 선거관리 업무지원, 사무보조 등의 지역사회발전을 위해 의견을 제시하는 지역사회 소집단 활동을 하고 있다.

여섯째, 범죄분야 자원봉사활동이다. 범죄분야는 자원봉사활동의 예방적 차원인 교정적 기능을 발휘할 수 있는 전형적인 분야이다. 종류로는 안심하고 밤거리를 다닐 수 있는 지역사회 만들기, 자율방범대활동, 교도소나 소년원에서 복역하는 인원들 대상의 선도 봉사 등이 있다.

일곱째, 경제분야에서의 자원봉사가 있다. 취업의사를 가진 실업자나 중고령 은퇴자의 직업알선을 위해 정보를 제공해주거나 활동이나 훈련을 받을 수 있도록 도움을 제공해 주는 것을 말한다. 실업자와 기술이 없는 사람을 모집, 훈련시켜 직업을 알선해 주는 활동, 구직자를 위한 상담자, 소비자 보호운동 등 경제정의를 위한 시민운동 등이 있다.

여덟째, 행정분야에서의 자원봉사활동이다. 관공서 등에서 업무보조, 민원안내 및 상담, 행사보조, 서류정리, 공공도서관에서의 도서정리 및 안내하는 활동을 할 수 있다.

(2) 국제자원봉사

국제적인 봉사활동에 참여하는 국제 자원봉사활동(international voluntary service)은 일정 기간 외국, 특히 저개발국가에서 거주하며 지역사회 개발, 교육, 의료활동 등을 통해 지역사회의 발전에 참여하는 것이다. 국제자원봉사활동은 언어, 인종, 종교, 사회경제적 격차를 뛰어넘어 자신의 시간, 능력, 에너지를 사용하여 목표하는 활동을 수행하는 것을 의미한다. 위와 같은 국제 자원봉사활동의 의미는 적극적인 국제협력의 의미인 "인종, 문화, 언어 등의 차이와 관계없이 전 세계의 발전을 위해 여러 차이들을 극복하여 서로 돕는 나눔과 봉사의 공동협력을 함"과 상통한다.

대개 국제자원봉사라 함은 외국에서 활동하는 것이 일반적이라 생각하지만, 활동장소가 국내일 경우 국제적 문제나 프로젝트에 참여하는 것도 국제 자원봉사활동이라 할 수 있다. 이러한 국제자원봉사의 기원은 각 나라의 발전정도와 문화차이 때문에 정확히 알 수는 없으나, 특정 지역에서 특수한 역사적 배경으로 지역사회 혹은 국가 간에 협력과 연대(solidarity)가 생활 및 생존을 위한 기본적인 원리로 자리잡게 되면서 비롯되었다. 이러한 배경이 후의 "국제 민간 자원봉사"라는 개념을 발생시켰다 할 수 있다.

최초의 자원봉사자들은 주로 상호 도움을 주고받거나, 국가의 지원을 받지 못하는 어려운 사람들을 돕는 등의 일에 참여하였다. 활동마다 차이는 있지만 공통된 맥락도 존재하는데 이는 주로 병원, 장애인이나 고아들을 위한 시설 등에서 자원봉사활동을 했다는 것이다. 자원봉사활동은 주로 부유층이나 종교단체, 성직자, 상인 길드, 노동

자클럽이나 친목회, 오늘날의 노동조합협의회의 선구자들과 같은 연합된 노동계층에 의해서도 활동이 전개되었다.

가장 조직적이고 본격적인 국제 자원봉사의 시초는 "국제 워크캠프(workcamp)"의 개최라고 볼 수 있는데 이는 여러 나라로부터 온 자원봉사자들이 함께 공동의 목적으로 일하는 것을 말한다. Service Civil International(SCI)이 1920년 프랑스의 Verdun근처에 있는 Esnes라는 마을 재건을 위해 최초의 워크캠프를 조직한 것이 시발점이 되었다. 이후, 유사한 활동들이 국제자원봉사라는 이름으로 본격적으로 시작되었고, 워크캠프는 1,2차 세계대전 사이 유럽에서 SCI, 기독교인들의 운동, 퀘이커 교도들의 운동 등으로 더욱 발전되었다. 워크캠프는 지역사회 개발 뿐만 아니라 사회적인 문제에도 관심을 가지게 되었고 1931년 영국의 Brynawr에서 대량 실업이라는 최초의 사회적 주제를 가진 워크캠프가 개최되기도 하였다. 워크캠프의 숫자는 1945년 이후 서유럽에서 결성된 많은 새로운 단체들에 의해 급격히 늘어났으며, 1950~60년대에는 아시아와 아프리카에서도 역시 같은 상황이 나타났다.

이러한 변화에 따라 국제적인 협력을 증진하고 보다 효율적인 워크캠프를 지원하기 위해 UNESCO에서는 1948년 CCIVS(Coordinating Committee for International Voluntary Service : 국제 자원봉사활동 조정원위회)를 발족하였다. CCIVS는 계속적인 발전을 하여 현재 전 세계에 걸쳐 140여개의 회원단체들을 중심으로 워크캠프를 포함한 국제자원활동 프로그램 개발과 협력 네트워크를 운영하고 있다. 1934년 인도의 Bihar로 SCI의 작은 팀을 보낸 것이 본격적인 의미의 해외파견이라 볼 수 있다. 정부의 지원을 받은 최초의 활동은 1950년 "Australian Volunteers Abroad"라는 실험적인 것이며, 1961년 캐네디 대통령이 만든 미국의 평화봉사단(Peace Corps)이 정부의 지원을 받는 해외활동을 한 것이 대표적인 예이다.

이후 캐나다, 유럽, 일본 등의 나라가 정부 지원을 받는 수많은 단체를 창설하여 주로 개발도상국에 자원봉사자들을 파견하였다. 1971년 UN은 United National Volunteers(UNV)를 창설하였다. 이 프로그램의 가장 큰 특징은 유일하게 쌍방적인 개념으로 개발도상국에 자원봉사자를 파견했다는 것이다. UNV는 UN 내에서 매우 효율적이고 활발한 기능을 가진 프로그램으로 성장하였고, 상대적으로 뒤쳐진 남반구 국가들의 개발, 예전에 사회주의 체제였던 국가들의 발전에 필요한 원조를 실천하거나 캄보디아의 선거와 같은 특별한 UN의 역할에 필요한 전문가를 위해 남반구와 북반구에서 자원봉사자를 모집, 파견하고 있다. 현재 UNV는 전 세계 140여개 국에서 115개의 전문 분야별로 활동하고 있다.

1990년대의 자원봉사는 예전보다 더욱 활발해졌고, 특히 자신의 사회적 관심을 행동으로 실천하고자 하는 사람들이 폭발적으로 자원봉사를 지원하였다. 그러나 열의만으로는 활동에 참가하는 것이 충분하지 않았으며, 계속적으로 전문화의 방향이 모색되어 왔다. 현재의 국제 자원봉사활동의 세계적인 현황은 여섯 가지로 설명이 가능하다.

첫째, 전 세계적으로 자원봉사활동에 대한 관심이 증대됨에 따라 프로그램 또한 확대되었다.

둘째, 국가・국제적 기구들이 보다 적극적인 자원활동 조직을 위해 기여하고 있다.

셋째, 국가・국제적 차원의 장기활동 뿐만 아니라 민간 차원(NGO)에서의 국제 자원봉사활동에 대한 활동이 급격히 증가하였다.

넷째, 조직적・본격적 국제 자원봉사활동의 시초인 워크캠프(workcamp)가 지속적으로 개최되고 있다.

다섯째, 선진국에서 후진국으로의 자원봉사 파견은 남남(후진국에서 후진국), 남북(후진국에서 선진국으로)형태의 활동으로 증가하였다.

여섯째, 주제 및 이슈중심 활동으로의 전문화 및 연대목표의 네트워크 활동이 활성화된 점 등을 특징으로 정리할 수 있다.

2. 자원봉사활동의 체계

자원봉사활동은 자원봉사 장소와 수요기관, 자원봉사공급기관, 자원봉사조정기관 그리고 이들을 둘러싼 외부환경과의 상호작용 속에서 이루어진다. 이를 다시 체계별로 분류해보면 추진체계, 관리체계, 지원체계로 구분해 볼 수 있는데 이들을 구체적으로 살펴보면 다음과 같다.

1) 추진체계

추진체계란 자원봉사활동을 육성, 추진해가는 것을 주목적으로 하는 기관이나 단체들로 구성된다. 자원봉사활동은 자원봉사자나 자원봉사수요자 한 측면만의 일방적인 욕구에 의해 성립되는 것이 아닌 쌍방의 대응이다. 그러나 이런 욕구의 만남이란 그렇게 쉽게 행해지는 것은 아니다. 인간을 돕고자 하는 욕구는 본능과 마찬가지로 모든 인간에게 존재하지만 모든 사람들이 모두 자원봉사활동에 참여하는 것은 아니다. 중요한 것은 타인을 돕고 지역사회문제해결에 참여하고 싶은 동기를 실행에 옮길 수 있도록 언제나, 어디서나, 누구나 자원봉사활동의 기회를 발견할 수 있도록 공식적인 채널을 만들고 그것에 협조할 수 있도록 원조하는 것이 필요하다. 이러한 것은 자원봉사자로부터 원조를 받고자 하는 측면에서도 마찬가지다. 서비스 전달은 매우 복잡하고 대부분의 많은 사람들은 자원봉사자로부터 도움을 받을 수 있는 다양한 방법에 대해 알지 못한다. 특히 현대와 같이 자원봉사 수요자의 욕구가 급격히 증대되고 있는 상황에서 적절한 서비스를 공급받기란 많은 제한점이 있다.

따라서 타인을 위해, 지역사회를 위해 시간과 재능(기술)을 제공하고자 하고, 그런 활동에 관심을 가지고 있는 사람들과 자원봉사활동이 행해지기를 바라는 당사자들을 연결할 뿐 아니라 경우에 따라 조정하기도 하고, 무엇보다 지역주민들이 자원봉사활동의 올바른 정신을 이해하고 자원봉사활동에 참여할 수 있도록 조직적이고, 체계적으로 일관성 있게 주도해 나갈 수 있는 추진체계가 확립되어야 한다. 이러한 추진체계의 확립이란 자원봉사의 자발성을 저해하거나 침해하는 것이 아니라 자원봉사활동에의 접근성을 용이하도록 네트워크를 구축하고 자원봉사활동을 조직화함으로써 효율적이고 효과적인 서비스가 행해지도록 하는 것을 의미한다.

따라서 이들 추진체계에 속하는 기관이나 단체들은 지역사회에서의 욕구에 대응해 자원봉사프로그램을 개발하고 자원봉사자를 모집하여 연결해주는 역할에서부터 교육 및 훈련의 기능, 정보교환의 기능, 각 자원봉사기관과의 유기적인 관계유지 및 조정의 기능을 담당한다. 한마디로 자원봉사활동의 구심점으로서 자원봉사활동의 조직화를 행한다.

그러나 이들 기관이나 단체가 상술한 이러한 모든 기능을 행하는 것은 아니며 경우에 따라서는 몇 가지의 기능만 한정해서 행하기도 한다. 이들 기관이나 단체들은 주로 자원봉사공급자의 역할을 행하지만 수요자의 역할을 겸하는 곳도 있다. 또한 이들 기관은 민간에 의해 자발적으로 만들어지는 경우와 정부 혹은 지방자치단체에 의해 설치·운영되는 경우가 있다. 이상과 같은 추진체계에는 각종 자원봉사센터, 자원봉사단체협의회, 자원봉사자활동기관 등이 포함된다.

2) 관리체계

자원봉사활동은 금전적 보상을 주목적으로 하는 것이 아니고 심리적 동기요소에 의해서 활동이 행해지기 때문에 자원봉사에 대한 관리는 활동의 지속성과 서비스의 만족도에 영향을 미치는 매우 중요한 변수이다. 자원봉사활동 관리체계란 자원봉사자를 효과적으로 활용하기 위해 시설이나 기관이 행하는 활동 중 모집, 홍보, 교육, 배치, 평가, 인정과 승인 등의 관리과정과 이런 과정을 다루는 인력 등을 모두 포함하는 의미이다.

(1) 자원봉사관리자

자원봉사자를 관리하는 인력을 자원봉사관리자라고 할 때 자원봉사관리자는 전문성의 정도에 따라 전문가, 준 전문가, 리더로 세분화해 볼 수 있다. 자원봉사 전문가는 자원봉사활동 전반에 대한 전문적인 교육과 훈련을 받고 기관이나 시설에서 자원봉사자 관리 및 조정에 대한 일을 주된 업무로 하는 유급직원이다. 선진국의 경우 이미 오래 전부터 자원봉사자관리를 전담하는 전문가를 자원봉사 슈퍼바이저, 자원봉사조정자, 자원봉사감독자(director) 등으로 세분화해서 부르고 있으며 이들의 명칭이 이미 직업목록에 등장했을 뿐 아니라 자원봉사행정의 중요성이 강조되어 이들에 대한 활발한 연구가 행해지고 있다. 이들 역할은 기관이나 시설에 따라 조금씩 상이하며 그 역할은 명확히 구분되는 것이 아니라 중복되어 행해지는 경우가 많으며 한 사람이 이들 역할을 동시에 수행하기도 한다.

이들 전문가 중 자원봉사 슈퍼바이저는 자원봉사자 교육이나 관리에 초점을 두고, 자원봉사감독자는 기관의 행정가와 같은 직책에서 행하는 역할이라고 할 수 있다. 그리고 자원봉사조정자란 시설과 지역사회 사이에 위치하여 자원봉사자 등 지역사회 자원을 효과적으로 동원함으로써 시설 등이 목적으로 하는 사업을 효과적으로 수행하게 하는 한편 자원봉사활동에 대한 요구를 가진 지역사회의 가정이나 사람을 지원하도록 하는 전문가를 의미한다. 이러한 자원봉사조정자는 크게 시설에서 활동하는 조정자와 자원봉사센터에서 활동하는 조정자로 나눌 수 있는데 소속기관에 관계없이 자원봉사활동에 관련된 계획을 수립하고 그에 따른 직무를 설계하여 위임, 조정하며 그 직무에 적합한 인력을 모집, 교육, 배치하여 지도감독하고, 평가하는 기능을 담당한다(Wilson, 1976).

(2) 자원봉사관리과정

자원봉사활동의 관리과정은 과학적이고 전문적이어야 한다. 일반적으로 자원봉사자의 관리는 계획 및 업무설계, 모집, 교육 및 훈련, 배치, 평가, 승인 등의 일련의 과정으로 구성된다. 이러한 관리과정이 제대로 행해지지 못할 경우 시간과 노력을 들여 확보해 놓고도 자원봉사자를 효과적으로 활용할 수 없을 뿐 아니라 자원봉사자의 기대도 충족시킬 수 없다. 자원봉사자의 관리과정이 어떻게 행해지느냐 하는 것은 자원봉사자의 소속기관에 대한 만족도 및 지속성에 결정적인 역할을 할 뿐 아니라 지역주민들에게 제공하는 서비스의 질과 효율성을 결정하는 중요한 부분이 된다.

첫째, 모집과정은 사회복지시설이나 기관이 복지서비스를 위해 필요한 자원봉사자를 발굴하는 활동을 말하며 모집 전 준비사항과 모집방법에 관한 내용으로 이루어진다.

먼저, 모집 전 준비사항으로는 다음과 같은 네 가지가 포함된다.

① 업무설계(job design)를 해야 한다. 즉 모집을 시행하기 전에 무엇을 위한 모집이며, 어떤 종류의 과업을 담당할 사람을 모집하기 원하는가, 유급직원에 의해 수행되어야 할 업무파악 등 철저한 준비가 있어야 한다. 또한 모집인원과 자원봉사활동에 필요한 기술, 선택의 기준과 모집요건을 정해야 한다.

② 기관 내 직원들에게 자원봉사자 이해에 관한 교육이 필요하다. 즉 자원봉사자를 활용하여 얻는 장점 뿐 아니라 태도, 기법, 책임 등에 대한 토의를 해야한다. 또한 프로그램 진행과정에서 직원과 자원봉사자 사이에 문제가 발생할 것을 대비하여 직원들은 문제해결에 대한 훈련을 받아야 한다(윤백현, 1990). 왜냐하면 자원봉사자에 관한 이해가 없이 자원봉사자를 활용했을 경우 상호보완적이 아니라 종속관계에 의해 상호의 의견대립이 발생할 수도 있으며(김범수, 1992). 자원봉사자를 그만두게 할 수 있기 때문이다.

③ 자원봉사자들이 활용할 수 있는 방이나 비품, 명찰, 자원봉사일지, 출근부, 자원봉사시간표, 자원봉사 신청서 등 자원봉사자들이 참여할 수 있는 프로그램이 준비되어 있어야 한다.

④ 잠재적 자원봉사자의 동기와 욕구 및 관심이 무엇인가를 파악해야 한다.

다음으로 모집방법은 크게 세 가지로 나눌 수 있다. ① 개별 기관별로 직접 모집하는 방법, ② 자원봉사센터나 기관을 통해 의뢰하는 방법, ③ 기관들이 지역차원에서 공동으로 모집하는 방법 등이 있다. 또한, 모집 기술로는 인적 자원을 통한 개별모집과 매스컴을 통한 대중모집이 있으며 모집 시기를 결정할 때는 잠재적 자원봉사자의 생활주기를 파악하여 적절한 시기를 선택해야 한다.

둘째, 교육 · 훈련은 자원봉사활동에 대한 동기를 강화하고, 자원봉사활동의 사회적 의미를 이해할 수 있도록 도와주기도 하며, 자원봉사자로 하여금 수행하게 되는 업무에 기술적으로나 심리적으로 적합하도록 준비시킨다. 다음은 교육 · 훈련내용과 교육 · 훈련대상에 대한 설명이다.

먼저, 교육 · 훈련은 그 시기에 따라 업무 전 교육, 업무 중 교육으로 구분해 볼 수 있는데 그 내용은 다음과 같다.

① 업무 전 교육에는 오리엔테이션, 사전훈련(preservice training) 등이 포함된다. 사전훈련은 오리엔테이션 후 자원봉사자들이 활동을 행하기 전에 활동에 필요한 지식, 기술을 습득하도록 고안된 연수훈련이다. 훈련내용은 자원봉사자의 욕구 및 특성, 기관에서 필요한 업무 등 자원봉사자의 경험 정도에 따라 다양하게 구성되며 훈련 시기는 단시일 내에 집중적으로 하는 방법과 분산해서 실시하는 방법이 있다.

② 업무 중 교육 · 훈련에는 초기훈련(start-up training), 인서비스훈련(in-service training)이 있다. 자원봉사자가 활동 시작에 앞서 훈련을 받았다고 하더라도 직접 활동에 참여하면서부터는 아직 미숙한 상태이므로 많은 지원이 필요한데 이에 대한 교육이 초기훈련이다. 이런 훈련은 활동을 마친 후 자원봉사자가 자원봉사관리자와 직접 만나거나 전화를 통해서도 행해질 수 있고, 또한 활동에 참여한 자원봉사자들이 그룹별로 모여 토의를 하거나 단기모임을 통해 행해진다. 인서비스훈련은 자원봉사자의 활동이 진행되는 중에 지식, 기술, 태도를 강화하고, 새로운

기술, 지식, 태도를 소개함으로써 자원봉사자의 기술을 향상시키고, 매너리즘에 빠지지 않도록 함으로써 자원봉사자 활동의 계속성과 서비스의 질의 고양에 이바지한다. 훈련방법으로는 정기적인 자원봉사자 모임을 통한 방법, 유사기관에 파견되어 훈련받는 방법, 비디오, 녹음을 통한 자신의 활동분석, 훈련세미나 참석 등이 있다.

다음으로 자원봉사활동에 대한 교육・훈련은 대상별로 자원봉사자 교육, 자원봉사전문가 교육, 직원교육 등이 있다. 특히 자원봉사전문가는 자원봉사자를 관리하고 지도 감독하여 끊임없이 지지하고 원조해야 함을 감안해 볼 때 이들 전문가의 태도가 자원봉사자의 태도에 영향을 미치는 정도는 결정적이다. 뿐만 아니라 직원 교육의 경우도 자원봉사자가 함께 팀의 일원이 된다는 점에서 중요하다.

셋째, 자원봉사자를 모집, 교육・훈련한 다음에는 자원봉사자들의 기대, 능력, 기관의 욕구를 고려하여 적절한 업무에 배정하는 것이 필요하다. 배치가 중요한 이유는 자원봉사자는 기관으로부터 보호받아야 할 뿐 아니라, 기관과 자원봉사자의 욕구가 적절히 고려될 때 최상의 서비스가 행해질 수 있기 때문이다.(Wilson, M., 1976).

넷째, 평가는 자원봉사활동의 효과성과 적합성을 인식할 수 있는 유일한 방법이며 자원봉사자와 직원, 자원봉사조정자의 사기양양을 위해서도 중요하다. 평가시기는 프로그램 진행 도중, 프로그램 종료 후 등 프로그램의 특성에 따라 매달, 매년, 또는 수시로 행해질 수 있다. 평가유형에는 과정평가, 결과평가, 영향평가 등이 있으며 평가방법은 질문지, 면접, 프로그램기록, 관찰 등을 통해서 할 수 있다. 평가 주관자는 자원봉사자, 유급직원, 자원봉사조정자, 타전문가, 지역사회대표, 클라이언트 등이 참여할 수 있는데 각 평가주관자의 구성은 〈표 2-5〉에서 보는 바와 같이 각각 장・단점을 가진다.

〈표 2-5〉 평가주관자에 따른 장 · 단점

평가 주관자	장점	단점
내부 평가자	프로그램에 대한 높은 인지도, 이용절감	평가에 대한 전문성 빈약, 객관적 평가 곤란
외부 평가자	평가에 대한 높은 전문성, 객관적 평가	프로그램에 대한 낮은 인지도, 이용증대
내부 평가자와 전문가의 연합	높은 신뢰도 확보	서로 다른 평가 결과

출처 : Ilsley & Niemi, 1990, p.70.

다섯째, 인정과 승인이다. 자원봉사활동의 주요과제는 자원봉사활동의 지속성 유지이다. 이를 위해 자원봉사자에게 자원봉사활동이 만족스럽도록 격려해서 활동을 계속하도록 지원하는 것이 필요하다. 이러한 승인과 지원은 3가지 측면에서 중요하다.

① 자원봉사활동의 지속성 확보에 도움이 된다. 새로운 자원봉사자들을 개발하는 것도 중요하지만 기존의 자원봉사자가 계속적으로 참여할 수 있도록 다양한 관리를 행함으로써 자원봉사자의 동기를 고양시킨다.

② 새로운 자원봉사자 개발을 용이하게 한다.

③ 지역사회관계 측면에서 중요하다. 대부분의 자원봉사활동기관은 지역사회내에 있으며 지역사회와의 활발한 상호작용을 통해 자원봉사자 및 재정적 지원을 받으며 기관이 유지 발전되어야 한다.

3) 지원체계

자원봉사활동이 발전해나가기 위해서는 자원봉사자나 단체, 자원봉사수요기관, 자원봉사센터에 대한 사회적 지원과 이들의 상호작용이 활발히 행해질 수 있는 환경정비가 필요하다. 자원봉사활동이 제대로 행해지기 위해서는 자원봉사자의 자발성과 활동기관의 민간성이 최대한 보장되어야 한다. 뿐만 아니라 자원봉사활동을 구성하는 각각의 요소들이 제대로 된 기능을 유지하기 위해서는 이들 구성요소를 둘러싼 환경이 지지적이어야 한다. 지원체계란 자원봉사활동을 둘러싼 외부환경으로 물질적, 재정적, 인적 자원을 행하는 기관이나 단체들을 뜻한다.

지원주체에 따라 공적 지원체계와 민간 지원체계로 나누어 볼 수 있는데 공적 지원체계는 정부나 공공기관에서 자원봉사활동을 지원하는 것을 말하며 민간 지원체계는 민간시설이나 단체에 의해 지원되는 것을 말한다. 전자의 경우 여성개발원, 사회복지협의회들이 여기에 해당되고 후자의 경우는 한국자원봉사협의회가 여기에 속한다. 여기서 지원이라는 것은 자원봉사활동의 홍보, 모집, 교육, 훈련, 배치, 프로그램 개발 등의 관리과정에 대한 지원뿐 아니라 자원봉사활동에 필요한 기금조성 및 할당까지도 포함된다.

자원봉사활동이 활발하게 행해질 수 있기 위해서는 직접적, 간접적으로 지원하는 체계가 제도적으로 갖추어져야 한다. 자원봉사활동을 용이하게 하기 위해 필요한 지원으로는 재정적 지원, 물질적 지원, 인적 지원 등을 들 수 있으며 이런 지원을 행할 수 있는 것은 국가 및 지방정부, 기업, 학교, 사회복지협의회, 공동모금, 기타자원봉사 관련 단체 등이 있다.

앞에서도 언급한 바와 같이 자원봉사활동이 공적・제도적 서비스를 보완하는 기능을 담당한다고 했을 때 특히 국가 및 지방정부의 지원은 무엇보다도 중요하고 당연시되어야 하겠다. 따라서 자원봉사 지원에 관한 법률의 제정 및 행정체계가 구축되어 자원봉사활동이 활성화될 수 있는 토대를 마련하고 재정적 지원 및 행정적 지원이 지속적이고 일관성 있게 행해질 수 있어야 한다. 또한 기업, 공동모금, 학교 등으로부터의 지원도 필요하다. 기업은 자원봉사활동에 필요한 자금조달뿐 아니라 인적 자원이 풍부한 곳이다. 뿐만 아니라 공동모금은 재정지원뿐 아니라 자원봉사활동과 더불어 강력한 서비스체계를 확립하는데 매우 유용하다. 이외에도 사회복지협의회, 학교 등은 자원봉사활동을 지원하는 유용한 자원들이다.

volunteerism | chapter 03

동기부여와 자원봉사 이론

1. 자원봉사자 동기부여

1) 동기부여의 개념

자원봉사활동에서 중요한 것은 무엇보다도 자원봉사자가 자원봉사활동에 가지는 동기라고 할 수 있다. 그러므로 자원봉사활동에 대한 동기부여는 자원봉사활동의 활성화와 직접 관계를 가지고 있다.

동기부여란 목표지향적 행동을 유발하도록 지시하고, 유인하며 격려함으로써 행동을 촉진시키도록 자극하고 고무하는 내적 상태이다. 따라서 자원봉사에서의 동기부여란 조직의 구성원이 외부자원을 획득하여 서비스를 생산하고 이를 소비자인 클라이언트에게 전달하는 과정에서 직원과 클라이언트가 자발적으로 참여해 조직의 목표달성과 행동변화를 유발하게 하는 자극요인이다.

동기는 개인의 내적 심리상태를 자극하는 요인으로서 개인의 행동결정에 매우 중요한 기능을 한다. 동기는 개인의 욕구에 의해 발생하고 그 강도는 욕구의 결핍수준에 의하여 좌우된다. 발생한 욕구는 목표지향적 행동으로 전환되는데 이 과정에서 직무구조와 리더십 등의 환경변수가 작용하여 개인의 행동을 자극하게 된다. 그리고 행동에 의한 노력의 결과로 목표에 도달하거나 소기의 성과를 올리게 되면 이에 대한 보상과 인정으로 만족감을 갖게 된다(신복기 외, 2002). 즉 자원봉사에서의 동기부여의 과정은 개인의 욕구발생, 욕구를 충족하도록 하는 외부의 자극, 목표달성 지향적 행동, 보상과 인정의 과정, 욕구의 발생 등 순환과정을 통해 이루어진다(김익균 외, 2013).

2) 자원봉사의 동기

그러면, 사람들은 왜 자원봉사에 참여하는가? 자원봉사 활동의 동기는 매우 다양하다. 클레리(Clary et al., 1998) 등은 자원봉사활동의 동기를 다음과 같은 여섯 가지로 구분하였다(주성수, 2005, 재인용).

첫째, 가치(value) : 인도주의적 또는 이타주의적 가치를 표현하기 위해 봉사활동을 한다.

둘째, 이해(understanding) : 세상에 대한 지식을 확대하고 기술을 습득하기 위해 봉사활동을 한다.

셋째, 인정(enhancement) : 심리적 안정과 자긍심을 높이기 위해 봉사활동을 한다.

넷째, 경력(career) : 경력에 도움이 되는 경험을 쌓기 위해 봉사활동을 한다.

다섯째, 사교(social) : 다른 사람들과 집단적인 사교활동을 하기 위해 봉사활동을 한다.

여섯째, 방어적(protective) : 내부 심리적 죄책감이나 갈등을 해소하기 위한 방어적 수단으로 봉사활동을 한다.

클레리는 이러한 다양한 동기들 중에서 가장 강한 일반적 동기는 가치동기이며, 이해, 안정, 경력 등의 순서로 중요하며, 사교와 방어적 동기는 비교적 약한 동기로 제시하고 있다.

한편, 메네게티(Meneghetti, 1995)는 자원봉사활동의 다양한 동기들을 다음과 같은 여섯 가지의 동기적 관심으로 제시하면서 각각에 대해서 자원봉사의 이유와 기대되는 가치있는 결과들을 제시하고 있다. 먼저 사회적 동기와 가치들로는 친구, 친지, 이웃이 봉사활동을 하는 것을 보고 자신도 봉사활동을 하는 경우가 있고, 그 밖에도 가치, 경력, 이해, 보호, 자존 등의 측면에서 자원봉사활동의 동기가 있음을 알 수 있다.

〈표 3-1〉

동기적 관심	자원봉사의 이유와 기대되는 가치있는 결과들
사회적	• 내 친구가 자원봉사활동을 한다. • 나와 가까운 사람들이 봉사활동을 한다. • 내가 아는 사람들과 더불어 봉사활동을 한다.
가치	• 내 자신보다 어려운 처지의 사람들에 관심을 갖는다. • 어려운 사람들에 대한 동정심을 갖는다. • 남을 돕는 일은 중요하다고 생각한다.
경력	• 나의 비즈니스나 경력에 도움이 되는 관계를 형성한다. • 나의 직장일이 잘 되도록 도움을 준다. • 나의 이력서에 봉사활동이 빛을 낸다.
이해	• 내가 알고자 하는 어떤 대의를 더 잘 알게 된다. • 사물에 대한 새로운 시각을 제공해준다. • 나 자신의 장점을 알아내는 데 도움을 준다.
보호	• 내 자신의 개인적 문제를 극복하는데 도움을 준다. • 내가 처한 곤경에서 해방되는 도피처가 된다. • 봉사활동을 통해 외로움을 해소한다.
자존	• 자원봉사는 내 자신을 중심으로 하게 해준다. • 자원봉사는 나의 자존심을 높여준다. • 자원봉사는 내 자신의 욕구를 갖게 해준다.

3) 자원봉사자의 동기분류

(1) 이타적 동기와 이기적 동기

자원봉사활동의 동기는 일반적으로 이타주의적인 면과 개인의 건전한 이기적인 동기로 나눌 수 있는데, 흔히 이 양자가 결합되어 나타나기도 한다.

① 이타적 동기

이타적 동기란, 도움을 주는 주체는 자신의 개인적 이득에 대한 기대를 갖지 않는 것이 특징이며, 타인의 복지에 대한 비이기적 배려 또는 헌신으로서 자기중심성에 상반되는, 즉 자기 자신의 복지를 위한 이기적 관심을 배제하는 것을 의미한다. 예를 들면, 주위에 누군가를 돕고 싶다, 지역사회 혹은 국가를 위해 무엇인가를 하고 싶다, 무엇인가 개선 - 변화되기를 원한다 등을 들 수 있다.

② 이기적 동기

자원봉사에 참여한 봉사자의 참여 동기는 이타적이고 사회적 책임을 기반으로 한 것이라기보다는 이기적이고 경험추구적 동기 또는 욕구에 의해 주도되는 특징이 있으며, 이는 자원봉사의 기본원리와 자발성을 무시한 것으로 이로 인해서 관리상 새로운 문제점이 제기된다.

이기적 동기로서의 예를 들면, 새로운 분위기나 경험을 하고 싶다, 마음에 맞는 친구를 사귀고 싶다, 직업을 찾는 데 도움이 되는 기술과 능력을 계발하고자 한다, 주위의 신뢰와 인정을 받고 싶다 등이다.

(2) 자원봉사자의 구체적 동기

한국사회복지협의회(1988)의 조사에서 나타난 참여 동기를 보면 이타주의나 사회적 책임의 동기로부터 점차적으로 여가선용, 자가발전, 새로운 경험과 전문지식의 활용,

친교 및 사교 등의 이기적 - 경험추구적 동기로 변화되고 있다. 이러한 참여 동기의 변화는 단순히 개인주의적 경향으로는 볼 수 없고, 사회참여를 통한 자아실현의 욕구를 충족하려는 현대인의 특성을 단편적으로 시사하고 있는 것으로 이해할 수 있다. 봉사활동의 지속성을 위한 요인으로는 봉사자의 개인적 책임감 및 참여욕구, 자원봉사에 대한 만족감, 지역사회에 대한 참여의식, 자율적 봉사기회 제공 순으로 지적되었다(김미숙 외, 1998: 231; 구성신 외, 2012).

2. 자원봉사 동기이론

1) 인간관과 동기유발

자원봉사 동기에 관한 이론은 과정중심적 이론과 요인중심적 이론으로 크게 구분할 수 있다. 과정중심적 이론은 자원봉사활동이 일어나고 유지되는 메카니즘에 관심을 갖는다. 그러나 요인중심적 이론은 자원봉사활동을 일으키는 구체적인 요인들이나 욕구에 관심을 갖는다.

(1) XY이론

인간성에 대한 새로운 이론을 주장한 맥그리거는 훌륭한 인간관리의 전제 조건은 인간에 대한 올바른 이해와 신념, 즉 정확한 인간관의 확립 여하에 달려 있다고 주장한다. 전통적 인간관을 X이론이라 하고, 현대적 인간관을 Y이론이라고 부르면서 양 이론의 주요한 가정을 나타냈다.

X이론의 가정과 동기부여 방법은 운명적이고 통제적이기 때문에 자발적 동기를 부여하는 방법으로는 부적당할 수밖에 없고, 한편 Y이론에 따르면 자원봉사자들을 의사결정에 참여시킴으로써 덜 집권화시킬 것과 이들에 대한 최소한의 통제와 지시를 강조하며, 또한 상상력, 진실성 및 창의성을 발휘할 수 있는 능력을 자원봉사자들은

누구나 다 갖고 있다.

〈표 3-2〉 XY이론에 따른 인간관

X이론(전통적 인간관)	Y이론(현대적 인간관)
• 본래 태만하고 가능한 한 일을 회피함 • 야망이 없고 책임지기를 싫어함 • 선천적으로 이기적이며 창의력이 부족함 • 변화에 저항함 • 생리적 - 안전적 수준에서 동기부여됨 • 인간은 통제와 강제의 대상임	• 일을 놀이와 같이 자연스럽게 생각함 • 목표달성을 위한 자기통제가 가능함 • 수동적 성향을 지닌 것은 아님 • 변화에 저항적으로만 반응하지 않음 • 친화, 자존, 자기실현의 수준에 동기부여됨 • 자율성, 창조성을 지님

(2) 강화이론

강화(enmforcement)이론은 결과가 행동을 유발한다고 가정한다. 어떤 긍정적인 결과가 자원봉사와 같은 어떤 행동을 유발하면, 사람들은 이런 행동을 되풀이하게 된다는 것이다. 반대로 어떤 부정적인 결과는 행동을 하지 않도록 동기유발을 한다고 볼 수 있다. 긍정적 동기유발 요인들로는 칭찬, 인정, 시간배려, 피드백 등을 들 수 있다.

자원봉사 관리자들의 관찰에 의하면, 자원봉사자들을 세심하게 인정하고 격려하는 등의 강화역할이 자원봉사자들을 지속적으로 활동하게 하는 중요한 동기가 된다. 그러나 인정과 격려 등의 동기유발이 부족한 경우, 자원봉사들은 중도에 활동을 포기하거나 실망해서 다시 활동을 하지 않게 된다는 것이다 자원봉사 수혜자로부터의 감사표시는 자원봉사자의 활동에 매우 중요한 역할을 한다(주성수, 2005).

2) 행동과 사회학습

(1) 행위합리성이론

자원봉사활동 참여를 사회적 욕구충족의 일환으로 보는 것은 무의식적으로 보이는 행동도 내면적으로는 자신의 이익을 위해서 합리적 선택과정의 결과에 전체를 두고 있다는 맥락에서 이해할 수 있다. 베버(Weber, 1968)는 행위를 주관적 의미를 갖는 행동으로 정의한다. 개인이 행하는 행위들 중 많은 것들은 타인을 배려한다기 보다는, 사람들은 사회적 행위를 할 때 다른 사람들의 존재와 행동을 의식한다는 것이다.

이에 베버는 사람들의 행위를 네 가지 기본 유형으로 설명한다. 즉, 습관적으로 행하는 전통적 사회행위, 느낌에서 야기되는 감정적 사회행위, 목적에 가장 효율적인 수단을 탐색하는 도구합리적 행위, 그리고 어떤 일이 옳거나 바람직하다고 믿기 때문에 행하는 가치합리적 행위 등으로 구분하였다.

행위합리성 이론에 따르면, 자원봉사활동은 가치합리적 행위의 한 형태로 볼 수 있다. 그러나 자원봉사활동에 있어서 자신이 옳거나 바람직하다고 믿기 때문에 행하는 가치합리적 행위는 자원봉사자가 어떤 보상을 바라지 않고 봉사활동에 대한 개인적인 신념을 가지고 봉사하게 한다. 즉 자기 자신의 잣대로 보았을 때, 옳은 것을 추구하기 때문에 스스로 떳떳하다고 자부심을 느끼고 신념과 긍지로서 자원봉사를 할 수 있다고 보는 것이다(박용순 외, 2015).

(2) 집합적 행동이론

집합적 행동이론은 자원봉사활동을 지역문제를 해결하고 공동체 이익을 지향하며 지역복지공동체를 위한 집합노력으로 설명할 수 있다. 자원봉사활동을 하나의 집합행동으로 이해하는 것이며, 대표적인 이론으로는 자원동원이론(resource mobilization theory)을 들 수 있다. 기본적으로 합리적 인간을 전제로 하여 구성원 모두를 공급자 겸 수혜자로 간주한다.

이 이론에 따르면 충분한 자원이 동원될 때 집합협력의 가능성이 높고, 그에 따른 전체의 이익이 있을 것이라는 기대로서 많은 성원들이 집합협력에 참여하게 된다는 것이다(김동배, 2005). 따라서 집합정체성이란 구성원들이 사회성원의 한 일원으로 자신을 인식하는 것이다. 이는 우리의식과 같은 집합의식을 말하며, 이러한 자아의식은 지속적이고 헌신적으로 집합협력에 참여하게 하는 주요원동력이 된다. 집합행동이론은 또래집단이나 청소년, 대학생 등 젊은이들에게서 많이 발견되는 행동이론으로 촛불집회나 붉은 악마 등도 집합행동이론의 예로 볼 수 있다(박용순 외, 2015).

(3) 사회학습이론

인간은 사회적인 동물로 태어나 성장하면서 모든 것을 학습하며 성장한다. 이와 같이 사회학습이론은 관찰과 직접 경험을 통해 학습이 이루어지는 과정을 설명한다. 자원봉사활동의 동기도 마찬가지로 주변으로부터 배우고 모방하고 또는 경험하게 된다고 본다.

이타주의적 행동은 경험에 의해 일어난다. 지속되고 연속된 학습을 통하여 개인의 행동은 가족과 동료 등 가까운 사람들에 의해 사회화 되고 학습화된다. 특히 반두라(Bandura, 1977)는 주위사람들의 친사회적 행동을 관찰함으로써 그 행동이 학습된다고 말하고 있다. 자원봉사활동의 동기부여는 주로 인생의 초창기에 형성되는데, 특히 중요한 타자가 사회적 약자들에게 보여주는 실천이 학습 모델이 된다. 따라서 학습이론에서는 자원봉사활동의 동기도 가족이나 가까운 관계의 주변인의 봉사활동을 보고 모방하게 됨으로써 경험과 관찰에 의해 학습되어 이루어진다고 볼 수 있다(류기덕 외, 2017).

3. 욕구이론과 기대이론

피셔(Fisher)와 콜(Cole)은 자원봉사자의 행동을 이해하는데 도움을 주는 이론들을 세 가지로 정리하였다. 첫째는 인간의 행동은 인간 내부에 존재하는 욕구때문이라는 가정으로 욕구와 관련되는 이론이다. 타일러(Taylor)의 고전이론, 매슬로의 욕구단계이론, 헤르츠버그(Herzberg)의 동기위생이론, 맥클랜드(McClelland)의 학습욕구이론 등이 있다. 둘째는 인간은 의식있는 이유 때문에 행동한다는 가정이다. 셋째는 인간의 행동은 어떠한 기대되는 보상 또는 이익에 의하여 유발된다는 가정이다. 기대욕구와 관련한 이론으로는 사회교환이론, 브룸(Vroom)의 기대이론 등이 있다(류기덕 외, 2017).

1) 욕구관련 이론

(1) 고전이론

타일러(Taylor)는 일을 하는 과정에서 동기부여의 중요성을 인식하고 과정이론의 기초를 이루고 있는 몇 가지 생각을 제안했다. 즉, 열심히 일하는 사람은 그렇지 않은 사람과 다른 보상을 받아야 한다는 것이다. 즉, 생산성에 입각하여 열심히 일하고 생산성을 높이는 사람에게 보상을 주어야 한다고 주장했다(최성재, 남기민, 2006).

(2) 욕구단계이론

매슬로에 따르면 인간 개개인은 피라미드 형태로 정돈된 다섯 가지의 욕구를 가지고 있으며, 이들 욕구의 충족이 동기를 유발한다고 보았다. 이들 욕구는 1 - 신체생리적 욕구, 2 - 안전의 욕구, 3 - 사회적 욕구, 4 - 자존의 욕구, 5 - 자아실현의 욕구로 계층화 된다. 이상의 욕구 5단계를 자원봉사 활동의 동기에 비추어 보면 다음과 같이 이해할 수 있다.

첫째, 가장 낮은 차원에서는 식량욕구를 충족시키는 보조수단으로 봉사활동을 하는 경우이다. 생계유지를 위해 공공봉사활동을 하는 것을 사례로 들 수 있다.

둘째, 직장 일을 상실하지 않고 유지하기 위한 안전장치의 하나로 봉사활동을 하는 것이다

셋째, 사람들로부터의 고립과 외로움을 해소하기 위한 방편으로 봉사활동에 참여하는 단계이다

넷째, 사람들이 자신을 인정해주고 존중해주길 바라는 자존의 욕구에서 많은 사람들이 봉사휠동에 참여한다.

다섯째, 자신의 재능과 특기를 살려서 남과 이웃을 위해 발휘할 수 있는 자아실현의 욕구에서 자원봉사활동을 한다.

자아실현 욕구는 생계유지, 직업안정, 고립해소, 남의 존경 욕구를 충족하고 나서 비로소 발생하는 최고차적인 욕구이다. 따라서 자원봉사를 하고자 하는 개인이 가지는 욕구 수준에 따라 적절한 동기가 부여될 필요가 있음을 알 수 있다. 예를 든다면, 청소년의 경우에는 우정과 사랑이라는 사회적 욕구가, 변호사와 같은 전문직 종사자에게는 자아실현의 욕구가 자원봉사활동의 동기부여에 중요한 역할을 하게 된다.

(3) 두 요인 이론 또는 동기위생이론

헤르츠버그는 인간에게는 상호 독립된 두 종류의 욕구 범주가 있는데 이들은 인간 행동에 각각 상이한 방법으로 영향을 미친다고 하였다. 두 요인(two factor)이론으로 불리는 헤르츠버그의 이론에 의하면 자원봉사활동을 하도록 하는 긍정적 동기와 자원봉사활동을 방해하는 부정적 동기는 서로 같은 것이라기 보다는 서로 다른 요인에 의해 지배된다고 본다. 자기가 하는 일에 불만을 느끼는 사람은 일하고 있는 환경에 관심을 갖게 되고, 자기가 하는 일에 만족하는 경우는 일 자체와 관계가 있다는 것이다. 특히 전자와 관련된 요인을 위생요인, 후자는 동기부여요인으로 불렀다. 부정적 동기는 그것이 없으면 불만을 갖게 되는 것들로, 일반 직장인들 사이에는 급여, 직장 안정, 작업환경, 신분, 회사내규 등 외재적 조건들을 꼽을 수 있다. 반대로 긍정적 요인은 그것이 있음으로써 만족을 갖게되는 동기들이다. 성취, 인정, 책임감, 발전, 직장 일, 성장 가능성 등이 그것이다.

〈표 3-3〉 위생요인과 동기부여요인

위생 요인	동기부여요인
• 조직의 정책과 행정 • 지도 감독 • 대인관계 • 보상 • 업무 조건 • 지위	• 업무 성취 • 성취에 대한 인정 • 업무 자체 • 책임감 • 발전 • 성장

위생요인은 한편으로는 소극적 동기부여요인으로 볼 수 있는데, 이들 요인 자체가 동기유발요인은 되지 않으나 이들이 결여되면 일을 떠나게 하는 요인이 될 수 있기 때문이다. 따라서 자원봉사자의 동기유발을 하고자 하는 경우 자원봉사자들의 불만요인을 제거함으로써 활동의욕을 가질 수 있는 환경(위생)적 조건을 구비한 후 적극적 동기부여를 하는 것이 바람직하다.

(4) 학습욕구론

맥클랜드의 학습욕구(learned needs)이론은 먼저 욕구를 성취욕구, 소속 욕구, 권력욕구 등의 세 가지로 구분한다. 개인은 주어진 상황 또는 시기에 가장 필요로 하는 요구에 의해 행동한다고 보며, 세 가지 욕구들 사이의 복합적인 작용으로 자원봉사 행동이 나타난다고 본다(주성수, 2005).

첫째, 성취(achievement)욕구는 가장 일반적인 욕구로 지적된다. 목표 또는 목적을 달성하려는 욕구, 도전을 극복하려는 욕구, 자신을 개선하려는 욕구 등이 성취의 욕구에 해당한다. 성취의 욕구에 강한 동기를 가진 자원봉사자들의 활동에는 다음과 같은 것이 포함된다. 기금모금활동, 회원모집 홍보활동, 조사와 분석작업, 보고서 작성, 위원회 장 또는 리더의 역할 등이다.

둘째, 소속(affiliation)욕구는 다른 사람들과의 유대 또는 파트너십을 가지려는 욕구이다. 이런 자원봉사자들은 매우 사교적이고 대인관계에 능숙해서 다음과 같은 활동에 참여하는 것이 개인의 동기유발에 도움이 많이 된다. 의전과 안내, 특별활동 프로그램 위원, 손님접대위원, 사교모임 위원, 노인센터 활동가, 사회서비스활동가 등이다.

셋째, 권력(power)욕구는 타인에게 자신의 영향력이나 권위를 행사하려는 욕구이다. 다른 욕구보다 권력욕구에 강한 동기를 가진 자원봉사자들의 경우 서비스 제공 봉사활동보다는 다양한 권익주창 활동에 참여하는 것이 나을 수 있다. 대중 집회와 연설, 기금 모금활동, 신문기고문 작성, 조직의 대표역할, 공익행사의 주관, 사람들의 관리자 역할 등이다.

2) 의식적인 이유

자원봉사활동에 참여하는 동기부여의 또 다른 요인으로 의식적인 이유를 들 수 있다. 이유는 대상을 누구에게로 두느냐에 따라 내용이 달라질 수 있다. 즉, 어떤 이유는 과업에 초점을 두는가 하면, 지역과 환경에 초점을 두는 이유도 있으며, 또한 서비스를 받게 되는 클라이언트에 초점을 두는 이유도 있다. 즉, 다른 사람을 돕거나 지역사회 봉사를 하고 싶어서 하는 활동도 있으며, 자신이 살고 있는 지역사회를 더 살기 좋은 곳으로 만들기 위해서 자원봉사를 하거나 인간관계나 지역사회서비스의 개선 또는 환경보호를 위해 자원봉사를 하는 것 등과 같이, 봉사활동의 이유는 매우 다양할 수 있는 것이다(최유미, 2015).

샤롯(Sherrott)은 자원봉사활동을 수단적인 면과 윤리적인 면으로 구분하여 설명한다. 전자는 자원봉사활동을 고용의 대용물로 보거나 고용을 위한 준비물 또는 불만족한 직장생활에 대한 보상의 방법으로 하는 경우 등을 말한다. 또한 사회적 관계형성과 친구를 사귈 수 있는 기회로 생각하고 활동하거나 자원봉사를 여가활동을 위한 적극적인 방법으로 보는 것 등의 수단적인 내용이 포함된다. 후자는 도움을 제공하기 위한 우호적인 방법으로 자원봉사활동을 하거나 종교적인 믿음의 표현방법으로 활동에 참여하는 것을 생각할 수 있다. 경우에 따라서는 사회적 의무감의 표현으로 또는 죄값의 보상방법으로 행동하는 것 등은 윤리적인 측면으로 볼 수 있다(볼러티어 21, 2002 재인용).

3) 기대되는 이익이론

기대되는 이익을 위해 자원봉사활동을 한다고 보는 대표적인 이론은 사회교환이론(social exchange theory)이다. 기드론(Gidron)은 자원봉사를 통해 얻는 만족과 다양한 정신적인 보상은 단순한 비의도적인 부산물이 아니라 자원봉사활동에 투자된 노력과 시간에 대한 이익이라고 보았다. 자원봉사를 통하여 기관과 자원봉사자 간에는 교환이 이루어진다는 것이다.

(1) 사회적 교환이론

일단 자원봉사활동을 시작하면, 자원봉사자의 태도 즉, 지속도와 헌신도는 외적인 요인에 의해 많은 영향을 받는다. 자원봉사의 참여여부는 참여하고자 하는 내적 욕구의 강도에 따라 결정되지만, 일단 활동을 시작하면 직무수행 과정에서 나타나는 업무의 보상, 즉, 성취감과 집단에서의 인간관계 등 외적인 요인에 의해 많은 영향을 받는다는 것이다. 여기서 말하는 보상은 수입을 목적으로 하는 물질적 보상이 아닌, 인정, 칭찬, 존경 등의 심리적이고 사회적인 보상을 말한다(김동배 외, 2009).

자원봉사활동의 보상과 관련하여 합리적 의사결정의 결과로 해석하는 가장 대표적인 견해로는 사회적 교환이론(social exchange theory)을 들 수 있다. 사회적 교환이론에 따르면 사람들은 서비스를 제공할 때, 그에 대한 사회적 보상, 즉, 감사나 칭찬을 기대하게 된다. 상대방이 보상을 하지 않는다고 처벌을 하는 것은 아니지만, 보상을 하지 않으면 업신여김이나 눈총을 받을 수 있다. 그렇게 되면 둘 사이의 관계는 더 이상 유지될 수 없다. 이와 같이 일상생활에서의 가치있는 것의 주고 받음, 즉, 교환은 사회생활을 지속시키는데 꼭 필요한 행위이다.

블로(Blau, 1964)는 사회적 교환은 반드시 주고 받는 대상이 일치하는 것이 아니라 제3자를 통한 간접적인 교환도 가능하다고 주장한다. 대표적으로 박애주의자를 들 수 있다. 부자의 자선행위는 반드시 그로 인해 혜택을 얻는 사람들에게 인정을 받기 위한 것이 아니라 자신이 속한 계층의 동료로부터 인정받기 위한 것이다 즉, 자신이 속한 집단구성원들이 자신의 이타적인 행동을 높게 평가하는 경우, 자원봉사활동을 수행하면서 수혜자에게는 아무런 대가를 못받더라도 자신이 속한 집단에서 사회적 보상을 받기에 그 활동을 계속 수행하게 되는 것이다(김동배 외, 2009 재인용).

한편, 하보(Harbaugh, 1998)는 '자선행위 수준발표(reporting plans by charity)'로 자선이나

기부행위 수준에 차이가 발생할 수 있음을 설명하면서 '체면(prestige)'동기를 밝히고 있다. 여러 회사의 자선이나 기부금 수준을 사회적으로 발표하게 되면 회사들은 체면 때문에 자선이나 기부행위를 증가시킨다는 것이다. 이러한 체면은 그 회사의 신용수준에 대한 신호역할을 하기 때문에 대중들에게 알려질 때만 발생하며, 회사의 좋은 이미지가 수입을 증가시키고 사업상의 이익을 발생시킬 것이라고 기대하게 한다. 음악적 소양이 전혀없는 사업가가 오페라 단체에 기부금을 내는 것은 이러한 체면의 동기를 설명하는 예가 된다(김동배 외, 2009 재인용).

사회적 교환이론은 또한 기대이론(expectancy theory)과 유사한 내용을 담고 있다. 기대이론은 왜 자원봉사자들이 계속해서 그 활동에 머무르는지를 설명하는데 적절하다. 이 이론에 의하면 자원봉사자가 담당하는 업무가 그들의 기대에 상응하지 못할 때 활동을 계속하려는 동기가 감소하기에 그들을 계속 프로그램에 머물러 있게 하려면 봉사업무의 수준과 성격을 그들의 기대에 적합하게 유지할 필요가 있다.

사회적 교환이론에 따르면 자원봉사활동이나 기부행위 등의 자선활동에는 반드시 보상요인이 수반되는데, 이러한 보상은 심리적 보상, 사회적 보상, 경제적 보상 등의 세 가지 차원으로 구분할 수 있다(김동배 외, 2009).

① 심리적 보상

심리적 보상은 자원봉사활동에 대한 심리적 안녕감이나 만족감을 의미한다. 타인지향적 동기와 자기지향적 동기의 양 측면을 충족하는 것이다.

첫째, 타인지향적인 심리적 보상은 불우이웃을 도와야 한다는 단순한 동정심, 좀 더 숭고한 인류평등 의식, 혹은 죄의식 등의 동기에서 자원봉사활동에 참여하는 것이다. 사람들은 동정심이나 인류평등의식을 발휘함으로써 한 인간으로서 책임을 다했다는 심리적 보상을 받는다. 또한 양심적으로 하기 싫은 일을 하거나 혹은 의무적으로 해야할 일을 하지 못하는 경우가 있는데, 이때 죄의식이 함께 따라다닌다. 그런데 이러한 죄의식을 상쇄시키기 위해 사람들이 자선행위를 한다는 것이다.

둘째, 자기지향적 심리적 보상은 개인적 성장을 위해서나 미래의 직업이나 사회적 역할을 탐색하기 위해서 자원봉사활동에 참여하는 것이다. 자원봉사활동을 통해 다음과 같은 기대효과를 얻을 수 있다. 자원봉사활동 경험을 통해 이러한 요소들이 충족된다면 심리적 보상의 자기지향적 측면의 동기가 의미를 갖는 것이다. 여기에는 다음과 같은 내용을 포함할 수 있다.

- 다른 사람에 대한 관심과 이해의 증진
- 사회문제를 이해하는 기회
- 직업이나 진로를 결정하는 계기
- 공동체 의식의 함양
- 건전한 여가활동 기회
- 건전한 이성교제
- 자신의 삶을 더 의미있게 만드는 계기
- 가족 간의 대화 및 관계에의 도움
- 대인관계의 중요성을 인식하는 계기
- 자신의 잠재능력을 발견하는 기회
- 걱정이나 고민거리를 해결하는데의 도움
- 새로운 경험과 기술을 배우는 기회

② 사회적 보상

사회적 보상은 비물질적 보상이라는 측면에서는 심리적 보상과 비슷하지만 심리적 보상이 개인의 심리적 만족감에만 영향을 주는 것인 반면, 사회적 보상은 경제적 보상처럼 직접적인 금전적 보상은 아니지만, 사회제도를 통하여 그에 상응하는 보상을 제공한다는 점에서 차이가 있다. 자원봉사자 마일리지 제도, 각종 자원봉사활동과 관련한 표창제도, 자원봉사자들끼리 일종의 공동체를 형성할 수 있는 여건을 만들어주는 회원제도를 통해 사회적 욕구를 충족시키고 자원봉사의 지속성 향상에도 기여할 수 있다.

또한, 많은 기업들이 시간을 내서 봉사활동을 하는 임직원들의 근무시간을 제도적으로 면제해주는 제도들이 있는데, 이러한 근무시간 인정 및 경력화도 사회적 보상으로 큰 의미가 있다. 여기에는 근무시간 면제(trade-off), 사회봉사휴가(social service leave), 직원대여 (loaning personnel)등의 세 가지가 있다. 또한 중고등학교의 교과과정에서 자원봉사활동을 장려하는 제도가 증가하고 있는데, 자원봉사활동을 학점으로 인정하거나 교과 수행의 일부로 채택하고 있으며, 입학 조건으로 제시하고 있는 것 등을 생각할 수 있다. 대학생이 자기가 원하는 곳에서 자원봉사도 하고 동시에 학점도 받는 제도는 자원봉사활동으로 얻는 사회적 보상이 되는 것이다.

③ 경제적 보상

자원봉사활동에서 경제적인 동기유발 요인은 우리나라에서는 미미한 수준이다. 가정봉사원제도에서 일부 유급으로 운영되고 있는 정도이다. 일반 자원봉사자에 대한 주차비 면제나 식사비 할인 등의 실비지급도 아직 부족하다. 미국의 경우, 자원봉사활동 참여 청년층에게 최소 생계비와 학비를 지원하고 있는 것은 청년층의 사회참여기회를 확대하기 위해 도입된 것이다. 노인들을 위한 자원봉사 프로그램에서도 특히 저소득 노인에게 유급 및 실비 차원의 경비를 지급하는 것을 볼 수 있다(김동배 외, 2009).

(2) 브룸의 기대이론

기대이론은 레빈(Levin)과 톨먼(Tolman)의 인지적 개념들에 뿌리를 두고 있으며, 1964년 브룸(Vroom)에 의해 처음으로 조직행위에 적용될 수 있도록 이론적으로 형성되었다. 이 이론은 인간행동의 본능이론을 거부하고 인간은 개개인의 사고와 이성을 지닌 존재로서 현재와 미래의 행위에 대해 의식적인 선택을 한다고 가정하고 있다. 즉, 자원봉사자는 남을 돕거나 하는 동기가 아니라 자신에게 돌아오는 어떤 보상이나 기대 때문에 봉사활동을 한다고 보는 것이다(주성수, 2005). 기대이론은 자원봉사자들이 어떻게 지속적으로 활동에 참여하느냐를 설명하기에 설득력이 있다. 자원봉사자가 담당한 업무가 그의 기대에 상응하지 못할 때에는 그의 활동을 계속하려는 동기는 감소할 것이기 때문에 자원봉사자들이 계속 머무르게 하기 위해서는 봉사업무의 수준과 성격이 기대에 적합하도록 유지하는 노력이 필요하다. 기대이론에서 인간행동을 지속시키는데 영향을 미치는 요인으로는 선호성, 수단성, 기대성 등의 세 가지를 들고 있다(류기덕 외, 2017).

① 선호성(valence): **일에 대한 흥미**

자원봉사활동을 지속하려면 먼저 자신이 하고 있는 자원봉사업무에 대해 흥미를 가져야한다. 사람들은 자기가 하고 있는 일이 자신이 생각하기에 중요하고 가치있다고 여길 때 만족하는 경향이 있다(주성수, 2005). 선호도는 유인이나 흥미로 대치할 수 있는데, 하나의 특정한 결과나 일에 대하여 개인이 부여한 가치의 정도라고 할 수 있다. 선호도에는 긍정적인 선호도와 부정적인 선호도가 있다. 같은 자원봉사업무를 하더라도 그 업무에 대하여 긍정적인 태도를 갖거나 부정적인 반응을 보일 수 있는 것이다.

② 수단성(instrumentality): **욕구충족에 대한 신념**

동일한 행위를 지속적으로 하는데 영향을 주는 두 번째 요인은 수단성이다. 그 결과는 다른 결과들을 초래한다는 것이다(주성수, 2005). 이는 개인의 마음에 있는 신념과 관련된 것으로 한 사건과 다른 사건 간의 상관관계에 관한 신념이다. 자원봉사자의 참여동기 내지 욕구들의 충족과 자신이 하고 있는 자원봉사활동과의 관계에 관한 것이다. 자신이 가진 재능을 활용하고 발전시키고 싶어서 자원봉사활동을 시작한 자원봉사자는 재능을 활용할 수 있고, 그것을 통해 개인적으로 도움이 된다고 믿을 경우,

그는 자신의 자원봉사활동을 지속하고자 하는 동기를 부여받을 수 있는 것이다.

③ 기대성(expectation): **자원봉사활동 수행능력에 대한 신념**

개인의 기대신념의 정도에는 다양한 요인들이 영향을 미친다. 자원봉사활동이라는 구체적인 행동은 어떤 특정한 결과를 가져다줄 것이라는 높은 기대를 낳는 것으로 본다. 이러한 요인들로서는 자기기술능력에 대한 평가, 자신감의 정도, 특정 과정에 대한 경험 정도, 그리고 과업을 성취하는데 따르는 어려움을 극복하는데 있어서 타인으로부터 받는 인상 등이 있다. 한 개인이 새로운 기술을 습득하고 새로운 경험을 얻고 많은 사람의 성공과 실패를 관찰함으로써 자신의 능력에 대한 인식이 바뀌면 그에 따라서 기대의 신념이 바뀔 수 있다. 만일 어떤 특정 과업을 성취할 수 있을 것으로 여겨지지 않을 때는 기대가 낮다고 볼 수 있으며, 반대로 과업이 다루기 쉽게 보이면 기대는 높다고 할 수 있는 것이다.

(3) 스미스의 연속적 단계모델

인간의 자발적 행동에 관하여 스미스(Smith, 1980)는 두 가지로 구분하여 설명한다.

첫째는 일반적 행동모델로서 인간들이 자유로운 시간에 왜 그들이 하고 있는 바로 그 행동들을 하는지에 대하여 초점을 맞춘다. 자발적 행동을 사회교환이론으로 설명하고자 하는 시도이다. 이를 위해 여섯 개의 개념적 범주의 예측요인을 사용하는데, 환경적 맥락, 사회적 배경과 역할요인, 성적 요인, 태도에 영향을 주는 개인적 성향들, 보유한 정보들, 상황요인 등이다(류기덕 외, 2017 재인용).

둘째는 자원봉사행동 그 자체에 관한 직접적인 연구로서 스미스는 환경적 맥락요인, 개인적 배경요인, 상황요인 등의 세 단계로 구분하여 각 단계의 변인들이 연속적 단계를 거쳐서 직접 또는 간접적으로 영향을 준다고 가정한다. 즉, 환경적 맥락요인에는 역사, 문화, 지역규모, 인구분포, 자원봉사영역의 구조와 특성 등이 포함되며, 개인적 배경요인에는 인구사회학적 특성, 개인의 성격과 능력, 자원봉사에 대한 일반적

태도와 특수한 태도 등이 포함된다. 다음으로 상황요인은 자원봉사활동에 대한 특별한 상황적 자극이나 인식 등 직접적인 동기요인을 말하는데, 이러한 환경적 맥락, 개인적 배경요인 및 상황요인들이 자원봉사행동 결정에 단계적으로 영향을 미친다는 것이다.

(4) 트로스의 심리적 계약모델

트로스(Troth, 1999)의 심리적 계약모델은 사회적 교환이 어떻게 성립되는지를 설명하는 이론이다. 공식적 문서에 의한 계약이 아니라 상호공조를 바탕으로 한 암묵적 신뢰관계를 의미한다. 이러한 심리적 계약이론은 자원봉사행동의 공식적 계약관계에 있어서 공식적으로 표방한 동기와 관련한 이슈를 넘어서 심리적으로 내재되어 있는 잠복된 동기의 존재를 조명한다. 자원봉사자들은 물질적 보상을 받기를 기대할 지도 모른다. 그러나 자원봉사자들은 그보다 변화를 일으킬 기회나 미래의 직업을 위한 기술훈련, 자기개발, 사회적 관계확대, 성취감과 보람 등을 더 기대하고 있다. 자원봉사자들은 자신의 일정한 시간을 조직에 위임할 수도 있고 충성이라는 말로 표현할 수 있는 조직에 대한 헌신에 동의할 수도 있다. 외면적으로 조직의 기대에 부응하려는 심리와 함께 내면적으로 조직에 대한 자기기대를 가지고 있다고 볼 수 있을 것이다(류기덕 외, 2017).

이상의 심리적 계약모델은 사람들은 어떤 심리적 기대를 가지고 자원봉사에 참여하며, 사회적 교환이 어떻게 사회적 통합을 도출하게 되는가에 대한 설명에 있어서 중요한 단서를 제공해 줌과 동시에 개인차원에서의 자원봉사행동 연구와 조직 차원에서의 자원봉사행동 연구를 연결하는 가교로서의 의의를 갖는다(류기덕 외, 2017 재인용).

volunteerism | part

02

자원봉사의 역사와 발전

CONTENTS

volunteerism | chapter 04

외국의 자원봉사

자원봉사는 국가마다 성격이나 활동 주체에 있어 차이가 있는데, 이것은 자원 봉사 활동의 역사적, 문화적, 정서적인 측면에서의 상이성 때문으로 파악된다. 일본은 시민들이 유기적인 연대 관계를 모색하면서 자원봉사를 활발하게 진행하고 있고, 영국의 경우에는 노블레스 오블리주(noblesse oblige)를 실천하는 사회 지도층을 중심으로 종교단체와 자선단체가 중심이 되어 자원봉사를 시민사회에 전파, 보급하고 있다. 이와 같이 자원봉사는 국가를 통합하는 구심점이 되고 공동체에 활력을 불어넣고, 궁극적으로는 민주시민으로서 자아실현을 위한 인간의 건전한 욕구로 승화되는 것이라고 할 수 있다(염철현,2009).

자원봉사는 국가기능의 분담이라는 차원에서 이해할 필요가 있다. 이를 위해서 부족한 자원으로 공통의 목적을 달성할 수 있는 분야를 개발하고 서비스 제공을 설계하는 공동생산(co-production)이나 파트너십(partnership) 등 공공선의 실천을 위한 공동참여의 논리를 개발하고 보완해야 한다. 이런 개념변화는 정부기능의 변화에 따른 자연스런

현상이라 할 수 있다(이민창 외, 2009). 다음에서 살펴보게 될 영국, 미국, 일본의 자원봉사 활동과 조직에 관한 사례를 통해 우리나라 자원봉사에 적용할 수 있는 시사점을 정리해 보고자 한다.

1. 영국의 자원봉사

1) 영국 자원봉사의 역사

영국은 산업혁명과 사회복지의 개념을 가장 먼저 도입한 국가이다. 영국의 자원봉사는 18세기 시민의식의 성장에 따른 자원봉사 정신과 민주주의 철학을 토대로 한 전통적인 기독교의 자선활동에서 비롯되었다.

18세기 말 산업혁명으로 인한 도시화, 공업화의 영향으로 인구의 도시 유입과 함께 여성과 아동・청소년들이 공장의 열악한 환경에서 노동을 하였다. 이 후 빈곤문제와 빈부격차 등의 새로운 사회문제가 대두되면서 시민들은 사회개혁에 관심을 가지게 되었다. 당시의 자원봉사자들은 실업가, 은행가 등 주로 신흥중산계급의 기독교인들이 대부분이었으며 이들 중상류계층의 박애주의자들은 후일 자선협회에 가담하였다. 영국의 자원봉사활동은 19세기 전반에 걸친 민간사회복지사업의 발달과 함께 발전했다.

영국의 19세기는 빅토리아 황금시대인 동시에 민간협회의 황금기였다. 그 중 19세기 구빈사업의 공백을 메우기 위해 일반 시민이 중심이 되어 빈곤층의 갱생을 촉진시키려고 한 자선조직협회(charity organization society)의 우애방문, 인보관(settlement house movement)운동은 민간사회복지활동으로 시민의 적극 참여를 촉진하는 계기가 되었으며, 자원봉사활동의 출발점이 되었다(구승신 외, 2012). 이러한 자선사업의 폭발적 증가는 국가가 정치적, 경제적으로 시민의 생활에 강제나 간섭을 해서는 안된다는 당시의 국가관과 밀접한 관련을 갖는다. 즉, '야경국가'적 국가관을 가졌던 당시에는 국가가 적극적으로 빈민들을 구제하는 것은 국가의 기능을 넘어서는 것으로 일방적인 국비의 낭비로 여겨져 반대하는 사고방식이 대체로 강하였다. 그 결과 정부보다 시민이, 공적기관보다 민간기관의 자율적인 활동이 증가하였고 이 시기는 민간기관의 황금기로 불리게 되었던 것이다(이민창 외, 2009).

19세기 후반부터는 사회복지급여에서 국가역할의 증대를 요구하는 움직임이 두드러졌다. 사회주의당에 의해 주도되었는데, 이들은 부스(Booth), 라운트리(Rowntree), 민(Mean)의 사회조사 결과를 인용하면서 산업사회에 증가하는 문제를 다루는 데 민간 차원의 개입이 실패하였음을 지적하고 국가의 적극적 개입을 강조했다.

1990년대 들어 지역사회 보호, 새로운 복지다원주의(welfare pluralism)를 둘러싼 정치적 합의, 계약문화와 활발한 시민정신에 이바지한 정부, 게다가 국가의 후퇴 등은 자원봉사에 많은 영향을 미쳤다. 특히 대인서비스 분야에서의 사회서비스 부문이 직접적 서비스 공급자의 역할에서 서비스의 구매자, 계획자, 조정자의 역할로 전환되면서 정부 차원에서 행해진 재정적 서비스전달의 책임이 정부에서 개인, 민간협회 또는 민간봉사집단으로 전환되고 이에 따라 사회복지서비스의 공급에서 자원봉사 영역이 보다 큰 역할을 담당 하게 되었다.

오늘날의 영국 자원봉사활동은 보수당의 집권을 통해 자원봉사활동을 육성하였으며, 1992년 자선법의 개정은 자원봉사활동을 촉진시키는 계기를 마련하였다. 전반적으로는 정부 차원의 사회복지서비스가 개인이나 민간단체로 이양되면서 자원봉사 영역이 그 어느 때보다도 증가되고 폭넓은 영역에 걸쳐 발달하고 있다. 기업이나 개인, 민간단체들의 참여가 증가되고 사회복지서비스 부문에 대한 자원봉사 영역이 확대되고 있는 것이다. 뿐만 아니라 1960년대 주류를 이끌던 빈곤문제의 해결에서부터 지역사회보호, 복지다원주의에 이르기까지 사회의 변화와 함께 다양한 형태의 활동이 전개되고 있다(구승신 외,2012). 2차 세계대전 이전에는 많은 복지서비스가 자원봉사단체와 자원 활동을 통해 지역차원에서 이루어졌다. 20세기 중반에 들어와서 복지국가(welfare state)가 세워지면서 국가가 복지 서비스 공급의 최일선에 서고 자원봉사활동은 보완작용이라는 인식이 통용되기 시작하였다(여성부, 2005).

2) 영국의 주요 자원봉사 센터

(1) 자원봉사안내소

전국에 30여 만 개로 추산되는 각종 단체가 있으며, 특히 '자원봉사안내소'가 3백여 개 있어 담당지역 내의 모든 자원봉사활동을 파악하며 자원봉사 지원자의 성격과 자질, 희망 등을 고려해서 적당한 일을 맡기고 있다. 영국은 사회봉사활동을 중요한 이력으로 본다. 기업 등 사회 각 분야에서 자원봉사활동을 단순히 보람 있는 일로 치부하기보다는 행정능력과 대인관계 등 중요한 기술을 익힌 좋은 경험으로 인정해 준다. 자원봉사와 관련된 모든 활동을 계량화하면 국민 총생산량의 5% 이상이 되어 농업부분보다 크며 정부차원의 지원도 커서 내무부에 자원봉사과가 설치되어 있다. 영국은 불문법 국가답게 별도의 법은 없으나, 사회보장 및 자선사업에 관한 법률이 있어 자원봉사활동을 간접적으로나마 적극 지원해 주고 후원금을 낼 경우 세제상의 각종 혜택을 받고 있다(김익균 외, 2013).

(2) 밀레니엄 자원봉사단(Millenium Volunteers)[1)]

밀레니엄자원봉사단(millenium volunteers)은 영국에서 전국적인 규모로 시행된 가장 큰 청년 자원봉사 프로그램 중 하나다. 1966년에 이르러 발표된 '밀레니엄 자원봉사단 - 시민서비스에 대한 노동당의 제안서'(Millenium Volunteers : Labour's Proposal for Citizen's Service)라는 노동당의 보고서는 자원봉사활동에 대한 정부지원의 필요성을 지적하게 된다. 이후 대처 정부의 뒤를 이은 블레어 총리가 1999년 국가자원봉사 위원회(National Survey of Volunteering)의 결과, 1991년도 조사와 비교하여 젊은 청년층의 자원봉사활동이 급격히 감소함에 따라서 청년층의 시민의식과 자원봉사활동 활성화 필요성이 대두되었다.

1) http://youngcitizens.volunteernow.co.uk/millennium-volunteers 영국 밀레니엄자원봉사단 홈페이지

밀레니엄 자원봉사단(Millenium Volunteers: 이하 MV)를 간략하게 정리하면 다음과 같다(Smith · Angela Ellis · Steven, 2002).

- 밀레니엄 자원 봉사자 프로그램은 영국 전역 정부 지원 사업이다.
- 16~24 세 젊은이들 사이에서 지속적인 자원 봉사를 장려하기 위해 고안되었다.
- MV는 다음과 같은 9 가지 핵심 원칙에 기반을 두고 있다.
  - 지속적인 개인적 헌신
  - 지역 사회 이익
  - 자발적인 참여
  - 포괄성
  - 청소년들의 주인의식
  - 다양성
  - 동반자 관계
  - 자질 및 인정

자원봉사활동에 대한 정부개입의 필요성과 청년층의 시민참여 및 참여의식이 저조해진데 대한 우려가 증대됨에 따라서 영국정부는 청년층을 위한 시민 자원봉사 프로그램의 도입을 논의하였으며 그 결과로 1999년 밀레니엄 자원봉사단 즉, 새천년봉사단(MV) 프로그램을 도입하였다. MV 프로그램은 초기 정부예산 52백만 파운드를 투입하여 3년간 16~24세의 청년층을 대상으로 다양한 자원봉사활동에 참여하도록 지원되었다.

러셀위원회는 청년층의 자원봉사참여 증진을 위하여 발족된 정부기구로 청년층의 사회참여를 위한 국가 기본계획을 발표하였다. 기본계획은 청년층이 지역사회 속에서 자원봉사를 하는 데에 있어서 다양성과 질과 양을 모두 증진시키고자 하는 데에 그 목적을 두고 있으며 추진방안으로 총 16개의 정책적 권고사항을 발표하였다.

권고사항들은 자원봉사에 대한 청년층의 접근성 강화 방안을 제시하고 있으며 청년자원봉사활동에 대한 정부의 예산지원과 청년자원봉사를 위한 인프라 개선방안을 제공한다. 특히 취약계층의 자원봉사 유인책으로서 자원봉사기회의 확충과 단기, 시간제, 전일제 등 자원봉사 운영의 다각화 그리고 일부 전일제 자원봉사자에 대한 수당지급을 제안하였고 장애인 자원봉사를 위한 정부의 부처 간 협력을 통하여 자원봉사자의 다양성을 증진하고자 하였다(고재욱 외, (2011).

MV 프로그램은 전 영국에 걸쳐서 수행되는 프로그램이나 그 전달체계 구조와 방법은 영국 내 4개의 연방지역(잉글랜드, 스코틀랜드, 북아일랜드, 웨일즈)별로 상이하게 운영되어 왔다. MV 프로그램에 대한 정부예산 또한 각 지역별로 상이하다. 이는 프로그램이 각 연방지역별 정부의 독립성과 운영의 독자성에 맞추어 조직되었기 때문이다. MV 프로그램은 기본원칙 등의 기본적 내용은 중앙정부의 관할에 있으나, 각 프로그램에 대한 운영은 각 지역정부에서 선택하여 자율적으로 운영되고 있다.

Smith, Ellis & Howlett(2002)의 연구는 MV의 9개 기본원칙에 의거하여 MV의 성과를 평가한 보고서이다. 연구결과에 따르면 이러한 MV 프로그램의 단점에 대한 지적사항은 러셀 위원회의 청년층의 사회참여를 위한 국가 기본계획에 반영되어 영국의 청년봉사활동을 증진하기 위한 기틀 마련에 기여하였다. 즉 취약계층의 참여를 도모하기 위하여 제도적, 경제적인 부분에서의 배려를 추진하기도 하였으며 활동완료시간 외에 자원봉사활동을 통하여 습득한 기술과 기여도 등을 인정할 수 있는 방안을 마련하는 등의 조치가 국가 기본계획에 포함된 것이다. 이렇듯 MV 프로그램은 영국의 청년자원봉사활동의 계획에 필요한 자료를 제공하고 봉사활동의 활성화에 기여하였다는 점에서도 의의가 있다고 볼 수 있다(고재욱 외,2011).

(3) 공익위원회(Charity Commission for England and Wales)

민간공익단체(Charities)에 대한 통합관리기구인 영국의 공익위원회(Charity Commission for England and Wales)는 정치적 독립성을 가진 전문적・총괄적 관리기구이다. 영국의 공익위원회는 민간단체가 공익성을 가지는 지를 판단함에 있어 재량을 가지고, 그 밖에 소권, 준사법적 권한은 물론 다양한 형태의 시정적 개입권한도 가지며, 심지어 임원에 대한 면책 권한까지 갖는 등 포괄적인 감독권한을 가진다. 그리고 공익위원회의 공익단체에 대한 감독의 범위는 「적법성 통제」를 넘어선다.

영국 공익위원회의 감독범위는 현행법상 공익단체가 합목적적·효율적으로 관리되고 있는지에 대하여도 미친다. 예컨대 공익위원회는 정관 또는 법령의 위반과 같은 「위법행위(misconduct)」를 넘어 「부실운영(mismanagement)」의 경우에도 공익단체에 대하여 간섭할 수 있다. 여기의 부실운영은 공익단체의 장기적인 급부능력을 해할 수 있는 임직원의 조치를 포함한다. 또한 공익위원회는 공익단체의 재산의 보호 또는 공익단체의 목적에 부합하는 재산의 사용을 위하여 필요하거나 바람직한 경우에는 재량에 따라 문제된 임직원의 직무를 정지시키거나 면직시킬 수 있다. 나아가 공익위원회는 공익단체에 대한 이의, 지시 또는 공익단체의 (공익자산의 보호를 위한) 계좌동결, 재산처분을 제한할 수도 있다. 결국 영국공익위원회의 공익단체에 대한 감독은 일종의 전문적인 「합목적성·효율성 통제」라고 할 수 있다. 이처럼 영국에서 공익단체에 대한 국가의 합목적성 통제가 허용되는 것은 공익위원회가 고도의 정치적 독립성을 가지고 있을 뿐만 아니라 민간공익활동에 우호적인 전통을 배경으로 동 위원회가 그의 권한을 공정성 및 비례성의 원칙에 따라 극히 신중히 행사하여 왔기 때문이다.

영국의 공익위원회는 연차보고의 형태로 의회에 대하여 그의 활동을 보고할 의무가 있고, 그 보고서는 대중에 공개되므로 동 위원회의 효과적 업무수행에 이바지한다. 반면, 한국의 현행 감독체계 아래서는 주무관청이 사회 일반에 대하여 공익단체의 규제에 관한 그의 업무수행상황을 보고할 의무가 없어, 공익단체의 규제에 관한 주무관청의 효과적·효율적 업무수행을 위한 적절한 압력수단이나 유인이 존재하지 않는데, 이러한 상황도 규제의 투명성 확보를 위하여 개선되어야 한다. 이를 위하여 새롭게 창설될 통합관리기구가 해마다 전년도의 활동 내용과 민간공익활동 상황 및 개선대책에 관한 보고서를 작성하여 대통령과 국회에 보고하도록 하고, 사회일반에 그 보고서를 공개하도록 한다(김진우·이지민, 2018).

2018년 7월 공익위원회 감독관은 대중이 신뢰할 수 있는 자선 단체와 관련된 요인에 대한 새로운 연구 결과를 발표하였는데 자선 단체의 가치에 충실하고 효율과 효과를 입증하는 능력이 자선 단체에서 가장 중요한 신뢰 요소 중 하나이다. 자선위원회(Charity Commission)는 대중이 신뢰할 수 있는 자선 단체와 제휴하는 요인을 검토하는 일련의 권위 있고 독립적인 연구 결과를 최신으로 발표하였다[2]. "투명성만으로는 충분하지 않고, 자선 단체는 신뢰를 회복하기 위해 자선 단체가 진정성을 보여줄 필요가 있다."고 하였다. 'Populus'가 실시한 이 연구는 높은 수준의 행동과 '가치에 충실 함'을 입증하는 것이 자선의 대의와 긍정적인 차이를 만드는 것과 마찬가지로 신뢰성에 중요하다는 것을 보여준다.

- 자선 단체에 대한 신뢰의 핵심 동인
  - 돈이 어디로 가는가에 대한 투명성 (8.8 / 10점 만점)
  - 그들의 가치에 충실하다 (8.5 / 10점 만점)
  - 자원의 효율적인 사용 (8.4 / 10점 만점)
  - 잘 통치되고 잘 관리 된다 (8.3 / 10점 만점)
  - 긍정적인 변화를 가져올 수 있음 (8.3 / 10점 만점)

잉글랜드와 웨일즈의 자선 단체인 자선위원회 (Charity Commission)는 자선 단체의 조직 정신과 가치가 대중에게 중요한 것이지 신뢰를 재건한다는 것은 단순히 의사소통 개선이 아니라 행동 변화에 달려 있다고 강조했다. 연구에 따르면 2016년부터 자선 단체에 대한 대중의 신뢰가 높아졌으며 위원회는 다른 사회 기관들에 대한 신뢰도가 감소한 반면, 자선 단체가 사회에서 가장 신뢰받는 기관들에 속하는 것을 목표로 하고 있다고 말했다.

2) https://www.gov.uk/government/news/regulator-publishes-new-research-into-factors-the-public-associate-with-trustworthy-charities 2018. 07. 11 / 영국정부공익위원회 뉴스

이 연구는 한 개인의 신뢰가 자신의 기부 행위와 밀접하게 관련되어 있음을 보여준다. 신뢰를 얻은 사람들의 52%는 자선 단체에 더 많은 기부를 하고 있으며, 신뢰를 잃은 사람들의 41 %는 자선 단체에 기부를 하지 않는다고 답했다. 비슷하게, 자선 단체를 신뢰하는 개인은 최근에 자선 단체에 기부금을 기증한 비율이 24% 대 11%로 훨씬 높습니다. 자선 단체를 신뢰하지 않는 사람들은 자선 단체에 기부하지 않았을 가능성이 크다(9% 대 1%).

3) 영국 자원봉사의 시사점

영국의 자원봉사가 우리에게 주는 시사점을 정리하면 다음과 같다. 첫째 자원봉사를 좁은 개념으로 접근하지 않고 '활성화된 지역사회(active community)를 초점으로 하고 있는 점이다. 즉, 자원봉사라는 도구를 활용하여 지역사회를 활성화하는데 목표를 가지는 것이다. 그 점에서 우리의 자원봉사활동기본법이 지향하는 목표와 비교하면 우리나라의 자원봉사와 관련된 사항은 추상적이다.

둘째, 모든 것을 정부 독단으로 하지 않고 민간과 철저히 상의하고 협의하면서 추진하고 있는 점이다. 즉 민관 파트너십의 본보기를 보여주고 있다. 정부가 좋은 민간 정책을 수립 한다면 그 구체적인 시행처는 민간기구・단체들이다. 사전에 그들의 협력이 없이는 성과를 낼 수 없음을 확실히 깨닫고 있음을 의미하고 있다. 이는 우리나라의 자원봉사의 실행에 있어서도 민・관의 상호협력이 보다 강화 되어야 함을 보여준다(이민창 외, 2006).

2. 미국의 자원봉사

1) 미국 자원봉사의 역사

미국의 자원봉사활동은 영국에서 새로운 나라를 찾아 정착한 이민사회로부터 시작된다. 신대륙에서의 생존과 공동체 생활을 위해 서로 협력하지 않으면 안 되었고 공동체를 위한 활동이 궁극적으로는 자신들을 이롭게 한다는 생각으로 인해 사회적으로 적극 지지, 권장되었다. 미국의 자원봉사활동은 역사적으로 영국 구빈법의 영향을 받았으며, 청교도들의 칼빈주의와 자유방임주의 사상으로 인해 빈곤의 책임을 개인에게 둠에 따라 초기 이민자들은 생존과 공동체 생활을 위하여 서로 협력하였다.

19세기 후반 전쟁이 끝난 후 인구의 도시집중, 슬럼지역의 형성, 실업문제 등 새로운 사회문제가 등장하면서 개인이 아닌 환경변화를 위해 토인비 홀(Toynbee Hall)을 본받아 1887년에는 뉴욕 동부에 근린조직(Neighborhood Guide)과 시카고 헐하우스(Hull House)가 설립되었으며 그 후 1891년에는 대학인보사업협회로 개칭되었다.

20세기에 들어서는 전국기관과 연맹을 맺는 지역기관들, 예를 들면 보이스카우트, 걸스카우트, Boys Clubs 등이 출현했으며 제1차 세계대전 동안에는 YWCA, 미국적십자 같은 국가 및 국제 봉사기관들의 활약이 활발했다. 1926년에 최초의 자원봉사사무국(Volunteer Bureau)이 보스턴에 설립된 이후 필라델피아와 세인트 루이스 등 미국과 캐나다 전 지역에 확산되었는데 초기에는 단 1명의 사람이 자원봉사자 모집과 배치 등 일련의 활동을 도맡아했다.

공황기에 접어들면서 복지, 교육, 보건, 시민단체 등에서 자원봉사자의 수요가 점차 늘어나게 되자 개인뿐만 아니라 지역사회 내의 주니어 리그(Junior League)와 같은 시민단체들에 의해서 자원봉사센터가 운영되기 시작했으며, 자원봉사센터가 없는 곳에서는 지역사회보건복지위원회(Community Health and Welfare Council)가 센터의 역할을 담당하였다. 제2차 세계대전 이후 학생들의 반전운동, 흑인민권운동, 소수인종들의 빈곤문제 등 사회문제에 대한 해결책으로 정부에서는 자원봉사활동을 적극 추진하기 시작했다. 특히 연방정부 차원의 자원봉사 프로그램 최초로 실시된 것은 케네디 대통령이 '뉴프론티어' 정책의 일환으로 후진국의 경제개발을 도와주고 국제평화에 공헌하기 위해 1961년에 조직적이고 제도적인 국제봉사단체인 평화봉사단(Peace Corps)을 창설하면서부터이다.

이후 존슨 대통령은 미국 내 빈곤퇴치를 위해 '위대한 사회(great society)' 정책을 실시하고 그 일환으로 VISTA를 창설하였다. VISTA는 1950년대와 1960년대의 미국의 빈곤문제 등 여러 가지 사회문제에 대한 대처방안으로 자원봉사활동을 적극 추진하기 위해 만들어진 기구로 경제기회법청(Office of Economic Opportunities Act)에 의해 지원되었다.

닉슨 대통령 시기에는 민간 자원봉사 프로그램을 지원하기 위하여 '정부 내의 독립기관'인 ACTION의 창설과 더불어 자원봉사활동을 더욱 법적으로 보장할 국내자원봉사활동법(Domestic Volunteer Service Act)이 만들어졌다. 이 법은 특별법으로서 자원봉사자에 대한 연방정부의 각종 지원활동을 규정하고 정부의 직접적 공공자원봉사단의 운영에 관한 내용을 담고 있었다. 1979년에는 전국자원봉사활동센터(The National Information Center on Volunteerism)와 NCVA가 통합되어 전국시민참여센터(The National Center for Citizen Involvement)인 볼런티어(VOLUNTEER)가 만들어졌다. 볼런티어는 현대적 의미의 자원봉사센터의 개념을 확립하였다. 특히 촛불재단과 통합하기 이전까지 50여 개의 자원봉사센터와 자원봉사활동센터(Volunteer Action Center)를 기초로 하여 400여개나 되는 자원봉사센터를 네트워크화 하였다.

1980년대 접어들어 신연방주의(new federalism)운동이 일어나면서 연방정부의 부담을 줄이는 대신 주 혹은 지방정부의 책임이 강조되었으며 이와 더불어 자원봉사활동은 더욱 부각되었다. 그리고 지방 공공기관에의 시민참여는 공, 사 영역이 보다 많이 협력해야 한다는 새로운 국면을 보여주었다. 이러한 결과로 공공서비스 전달에 효과적인 자원봉사자 참여에 대해 정부는 다시 관심을 가지게 되었다(고재욱 외, 2011).

미국의 자원봉사 역사 정리[3)]

- 1932년 전국자원봉사자자위원회(National Committee on Volunteers) 설립
- 1933년 전국 28개 도시에 자원봉사국 설치, 지방사회복지기관협의회 구성
- 1950년 자원봉사자 사무국협회(Volunteer Bureau Association) 조직
- 1960년대 국가 공공정책의 목표: 자원봉사활동 확대
- 1961년 케네디 대통령: 평화봉사단(Peace Corps) 창설
- 1964년 존슨 대통령: 미국자원봉사단(Volunteers in Service to America: VISTA) 창설
- 1967년 사회보장법 개정 → 자원봉사활동에 대한 법적 지위 확보
- 1970년 전국자원봉사센터(National Center of Voluntary Action: NCVA) 창설
- 1973년 국내자원봉사활동법(Domestic Volunteer Service Act) 제정
  - 특별법으로서 자원봉사자에 대한 연방정부의 각종 지원활동 규정
  - 정부의 직접적인 공공자원봉사단 운영에 관한 내용 담보
- 1980년대 : 주 혹은 지방정부의 책임 강조, 자원봉사활동의 강조
- 1990년대
  - 부시 대통령의 선거공약으로 촛불재단 설립
  - 국가 및 지역사회봉사법 제정
  - 1993년 클린턴 행정부에 의해 전국자원봉사지원법
- 2000년대 : 2001년 9.11 테러 사태에 대한 대응으로 국가봉사단 확대

2) 미국의 자원봉사활동 조직과 현황[4)]

미국의 주요 자원봉사 조직들을 연대별로 살펴보면 1930년대에는 시민자원보존단(Civilian Conservation Corps), 1960년대에는 평화봉사단과 VISTA 그리고 RSVP, 1970년대에

3) http://contents.kocw.or.kr/KOCW/document/2014/wonkwang/OHSeyoung/4.pdf kocw 강의안

4) 김범수 [외] 공저(2010), Volunteer Management 2판, 학지사, p60~65에서 구성과 일부 내용을 인용함

는 1960년대의 평화봉사단과 VISTA를 통합한 기반 위에 설립된 ACTION, 그리고 NSVP, 대학생 자원봉사단 및 1990년대에는 촛불재단과 미국봉사단 등을 들 수 있다. 그 중에서 주요 자원봉사 조직을 살펴보면 다음과 같다.

(1) 시민자원보존단(Civilian Conservation Corps : CCC)

[그림 4-1] 일리노이 WPA 예술 프로젝트(1935 년 Chicago)가 만든 민간인 보존단의 참여를 홍보하는 포스터

출처 : 평화봉사단 홈페이지

1933년 3월 뉴딜 정책의 일환으로 제정된 최초의 사회입법에 따라 루스벨트 대통령에 의해 창설되었다. 18~25세의 미국 청년들을 동원하여 캠프에 수용하면서 나무 심기, 삼림 개발, 도로 보수, 하천 공사 등의 일을 시키고 급료를 지급하는 국가 재건 프로그램이다. 시민자원봉사단 즉, CCC는 나무 심기, 홍수 장벽 조성, 산불과의 싸움, 산림 도로 및 산책로 유지 (CCC)와 같은 임무를 포함한 국가 보전 작업을 했다. 특히 CCC는 20억 그루 이상의 나무를 심었고 "Roosevelt's Tree Army"라는 별명을 얻었다 (Olson & Mendoza, 2015[5])).

(2) 평화봉사단(The Peace Corps)[6]

케네디 대통령이 “인생의 2년을 개도국에서 봉사해 세계 평화에 기여하자”는 캠페인을 하면서 1961년에 설립했다. 미국 정부・평화 봉사단의 명시된 사명은 기술 지원 제공, 미국 외의 사람들이 미국 문화를 이해하도록 돕고, 미국인들이 다른 나라의 문화를 이해할 수 있도록 돕는 것을 포함한다. 일반적으로 사회 및 경제 발전과 관련이 있다. 각 프로그램 참여자인 Peace Corps Volunteer는 3개월간의 교육을 받은 후 2년 동안 해외에서 일하는 대학 졸업자 인 미국 시민권자이다. 1961년부터 2015년까지 약 220,000명의 미국인이 평화 봉사단에 가입하여 141개국에서 봉사했다.

(3) VISTA(Volunteers in Service to America)[7]

1965년 존슨 대통령은 국내 평화봉사단이라 할 수 있는 VISTA를 조직하였다. 이 조직은 주로 해외에서 활동하는 평화봉사단과는 다르게 1950년대의 지속적인 경제성장과 함께 나타나고 있는 미국 내의 빈부격차를 해소하기 위해 창설되었다. VISTA는 이러한 빈곤문제에 관심이 있는 시민을 동원하여 교육시킨 후 빈민을 돕는 일을 지원하는 것을 기본 목적으로 하고 있다.

그 밖에 다른 사람의 욕구, 환경과 관련된 특별한 문제를 해결하는 데 도움을 필요로 하는 조직들에서 전임 자원봉사자를 활용할 수 있도록 하였다. VISTA의 자원봉사자는 지방정부, 지역사회 서비스단체, 농촌조직, 교회 및 이와 관련된 프로그램, 대학과 다른 교육기관 등에서 주로 활동하였다. 또한 지역사회 자원을 동원하여 활용할 수 있는 능력을 개발, 교육하여 지역사회를 도우며, 지역사회가 보다 독립적이 되도록 단계적으로 활동하는 것을 목적으로 지원하였다.

5) https://socialwelfare.library.vcu.edu/eras/great-depression/civilian-conservation-corps/

6) https://en.wikipedia.org/wiki/Peace_Corps (평화봉사단 위키백과사전)

7) www.nationalservice.gov

(4) 미국봉사단(Corporation for National Service : CNS-AmeriCorps)[8)]

1993년에 설립된 National and Community Service (CNCS)는 핵심 프로그램인 AmeriCorps 및 Senior Corps를 통해 수백만 명의 미국인과 국가 봉사 활동에 동참하는 연방 기관이다. 1990년 전국 및 지역사회봉사법이 제정된 이후 클린턴 대통령과 의회는 백악관의 National Service와 ACTION을 기반으로 1993년 미국봉사단을 결성했다. '국내 평화봉사단'인 미국봉사단은 도시, 농촌 지역사회 등 곳곳에서 활동하기 위해 모든 연령층과 배경의 미국 사람이 참여하는 새로운 전국적인 서비스 운동이다. 그 관리와 운영은 ACTION과 부시 대통령 당시 위원회를 통합하여 창단된 Corporation for National Service라는 연방기구가 관장하였다.

미국 봉사단은 350개 이상의 민간조직과 AmeriCorps, VISTA 그리고 AmeriCirps-NCCC 라는 전국적인 프로그램을 포함하여, 모든 주에서 활동 중인 프로그램 연결망으로 작게는 지역사회에 조직되어 있는 민간조직과 크게는 전국적인 민간조직 및 연방기관과 관계를 맺고 있다. '삶을 개선하고 지역 사회를 강화하며 서비스와 자원 봉사를 통해 시민 참여를 촉진한다.'는 미션을 가지고 미국 전역에서 자원봉사를 이끌어 내고 있다.

3) 미국 자원봉사의 시사점

'미국의 정신(American spirit)은 자원봉사정신(volunteerism)'이라고 미국 국민들은 믿고 있다. 성인의 자원봉사 참여율이 80년대부터 50% 정도를 유지하고 있고, 자원봉사가치에 대한 이런 믿음이 생기기까지에는 수많은 자원봉사활동 모범사례들과 정부의 종합적이고 지속적인 자원봉사진흥 촉진을 위한 지원정책이 있었기 때문이다. 정책의 기조는 전국 및 지역사회봉사지원법의 목적에 있듯이 유급 직원을 대신하지 않고, 지역사회의 대인(복지), 교육, 환경, 공공안전 등의 필요를 충족시키며, 공동체정신인

8) https://www.nationalservice.gov/about/who-we-are 미국봉사단 홈페이지

시민의 책임을 새롭게 할 수 있는 자원봉사활동의 기회를 제공하는 것에 초점이 맞춰져 있다. 미국정부의 수많은 부처들이 저마다의 프로그램에 자원봉사자를 활용하거나 자원봉사정신을 고취하고, 공동체에 이익을 주는 동시에 자원봉사자에게도 도움이 되는 프로그램을 지원하며, 센터와 같은 인프라를 만들면서도 서로 부정적으로 경쟁하지 않는다는 것이다. 또한 미국에서는 자원봉사와 관련된 많은 연구(특히 봉사학습, 자원봉사 동기, 자원동원 분야에 대한 연구)가 이루어지고 있으며 관리전문가협회가 있어 전문가자격증 프로그램을 운영하며 전문가를 양성하고 있다. 전문가 양성과 활용은 곧 바로 자원봉사활동 효과를 높이며 효율성도 제고하는 결과를 가져온다(이민창 외, 2006). 자원봉사활동의 활성화를 위해 우리나라에서도 자원봉사 촉진을 위한 지원정책이 구체화되고 전문가 관리와 자원봉사 단체에 대한 관리감독이 활성화되어야 할 것이다.

3. 일본의 자원봉사

1) 일본 자원봉사의 역사

일본에서 처음 자원봉사라는 말이 사용된 것이 1890년경부터 도입되었다. 일반적으로 보급된 것은 1920년경부터이며 최초에는 '사회식민사업', '대학식민사업'이라고 불렸다. 일본에서 자원봉사의 중추기관 역할을 맡아 온 기관은 1951년에 설립된 민간기관인 사회복지협의회이다. 사회복지협의회 내에 1959년에 자원봉사연구회가 조직되어 처음에는 '선의은행'으로 불리다가 뒤에 자원봉사센터로 이름이 바뀌었다(신재섭, 황성하, 2011).

일본의 자원봉사가 활성화되기 시작한 것은 제2차 세계대전 이후로 전전의 서구의 기독교 종교인들의 영향으로 자원봉사가 본격적으로 활성화되었다고 볼 수 있다. 물론 전전의 사회에서 지역사회를 중심으로 유교적인 전통으로부터의 상호부조를 통하여 자원봉사활동이 전개되었다고 볼 수 있다. 일본의 자원봉사의 발달과정은 기독교의 영향에 의한 볼런티어가 전개된 시기, 일본의 사회사업 성립기부터 전시 체제하의 볼런티어 상황, 고도 성장기부터 1980년대 사회복지의 확충기 기간, 한신대지진 이후에서 NPO법 제정까지(NPO법의 제정은 1998년)로 분류하여 볼 수 있다(고재욱, 2011).

후생성이 1973년 자원봉사 프로그램 지원비를 지급하기 시작했으며, 1960년대와 1970년대에 걸친 고도성장과 1973년 불어 닥친 석유파동은 일본 사회에 큰 영향을 미쳤으며 특히 지역사회의 노인, 장애인, 아동 등의 복지문제가 심각하게 대두되었으며 이로 인하여 지역사회공동체 형성과 자원봉사활동을 육성하기 시작했다. 1971년 후생성에서는 노인들을 중심으로 노인사회봉사단을 결성하였고 총리부가 신생활운동의 일환으로 조성한 향토봉사활동 등으로 인하여 이 때부터 비로소 정부가 자원봉사활동에 관심을 갖기 시작하였다.

1970년대 자원봉사의 특징이 사회복지시설이나 기관중심의 자원봉사였다면, 1980년대 이후부터 재가복지 분야를 중심으로 자원봉사활동이 바뀌면서 지역사회마다 복지마을 만들기사업이 전개되었고, 그중의 하나가 자원봉사자(volunteer)와 이상향(utopia)의 합성어인 볼런토피아(voluntopia)사업이다(전국사회복지협의회, 1993). 1975년 협의회의 부설기관으로 일본 전국자원봉사진흥센터를 설립하여 오늘에 이르고 있다.

1994년에는 사회복지협의회를 포함한 학교, 기업이 참여하는 전국적인 자원봉사활동 조직체인 '광역볼런티어범주' 연락회의가 창립되었다. 이 연락회의는 최근 일본 내에서 늘어나는 각 분야의 자원봉사활동을 더욱 활성화, 조직화하기 위해 사회복지협의회 외에 일본상공회의소, 일본노총, 전국농협중앙회, YMCA 등 전국 규모의 사회단체 41개가 모여 결성된 것이다.

1995년 1월 17일에 발생한 한신대지진은 자원봉사활동의 촉진을 위한 중요한 계기가 되었다. 6,000명이 넘는 희생자를 낸 대지진의 피해자를 돕기 위해 지원한 자원봉사자들의 활동이 사회에 새롭게 조명되게 되었다. 지진 직후에 현지에서 이재민 지원의 자원봉사 활동에 참가한 사람의 수는 하루 평균 2만 명 이상, 3개월 간으로 총계 117만 명이라고도 말한다. 재해 현장에서의 자원봉사 활동(전문 자원봉사 · 정보 자원봉사를 포함한다)의 중요도에 대한 많은 일본인의 인식도 비약적으로 높아졌다. 현지에는 가지 않고 재해 부상자를 위한 헌혈·모금·물자 제공 등의 후방 지원에 종사한 사람들도 포함하면, 참가인 수는 더 많았다[9].

2) 일본 자원봉사의 특징과 주요 제도

(1) 일본 자원봉사의 특징

일본의 자원봉사활동의 특성은 자원봉사활동이 발생초기부터 다양한 공적 시책들에 의해서 생성되었다. 지역사회를 중심으로 지역사회복지의 실천에 역점을 두고 있다. 다양한 사회복지시설을 대상으로 한 서비스에서 지역사회를 중심으로 한 서비스 형태로 변화하고 있으며, 특히 재가 노인과 아동 건전 육성 활동, 점역, 수화, 환경미화운동, 교통안전운동 등 지역사회 발전을 위한 주민참여가 강조되고 있다. 일본에서는 제2차 세계대전 종전 이후 민생위원이라는 공공자원봉사자들을 정부가 조직하여 민생위원제도를 운영하였으며, 일본청소년봉사협회, 공동모금회, 광역볼런티어의 범주 연락회의, 사회복지협의회와 자원봉사축제, 자원봉사보험제도 등으로 일본의 자원봉사 활동이 전국적으로 균등하게 발전해 나가는 원동력이 된다고 볼 수 있으며 현재까지 지역사회의 자원봉사활동의 중심을 이루고 있다(승금희, 2005). 중앙정부의 제도화 노력이 일본의 자원봉사체계 구축과정에는 자원봉사의 이념적 목표와 제도적 지원에 기울인 노력이 뒷받침 된 것이다(이민창 외, 2006).

(2) 일본자원봉사 활동의 주요 조직과 제도[10]

① 민생위원제도

1917년에 조직된 방면위원제도가 시초이다. 1948년 민생위원법 제정으로 전국적

9) https://ko.wikipedia.org/wiki/효고현_남부_지진

10) http://contents.kocw.or.kr/KOCW/document/2014/wonkwang/OHSeyoung/4.pdf

조직으로 확대되었다. 민생위원은 지역의 토착적인 자원봉사자로서 각 현의 사회복지 심의위원회의 추천으로 후생노동성 대신이 임명하며, 임기는 3년이다. 사회복지협의회 산하 자원봉사센터에 배치되어 지역사회의 복지시설을 돕는 활동 수행한다.

② 자원봉사센터

1962년 설립된 선의은행이 1975년 자원봉사센터로 명칭 변경되었다. 정부위탁기관으로 설립된 사회복지협의회가 운영을 담당하였다. 사회복지협의회를 통한 정부의 재정지원을 담당한다. 자원봉사활동에 관한 상담, 교육, 연구, 활동원조 등의 기능을 수행하는 곳이다.

③ 전국자원봉사활동진흥센터

1975년 전국사회복지협의회 부설기관으로 설립되었다. 지방사회복지협의회의 연락 및 조정기관이며 직원개발훈련, 정보보급, 자원봉사 인식제고 프로그램 운영, 자원봉사관련 자료 및 연구보고서 발간 등의 활동을 수행한다.

④ 일본청년봉사협회 (Japan Youth Volunteer Association: JYVA)

1967년 문부성에 의해 설립된 전국단위의 자원봉사단체이다. 대표적인 활동 프로그램은 다음과 같다. 18~30세까지의 청년이 4월부터 1년간 집을 떠나 교육, 복지, 의료 등의 국제협력에 참가하는 프로그램이며 학교에 다니지 않는 청소년들이 전일제로 봉사하는 '자원봉사 365일계' 프로그램과 자원봉사 청소년들을 기관, 단체에 보내 활동하게 하는 '활동캠프' 프로그램, 아시아 국가 자원봉사자들이 1년 동안 일본의 사회복지 시설에서 자원봉사활동을 체험하는 프로그램이다. 매년 아시아 지역의 청소년 자원봉사지도자 초청 연수를 실시한다.

⑤ **광역 볼런티어 범주 연락회의**

학교나 기업들이 참여하는 전국 조직체로서 1944년 6월 창립되었다. 전국적으로 사회복지협의회, 일본상공회의소, 일본노총, 전국농협중앙회, 청소년단체 등 41개 단체가 모여 결성되었고 국민 각계각층의 자원봉사활동 경험을 위해 7~8월을 볼런티어 기간으로 정하고 각종 프로그램 실시하고 있다.

⑥ **자원봉사보험제도**

자원봉사활동 중에 발생하는 사고에 대한 상해보험 및 활동대상자 등의 타인의 신체, 재물, 명예 등에 대한 손해배상책임을 담보하는 상해보험을 합한 보험제도이다. 대상이 되는 활동은 자발적이고 사회적 의의를 지니는 무상의 활동이며, 활동에 수반되는 숙박, 학습·연수, 회의, 활동지의 왕복이동을 포함한다.

⑦ **자원봉사휴가제도**

자원봉사활동을 추진하기 위한 정책 중 노동정책의 일환으로서 관공청이나 민간기업에 도입된 제도이다. 자원봉사활동을 추진하기 위한 활동자의 시간확보를 측면적으로 원조하는 제도로 노동성(현 후생노동성)과 인사원 등의 정책으로서 실현되었다. 1997년부터 국가공무원에게 유급휴가 이외에 연간 5일 이내의 자원봉사휴가를 유급으로 부여하는 제도를 도입하였다. 민간기업에서는 3일에서 1주간 정도의 자원봉사휴가제도를 실시하는 곳이 증가하고 있다.

3) 일본 자원봉사의 시사점

일본의 경우 지역사회 중심의 자원봉사 서비스 전달체계가 매우 세부적으로 구축되어 있는 것을 볼 수 있다. 국가 전체적인 측면의 서비스 뿐만 아니라 지역사회 자원봉사활동의 홍보, 등록, 교육훈련, 배치, 지도, 지원, 효과적 관리를 위해서는 새로운 개념의 전산망구축과 종합정보센터를 육성하고 시・도 및 전국차원의 정보센터와 연계체계를 형성할 필요가 있다(이민창 외, 2006). 일본 자원봉사의 시스템이 우리나라에 주는 시사점은 무엇보다 조직화와 네트워크 연계 체제에 관한 부분이다. 자원봉사에 대한 일본 정부의 적극적인 실천은 자원봉사보험제도와 자원봉사휴가제도로 나타난다. 우리나라에서도 국민의 자원봉사 참여를 독려하기 위한 제도적 지원을 구상해야 할 필요가 있다.

volunteerism | chapter 05

우리나라 자원봉사의 역사와 현황

우리나라의 자원봉사는 전통사회에서부터 '상부상조'의 미덕으로 실천되어 왔다. 자원봉사가 국가적 차원의 관리 수준으로 정립되기까지 여러 변화의 과정을 겪으며 발전해 왔다. 현재 '1365 자원봉사 포털'을 활용하여 국가적 차원의 자원봉사 통합시스템이 운영 중이다. 국가 차원에서 자원봉사 실태를 조사하고 활성화를 위한 방안을 모색하는 노력을 지속적으로 하고 있다. 대한민국의 미래와 선진화는 전 국민의 자발적인 자원봉사활동 참여에 달려있다. 이를 위해 국가차원의 지속적인 지원과 국민참여를 위한 방안을 모색해야 할 것이다.

1. 한국의 자원봉사 발전단계

1) 전통사회

우리가 자원봉사라고 부를 수 있는 최초의 것은 멀리 삼한시대에 상부상조를 목적으로 형성된 계 조직(공동 유희나 제례, 회음, 관혼상제를 위한 계 등)에서 비롯된다고 할 수 있는데 이것은 순수한 민간협동체 조직으로서, 주로 혼자서 감당하기에는 너무 비용이 많이 드는 관혼상제의식의 거행이나, 취미나 이해가 공통된 사람들 간의 친목 도모를 목적으로 조직되었다. 신라시대로 내려오면 계 이 외에도 촌락단위로 조직되어 농촌사회의 상호협력 및 감찰을 목적으로 활동하는 두레라고 하는 주민협동체가 형성되었으며 일손이 부족한 농번기에 농촌에서 노동력을 서로 교환하는 품앗이 풍습도 오래전부터 우리 사회의 전통적 민간 활동의 하나로서 기능하여왔다.

한편 조선시대에 들어서면 지역주민들의 덕화(德化), 교화를 목적으로 결성된 자치적 협동조직인 향약(鄕約)도 또한 전통적인 자원봉사활동이라고 볼 수 있다. 또한 빈민구제 사업으로 시행된 고구려의 진대법(賑貸法)과 고려의 의창, 제위보, 조선의 상평창, 사창 등 국가차원에서의 활동도 찾아볼 수 있다. 그러나 이 시기의 자원봉사활동은 서로 품을 팔아 상호 부조하는 경제적 보상의 측면을 강하게 지니고 있다는 점에서 현대적 의미의 자원봉사와는 다르다고 하겠다(고재욱외, 2011).

2) 기초기

구한말(1960년대 이전) 개화운동을 하던 일단의 청년들이 선교사 언더우드와 아펜젤러를 통하여 YMCA국제위원회에 한국 YMCA 창립을 요청하였다. 그 결과, 1903년 10월 28일 정회원 28명, 준회원 9명으로 황성기독교청년회, 즉 오늘날의 서울 YMCA가 창설되었다. 조선여자기독교청년회(YWCA) 는 기독교 여성운동의 총집합체로 여성운동과 자원봉사활동을 연결하는 매개체 역할을 했다고 볼 수 있다. YWCA는 1919년 3・1운동을 계기로 전국적으로 조직화하기 시작하였다. 즉 3・1운동 직후 각 지방에서 교회단위로 여자기독교청년회 조직이 결성되기 시작하였는데, 이를 바탕으로 하여 1923년 8월 전국 조직으로써 YWCA가 탄생하게 되었다.

더 나아가 종파를 초월하여 여성 민족운동이 자원봉사활동의 효시로써 자리매김하고 있음을 근우회(槿友會)를 통해 찾아볼 수 있다. 민족주의 세력과 사회주의 세력이 연합하는 형태로써 남성 중심의 신간회(新幹會)가 있었다면 여성중심으로는 근우회가 있었다. YWCA 대표 여성들과 조선여자기독교절제회 대표 여성들 그리고 사회주의 계열인 조선여성동우회 대표들이 중심이 된 근우회는 1927년 5월 27일 창설되었다. 근우회는 민족진영과 사회주의 진영 간 갈등을 극복하지 못하고 결성 3년 만인 1930년에 해체되었다.

결국, 현대적 의미의 자원봉사활동은 일제 강점기 민족계몽운동 차원에서 시작되었다. 그리고 사회주의 사상의 영향을 받으면서 사회구조적 문제해결을 요구하는 수준까지 발전했다고 볼 수 있다. 일제하에서 구국운동으로 시작된 학생운동이 광복 이후에는 사회 개량적 성격을 띠고 문맹퇴치를 위한 야학이나 농촌봉사활동, 질병구제 등의 사회봉사활동을 위주로 하는 자원봉사활동으로 전환되었다(고재욱 외, 2013: 98).

3) 형성기

1969년에서 1977년에 걸치는 기간을 형성기라 할 수 있다. 1963년 외국 민간원조단체에 관한 법 및 사회단체 등록에 관한 법이 제정되면서 민간단체의 자원봉사활동을 제도화하려는 시도가 이루어졌다. 한편 본격적인 산업화 과정이 시작되는 1970년대에 들어서면서 과거 영국의 인보관 운동과 비견되는 도시빈민운동과 자원봉사활동이 두드러진 것이다. 도시빈민은 경제개발이 시작된 1960년대부터 본격적으로 형성되기 시작하였다. 1962년부터 시작된 경제개발은 도시로의 인구 유입을 가속화시켰다. 1966년을 기준으로 볼 때 서울시 인구 380만 명 가운데 3분의 1에 해당하는 127만 명이 무허가 주택에서 거주하고 있었다.

70년대 도시빈민의 삶의 질을 개선하기 위한 자원봉사운동은 경제개발의 부작용에 대응하는 새로운 사회운동의 시발점이 되었다. 특히 70년대는 서구의 경우 경제성장의 둔화와 특히 오일쇼크를 계기로 급속하게 부각된 복지국가의 위기에 대응하기 위한 대안으로 제2차 자원봉사운동이 발현되는 시점이기도 하였다. 즉 새마을운동과 사회복지협의회, 적십자 등에 의해 교육과 조직 활동이 전개되면서 새로운 자원봉사 운동을 지향하는 시점을 맞이하게 된 것이다. 1971년부터 근면・자조・협동을 기본 이념으로 전개된 새마을운동은 지역주민들의 참여라는 관점에서 전통적 상부상조의 정신을 회복하는 하나의 전기를 마련하였다.

4) 확대기

확대기는 1978년에서 1990년까지를 확대기라 할 수 있는데, 자원봉사가 제도화된 시기는 일반적으로 1978년 한국사회복지협의회에서 '자원봉사센터'를 부설로 설립하면서 시작되었다고 볼 수 있다(최종혁 외, 2015: 56). 이 시기의 의의는 잠복되었던 자원봉사의 맹아(萌芽)를 되살리고 복지국가의 위기에 대응하여 시민참여를 전제로 복지사회를 지향하는 전환기(轉換期)라는 점이다. 한국의 자원봉사는 일본의 경우와 비슷하게 정부주도로 체계화되었다. 1984년에는 한국여성개발원에 자원봉사인력은행이 설치되었고 1985년에는 올림픽 조직위원회에 자원봉사단이 구성, 1988년 서울올림픽을 계기로 자원봉사활동에 대한 일반인의 관심이 구체화되기 시작하였다(고재욱 외, 2013: 99).

5) 재정립기

1991년부터 지금까지를 재정립기로 본다. 1990년대에 들어서면서부터 사회전반에 확산되어있는 시민운동과 지방자치제 실시 등으로 인해 자원봉사 활동이 보다 다양한 형태로 전개되었다. 1991년 2월에는 한국자원봉사연합회가 결성되었고, 1991년 이후부터 행정자치부, 문화관광부, 여성부를 중심으로 자원봉사 업무를 담당하는 부서가 설치되는 등 정부지원의 각종 자원봉사센터들이 전국적으로 설치되었다. 문화체육부도 이에 호응하여 시・도 단위로 청소년자원봉사센터를 만들기 시작하였다. 여성자원활동센터도 정부에 의해 1990년대 초에 창설되었다. 1994년 보건복지부는 부설 '사회복지자원봉사정보안내센터', 한국자원봉사단체협의회가 결성되었다.

그러나 일반 국민들의 자원봉사 활동에 대한 인식개선과 참여를 높이는데 크게 기여한 사업은 1994년 중앙일보에서 시작한 자원봉사 캠페인이다. 이 캠페인은 1995년 교육인적자원부에서 실시한 5・31 교육개혁조치와 함께 중・고교생들을 자원봉사활동에 의무적으로 참여시키는 결과를 가져왔다. 이후 각 시・도 에 '청소년자원봉사센터'와 시・군・구의 '종합자원봉사센터'가 설립되면서 자원 봉사활동을 통하여 민・관이 상호 파트너십을 유지하게 되었다(김범수 외, 2006 : 27). 이와 함께, 학계, 정부, 기업, 사회복지관 등 각계의 자원봉사 전문가들이 지속적인 자원봉사 관련정책을 제안하려는 목적으로 '한국자원봉사포럼'을 구성하였다. 1995년 한국시민자원봉사회, 한국대학사회봉사협의회를 결성하였다. 같은 해에 자원봉사전문가 및 단체의 의견을 수렴하여 정책에 반영시키고자 하는 목적에서 한국자원봉사포럼이 창립되었다. 정부주도로 36개 자원봉사단체가 모여 1996년 한국자원봉사단체협의회가 설립되었다. 1997년에는 '볼런티어 21'이 설립되었다(임은희 외, 2014: 34).

이처럼 자원봉사에 대한 시민의 참여가 확산됨에 따라 자원봉사를 보다 체계적으로 지원하고 자원봉사자를 보호하기 위한 법적근거를 마련코자 자원봉사진흥법안을 추진하였다. 2005년 6월 30일 '자원봉사활동기본법'이 의결됨에 따라 2005년 8월에는 「자원봉사활동기본법」이 제정되었다. 2006년 2월에는 「자원봉사활동기본법 시행령」이 제정되어, 자원봉사가 법적으로 체계화되고 정부가 재정 등의 지원을 제공하게 되었다. 자원봉사활동기본법의 의의는 먼저 자원봉사활동 진흥에 대한 국가와 지방자치단체의 책무를 명시하였다. 즉, 국가와 지방자치단체가 이를 진흥하고 권장·지원토록 역할을 명시한 것이다. 자원봉사활동 영역이 확대됨에 따라 활동과정에서 여러 가지 위험에 노출되고 있어 국가와 지방자치단체는 자원봉사자의 보험가입 등 안전보장 의무를 명시하였다. 자원봉사단체 및 센터도 자원봉사자에 대한 체계적 교육훈련과 안전대책을 강구하였다(배기효 외, 2008: 49-50).

특히 2007년 태안기름유출사고와 같은 인재(人災) 및 자연재앙으로 인한 재난·재해 상황마다 자원봉사활동의 가치와 의미에 대한 더 많은 관심이 오늘날 쏠리기도 하였다(고재욱 외, 2013: 102). 중앙정부 주도 자원봉사활동은 '자원봉사활동 진흥을 위한 제1차 국가기본계획(2008~2012)' 연간 수립에서 잘 나타나고 있다. 행정자치부가 2007년 7월 10일 국무총리가 위원장으로 있는 자원봉사진흥위원회에 제출한 '자원봉사활동 진흥을 위한 제1차 국가기본계획'은 '자원봉사활동기본법의 토대에 기초한 자원봉사활동 진흥 5개년 계획'이다(조휘일, 2009: 101-103). 현재는 제2차 국가기본계획(2013~2017)이 수립되어 진행 중이며 자원봉사 조직은 한국자원봉사능력개발연구회, 한국자원봉사단체협의회, 사회복지 자원봉사정보안내센터, 자원봉사센터, 한국사회복지협의회 등이 있다(우태식·김창래, 2015).

2. 한국 자원봉사의 주요주체와 대상분야

1) 자원봉사의 주요 주체

(1) 대학의 자원봉사활동

대학의 사회봉사는 교육, 연구와 함께 대학의 3대 기능 중에 하나이다. 대학 자원봉사의 3가지 기본적인 목적은 지역사회의 필요에 부응하고, 시민으로서의 기술과 사회적 책임감 및 학문적 능력을 강화하며, 학생들에게 양적·질적으로 기회를 제공하기 위한 것이다. 사회봉사교육의 가치를 중시하는 대학들이 표방하는 교육이념은 사회

정의, 책임감, 시민의식, 정신적 성장, 공동선에 대한 기여, 지역사회 욕구에 대한 대응 등이다. 이러한 대학교육의 이념에 근거하여 사회봉사의 필요성이 대두된다고 할 수 있다.

(2) 기업의 자원봉사활동

1990년대 중반 이후 몇몇 기업을 중심으로 기업의 자원봉사가 제도화되기 시작하였고 많은 기업들이 자원봉사에 관심을 갖기 시작하였다. 기업이 자원봉사활동 등 사회공익활동에 참여하는 이유는 여러 가지가 있을 수 있다. 기업의 이미지 제고라는 목적일 수도 있고 직원들의 인성개발과 좋은 조직문화의 형성과 같은 인력 및 조직개발의 차원에서 이루어질 수도 있다. 또한 자원봉사는 좋은 일이니까 사회구성원이면 누구나 참여해야 한다는 도덕적이고 자선적인 차원에서 이루어질 수도 있으며 지역사회와의 관계증진 및 우호관계의 형성이라는 장기적인 경영전략적 차원에서 이루어질 수도 있다.

(3) 아동 및 청소년의 자원봉사활동

청소년기 자원봉사활동의 개념은 일반적 자원봉사의 개념에 '복지적 측면'과 '교육적 측면'의 개념을 덧붙여 정의한 것으로서 여기에는 체험과 학습이 동시에 이루어져 인격도야와 바람직한 성장에 크게 작용하게 되므로 그 중요성이 지대하다. 청소년 자원봉사활동은 체험학습을 통해 개인적 만족감을 증진시킬 뿐만 아니라 사회참여의 기회와 사회적 책임을 실천할 기회가 된다는 이중적인 의의를 가지게 된다. 또한 청소년들은 학교에서 배우는 교과학습을 통하여 얻은 지식과 기술을 지역사회에서 실천함으로써 그 지식과 기술을 보다 실제적인 것으로 만들 수 있다는 것이 청소년 자원봉사활동의 중요한 의의가 된다.

(4) 여성의 자원봉사활동

여성의 자원봉사활동은 동・서양을 막론하고 자원봉사활동의 역사에 큰 중심 역할을 해 왔을 뿐 아니라 현재도 마찬가지이다. 여성은 자원봉사활동의 중요한 참여자인 동시에 수혜자이기도 하다. 특히 주부의 자원봉사활동은 우리나라 자원봉사활동을 이끌어 온 주역들이다. 이들은 상대적으로 시간을 조절할 수 있는 능력이 있고 다양한 기술과 잠재능력을 가지고 있어 여성의 사회참여나 유휴인력의 활용 면에서 매우 중요한 대상이다.

2) 자원봉사의 주요 대상과 분야

(1) 노인과 자원봉사

우리나라가 고령화 사회로 진입하면서 노인복지에 대한 관심이 더욱 증대되고 있다. 노인 자원봉사활동은 노인의 여가를 유용하게 활용함으로써 사회문제를 해결하고, 노인의 사회참여를 통해서 사회통합적인 노후생활을 영위하게 하여 고독과 소외의 문제를 해결하는데 중요한 역할을 하고 있다. 이러한 노인 자원봉사활동은 노인문제 해결 차원에서의 '노인을 위한 자원봉사'와 노인복지증진 차원에서의 '노인에 의한 자원봉사'를 들 수 있다.

(2) 장애인과 자원봉사

장애인을 위한 자원봉사활동은 다른 대상들에 대한 것보다 다양하고 광범위하다. 이것은 장애인의 연령층이 어린 유아부터 노인층에 이르기까지 다양하며 장애 유형별 특성 또한 크게 다르기 때문이다. 즉, 장애 아동의 경우 보호와 교육에 대한 욕구가 크고 청・장년의 경우에는 직업활동과 사회활동에 대한 욕구가 크며, 노령 장애인의 경우에는 집중적인 간병이나 수발을 필요로 하게 된다. 일반적으로 봉사의 유형을 ① 단순노력봉사, ② 기술봉사, ③ 학습봉사, ④ 전문적인 봉사 등으로 구분하기도 한다.

(3) 정신보건과 자원봉사

정신질환은 입원치료의 한계와 사회재활기관의 부족, 사회의 편견으로 인하여 만성화되는 경향이 강하다. 입원과 퇴원의 악순환의 반복으로 환자는 물론 보호자도 사회로부터 고립되고 사회적 기능이 현저히 떨어지게 된다. 정신장애인의 회복과 사회재활에 일차적으로 관심을 두어야 하며 이를 위해 약물관리와 사회기술훈련, 가족지원 및 직업재활 등 지속적이고 포괄적인 원조가 요청된다. 정신보건 자원봉사의 활동영역은 정신병원과 정신과의원 등 정신의료기관을 포함하여 지역사회 내의 정신보건센터, 사회복귀시설, 알코올상담센터, 소아·청소년 정신건강센터, 정신요양시설 등의 정신보건시설과 지역사회복지관과 정신건강상담소 등 매우 다양하다.

(4) 사회복지관과 자원봉사

사회복지관은 지역주민을 위해 종합적이고 다양한 사회복지사업을 수행하기 때문에 많은 자원봉사자들을 필요로 하고 있다. 실제 그동안 이러한 다양한 사업의 수행을 위한 활동의 대부분은 지역사회문제에 관심을 가진 일반인들, 즉 자원봉사자에 의해 행해졌고 지역사회복지관에서의 자원봉사활동이 현대적 의미의 자원봉사활동으로 발전하게 하는 촉진적 역할을 제공하였을 뿐 아니라 지역사회복지관의 역할과 기능을 수행하는 핵심적인 인력으로 기여함으로써 지역사회복지관은 물론 사회복지의 발전에도 크게 공헌하였다. 사회복지관이 지역사회를 근거로 서비스를 제공하는 복지기관이라는 점을 고려할 때, 지역주민들의 자발적인 참여를 촉구하고 문제해결을 위한 자원봉사활동을 조직화하는 것은 대단히 중요한 일이다.

(5) 지역사회와 자원봉사

자원봉사활동은 원칙적으로 가까운 지역사회에서부터 정착되어야 한다. 왜냐하면 자원봉사활동은 자신이 생활하는 지역에서 활동할 수 있을 때 오가는 소요시간을 아낄 수 있고 지역주민과 자주 대하는 시간을 가짐으로써 가장 효과적이며 '더불어 사는 공동체' 만들기에 공헌할 수 있기 때문이다. 실제로 지역사회 문제해결을 위한 상당 부분의 몫이 시청이나 구청 등의 지방자치단체뿐 아니라 주민의 자치능력에 분담되고 있다. 자원봉사자는 봉사활동을 하는 동안 지역사회의 일원으로서 지역사회를 돕고 경험을 통해 지역사회 공동체의 소속감을 새롭게 인식하고 이웃과 더불어 사는 의미를 몸소 체험하게 된다. 나아가 봉사활동을 통해 활동범위를 확대시켜 나감으로써 다양한 경험을 하게 되며 보다 건전하고 성숙한 문화를 형성할 수 있게 된다.

3. 자원봉사 현황과 특성

1) 연도별 자원봉사자 등록현황

2019년 자원봉사센터 현황자료를 보면 2007년부터 자원봉사자 등록은 증가추세를 보이고 있다. 2007년 전국 3,279천명이던 자원봉사자는 2013년 9,533천명으로 증가하였고 2018년에는 12,831천명으로 나타났다. 남녀를 비교해 보면 남성보다 여성의 자원봉사 등록이 높음을 알 수 있다. 전 연령층에서 자원봉사 참여도가 매년 증가하는 추세를 보이고 있으며 특히 60세 이상 연령층이 자원봉사활동에 참여하는 경우도 계속 증가하고 있다. 이는 길어진 노후기간에 자아유용감을 증진시킬 수 있는 계기도 되고 활동적이고 건강한 사회형성에 있어서도 긍정적으로 영향을 미칠 것으로 기대된다.

〈표 5-1〉 연도별 자원봉사 등록 현황 (단위: 명)

연도	계	남	여
2007	3,279,911	1,433,642	1,846,26
2008	4,396,633	1,800,160	2,506,464
2009	5,363,435	2,290,367	3,073,068

연도	계	남	여
2010	6,315,032	2,705,420	3,609,603
2011	7,085,162	3,034,133	4,051,029
2012	8,216,176	3,529,773	4,686,403
2013	9,533,241	4,112,118	5,421,123
2014	10,295,144	4,429,316	5,865,828
2015	11,383,726	4,904,720	6,479,006
2016	11,024,321	4,737,584	6,286,737
2017	12,016,428	5,172,872	6,843,556
2018	12,831,501	5,525,397	7,306,104

출처: 2019 자원봉사센터 현황, 행정안전부, 한국중앙자원봉사센터(2019). p. 12

2) 자원봉사센터 현황

자원봉사센터 현황을 보면 우리나라 저원봉사센터는 96년부터 각 자치단체별로 설치하기 시작하여 2014년 말까지 광역시·도 및 시·군·구에 245개소가 설치되었다. 자원봉사센터 개소수는 2005년 250개로 2014년 245개와 거의 변동이 없는 것으로 나타난다. 이는 설립 당시 각 지방자치단체별로 1개소가 설치되어 그대로 유지되기 때문이다. 센터의 업무를 민간단체에 위탁하는 경우는 2005년 95개소(37.2%)에서 2014년 55개소(22%)로 다소 줄어들었으며, 법인운영은 2005년 9개소(3.6%)에서 2014년 56개소(22.8%)로 크게 늘어났다. 센터 운영방식이 단순위탁에서 전문성과 사업의 지속성을 보장할 수 있는 법인 운영형전국 자원봉사센터는 2014년부터 245개소로 거의 변동이 없는 것으로 나타나고 있다. 「자원봉사활동 기본법」 제정 이후 센터의 독립성과 자율성을 보장하는 법인형태의 운영방식으로 바뀌는 추세가 많이 나타나고 있지만 아직까지 직영형태의 운영이 높게 나타나고 여전히 공공기관 직영비율이 높음을 알 수 있다.

〈표 5-2〉 연도별 자원봉사센터 운영 현황

(단위: 개소)

구분	총계	직영	위탁	법인
2009년	248	152 (61.3%)	69 (27.8%)	27 (10.9%)
2010년	246	151 (61.4%)	68 (27.6%)	27 (11%)
2011년	246	145 (58.9%)	63 (25.6%)	38 (15.4%)
2012년	246	143 (58.196)	55 (22.4%)	48 (19.5%)
2013년	246	142 (57.7%)	54 (22%)	50 (20.3%)
2014년	245	134 (54.7%)	55 (22.5%)	56 (22.8%)
2015년	245	132 (53.9%)	50 (20.4%)	63 (25.7%)
2016년	245	123 (50.2%)	54 (22%)	68 (27.8%)
2017년	245	129 (52.7%)	46 (18.8%)	70 (28.6%)
2018년	245	127 (52.8%)	45 (18.4%)	73 (29.8%)

출처: 2019 자원봉사센터 현황, 행정안전부, 한국중앙자원봉사센터(2019).

3) 자원봉사자 참여 특성

주성수(2017)의 연구에 의하면, 2017년 자원봉사 참여율은 21.4%이다. 2014년의 22.5% 보다 1.1% 하락하였다. 2017년 만 20세 이상 성인 1,500명 중 321명이 지난 1년간 자원봉사활동을 하였다. 2005년 이래로 참여율이 21~22% 수준에 정체되어 있음을 알 수 있다. 이들 자원봉사자의 개인특성별 비교를 보면 다음과 같다.

첫째, 남녀 성별 참여율을 보면, 다소 뚜렷한 차이를 보여준다. 2014년에는 남자는 20.5%, 여자 24.5%로 나타났으며, 2017년에는 남자 18.1%, 여자는 24.6%로 나타났다. 이는 매 연도에서 남녀별 차이가 있음을 알 수 있다.

둘째, 연령면에서는 2017년에도 40대의 참여가 가장 높다. 2014년에 비교하면 30대 참여율이 7% 이상 감소한 것이 특징이며, 60세 이상 노인층 참여가 4% 증가해 21.2%로 전연령층 평균에 근접한 것은 긍정적인 변화이다.

셋째, 성과 연령을 조합한 교차분석의 결과, 여성 40대와 여성 50대가 가장 활동적인 특징은 2014년과 동일하지만, 남성 30대와 50대 참여가 가장 낮은 것은 새로운 변화이다(주성수, 2017).

넷째, 교육수준의 측면에서 보면, 2017년에도 학력이 높을수록 자원봉사 참여가 높아지는 추이가 유지되고 있지만, 저학력층 참여가 20% 수준으로 높아진 것은 저학력층이 많은 노인층 참여의 확대와 관련성이 있는 것 같다.

다섯째, 소득에서도 고소득층 참여가 높고 저소득층 참여는 낮은 추이가 지속되고 있다. 월소득 400만 원 이상의 고소득층의 참여가 다소 줄었다.

4) 자원봉사기관의 현황과 특성

(1) 1365 자원봉사포털[1)]

"1365 자원봉사 포털"은 그동안 개별적으로 이루어지던 전국의 자원봉사 정보를 한곳에 모아 다양한 자원봉사 정보 검색은 물론 신청부터 실적 확인까지 원스톱으로 제공하고 있다. 1365 자원봉사 포털에 가입하면 전국단위 자원봉사 정보 및 조회 - 신청 - 실적 확인이 가능하며 연계기관의 연계를 통한 실적 확인 및 확인서를 직접 발급받을 수 있는 서비스를 제공한다.

① 한국중앙자원봉사센터

자원봉사활동 기본법 및 동법시행령 제 19조에 의해 지역자원봉사센터를 설치전문성 보완과 운영의 활성화 등 전국적인 자원봉사 활동의 허브역할을 한다(2016. 06 설립). 자원봉사 정책개발 및 연구, 중앙단위 자원봉사기관 단체와의 협력체계 구축, 지역자원봉사센터 지원 및 협력, 지역 자원봉사센터 관리자 교육훈련, 지원봉사 프로그램 개발 · 보급, 자원봉사 아카이브 운영, 자원봉사 국제교류 및 협력, 1365자원봉사포털

1) https://www.1365.go.kr/vols/main.do 1365 자원봉사포털

1365 자원봉사시스템 운영지원, 그밖에 자원봉사 진흥에 기여할 수 있는 사업을 추진한다.

② **웰인포 : 사회복지정보센터**[2)]

Welinfo(웰인포)란 다양하고 광범위한 각종 사회복지정책 및 사회복지시설의 각종 프로그램 정보를 하나의 정보망으로 구축하여 도민에게 신속, 정확하게 찾아볼 수 있도록 민간복지 전달체계인 사회복지 종합정보 시스템을 말한다. 사회복지정보센터는 복지정책정보, 사회복지시설기관안내, 사회복지프로그램정보제공, 사회복지봉사활동인증관리(VMS)사업운영 등 다양한 영역들이 포함되어 있으며 특히 사회복지종합정보망인 Welinfo(웰인포)는 경기도사회복지협의회와 24개 시군사회복지협의회가 협력하여 만들었다. Welinfo(웰인포)가 보유하고 있는 복지정책정보, 사회복지시설기관안내, 다양한 사회복지 프로그램 정보, 사회복지자원정보시스템은 지역 내 보건복지, 민관서비스 프로그램과 독립적이면서도 서로 유기적으로 연결되어 있어 통합정보관리와 사례연계망 구축 및 종합상담, 사후관리의 기능으로 점차적으로 넓혀가고 있다.

③ **청소년자원봉사(DOVOL)**[3)]

한국청소년활동진흥원은 청소년의 건강한 성장과 역량개발을 위해 청소년활동 전반을 지원하는 여성가족부 산하 준정부기관으로 청소년자원봉사 DOVOL을 총괄 운영・관리하는 기관이다. 시・도청소년활동진흥센터는 전국 시・도별 청소년자원봉사 활동을 운영・관리하는 기관으로 터전 인증 및 동아리 승인, 교육, 심사, 시상 등을 담당하고 있다. 해당 지역 시・도 청소년활동진흥센터의 검토 및 심사를 거쳐 두볼을 통해 청소년자원봉사활동 프로그램 운영・관리, 확인서 발급 등을 진행할 수 있는 권한을 부여받은 기관이 자원봉사 터전이 된다.

2) http://welinfo.kr/index.html 사회복지정보센터

3) http://www.youth.go.kr/youth/youth/contents/srvcActIntroForm.yt?curMenuSn=357 청소년활동진흥원

두볼(Dovol)은 "Do Volunteer"(자원봉사 하다)의 약자로 국내 유일 청소년을 위한 자원봉사시스템으로 청소년자원봉사 두볼(Dovol)은 봉사활동 정보검색, 신청, 확인서 출력은 물론 1365나눔포털을 통해 나이스(학생생활기록부)로 실적 전송이 가능하다. 참가대상은 초, 중, 고, 대, 일반인 개인봉사활동 및 동아리활동을 하고자 하는 모든 사람이며, 참여혜택은 다음과 같다.

- 1365 자원봉사포털(행정자치부) 연계를 통한 나이스(NEIS, 교육부) 전송 봉사활동확인서 및 이력확인서 발급
- 청소년자원봉사자 상해보험 지원 서비스
- 병무청 군 모집병 1차 서류심사 시 사회봉사가산점 인정(최대 8점)
- 우수활동 청소년 및 동아리 시상(여성가족부장관상, 한국청소년활동진흥원이사장상 등)

4. 자원봉사활동 기본법의 이해

1) 의의

현대사회의 자원봉사개념은 일반화되어 성숙한 시민의식을 바탕으로 시간과 물질과 마음을 나누는 인식이 확산되고 있으나 이에 대한 국가적 차원에서의 체계적 지원이 미흡한 실정이다. 자원봉사활동기본법은 자원봉사에 관한 기본적 사항을 정하여 자원봉사활동을 제도적으로 뒷받침하고 권장하여 국민의 자원봉사활동에 대한 참여를 높이고 행복한 사회공동체를 건설하는데 기여하기 위해 제정되었다.

2) 연혁

2005년 8월 4일 자원봉사활동 기본법이 제정되었으며, 2008년 2월과 2013년 3월에 두 차례 개정은 모두 정부조직법 개정에 의해서 부처명칭 변경에 따른 것으로 실질적

인 법의 내용이 보완된 것은 아니었다. 2014년 1월 7일에 일부개정이 이루어졌는데, 개정이유는 공공기관 등 개인정보처리자는 법령에서 구체적으로 주민등록번호 처리를 요구하거나 허용한 경우 등 외에는 주민등록번호를 처리할 수 없도록 「개인정보 보호법」이 개정되었기 때문이다. 안전행정부장관 등이 자원봉사활동 공헌 인정에 필요한 자원봉사활동실적 정보를 수집・저장・보유・가공・제공하는 사무 또는 자원봉사자의 보험가입에 관한 사무 등을 수행하기 위하여 불가피한 경우에는 주민등록번호 등 고유식별정보를 처리할 수 있도록 허용하였다.

3) 주요 내용분석

(1) 목적

이 법은 자원봉사활동에 관한 기본적인 사항을 규정함으로써 자원봉사활동을 진흥하고 행복한 공동체 건설에 이바지함을 목적으로 한다(동법 제1조).

(2) 기본 방향

자원봉사활동의 진흥을 위한 정책은 다음 각 호의 사항을 기본 방향으로 하여야 한다(동법 제2조).

① 자원봉사활동은 국민의 협동적인 참여 능력을 높일 수 있는 방향으로 추진하여야 한다.

② 자원봉사활동은 무보수성・자발성・공익성・비영리성・비정파성・비종파성의 원칙 아래 수행될 수 있도록 하여야 한다.

③ 모든 국민은 나이・성별・장애・지역・학력 등 사회적 배경에 관계없이 누구든지 자원봉사활동에 참여할 수 있도록 하여야 한다.

④ 자원봉사활동의 진흥을 위한 정책은 민・관 협력의 기본 정신을 바탕으로 하여 추진하여야 한다.

(3) 용어의 정의

이 법에서 사용하는 용어의 뜻은 다음과 같다(동법 제3조).

① 자원봉사활동 : 개인 또는 단체가 지역사회・국가 및 인류사회를 위하여 대가 없이 자발적으로 시간과 노력을 제공하는 행위를 말한다.

② 자원봉사자 : 자원봉사활동을 하는 사람을 말한다.

③ 자원봉사단체 : 자원봉사활동을 주된 사업으로 하거나 이를 지원하기 위하여 설립된 비영리 법인 또는 단체를 말한다.

④ 자원봉사센터 : 자원봉사활동의 개발・장려・연계・협력 등의 사업을 수행하기 위하여 법령과 조례 등에 따라 설치된 기관・법인・단체 등을 말한다.

(4) 주체와 책임

국가와 지방자치단체는 자원봉사활동의 진흥에 관한 시책을 마련하여 국민의 자원봉사활동을 권장하고 지원하여야 한다(동법 제4조).

(5) 정치활동 등의 금지 의무

제14조, 제18조 및 제19조에 따라 지원을 받는 자원봉사단체 및 자원봉사센터는 그 명의 또는 그 대표의 명의로 특정 정당이나 특정인의 선거운동을 하여서는 아니 된다(동법 제5조).

선거운동이란 「공직선거법」 제58조 제1항에 따른 선거운동을 말하는데, 그 내용을 살펴보면, '선거운동'이라 함은 당선되거나 되게 하거나 되지 못하게 하기 위한 행위를 말한다. 다만, 다음 각 호의 어느 하나에 해당하는 행위는 선거운동으로 보지 아니한다.

① 선거에 관한 단순한 의견개진 및 의사표시

② 입후보와 선거운동을 위한 준비행위

③ 정당의 후보자 추천에 관한 단순한 지지・반대의 의견개진 및 의사표시

④ 통상적인 정당활동
⑤ 설날 · 추석 등 명절 및 석가탄신일 · 기독탄신일 등에 하는 의례적인 인사말을 문자메시지로 전송하는 행위

누구든지 자유롭게 선거운동을 할 수 있으나 이 법 또는 다른 법률의 규정에 의하여 금지 또는 제한되는 경우에는 그러하지 아니하다.

① 호별로 방문하여 하는 경우
② 사전투표소 또는 투표소로부터 100미터 안에서 하는 경우
③ 특정 정당 또는 후보자(후보자가 되려는 사람을 포함)를 지지 · 추천하거나 반대하는 내용을 포함하여 하는 경우
④ 현수막 등 시설물, 인쇄물, 확성장치 · 녹음기 · 녹화기(비디오 및 오디오 기기를 포함), 어깨띠, 표찰, 그 밖의 표시물을 사용하여 하는 경우(정당의 명칭이나 후보자의 성명 · 사진 또는 그 명칭 · 성명을 유추할 수 있는 내용을 나타내어 하는 경우에 한정한다).

(6) 자원봉사활동의 범위

이 법의 적용을 받는 자원봉사활동의 범위는 다음 각 호와 같다(동법 제7조).

① 사회복지 및 보건 증진에 관한 활동, ② 지역사회 개발 · 발전에 관한 활동, ③ 환경보전 및 자연보호에 관한 활동, ④ 사회적 취약계층의 권익 증진 및 청소년의 육성 · 보호에 관한 활동, ⑤ 교육 및 상담에 관한 활동, ⑥ 인권옹호 및 평화구현에 관한 활동, ⑦ 범죄 예방 및 선도에 관한 활동, ⑧ 교통질서 및 기초질서 계도에 관한 활동, ⑨ 재난 관리 및 재해 구호에 관한 활동, ⑩ 문화 · 관광 · 예술 및 체육 진흥에 관한 활동, ⑪ 부패 방지 및 소비자 보호에 관한 활동, ⑫ 공명선거에 관한 활동, ⑬ 국제협력 및 국외봉사활동, ⑭ 공공행정 분야의 사무 지원에 관한 활동, ⑮ 그 밖에 공익사업의 수행 또는 주민복리의 증진에 필요한 활동

(7) 자원봉사진흥위원회

자원봉사활동에 관한 주요 정책을 심의하기 위하여 국무총리 소속으로 관계 중앙행정기관 및 민간 전문가로 구성된 자원봉사진흥위원회를 두고, 자원봉사진흥위원회는 다음 각 호의 사항을 심의한다. ① 자원봉사활동의 진흥을 위한 정책 방향의 설정 및 협력·조정, ② 자원봉사활동의 진흥을 위한 국가기본계획과 연도별 시행계획에 관한 사항, ③ 자원봉사활동의 진흥을 위한 제도 개선에 관한 사항, ④ 그 밖에 자원봉사활동의 진흥에 필요한 사항.

심의 사항을 미리 검토하고 관계 기관 간의 협의 사항을 정리하기 위하여 자원봉사진흥위원회에 실무위원회를 둘 수 있다.

(8) 자원봉사활동의 진흥에 관한 국가기본계획의 수립

안전행정부장관은 관계 중앙행정기관의 장과 협의하여 자원봉사활동의 진흥을 위한 국가기본계획을 5년마다 수립하여야 하며, 기본계획에는 다음 각 호의 사항이 포함되어야 한다(동법 제9조).

① 자원봉사활동의 진흥에 관한 기본 방향, ② 자원봉사활동의 진흥에 관한 추진 일정, ③ 관계 중앙행정기관의 자원봉사활동에 관한 추진 시책, ④ 자원봉사활동의 진흥을 위하여 필요한 재원의 조달방법, ⑤ 그 밖에 자원봉사활동의 진흥을 위하여 특히 필요하다고 인정되는 사항

(9) 한국자원봉사협의회

자원봉사단체는 전국 단위의 자원봉사활동을 진흥·촉진하기 위한 다음 각 호의 활동을 하기 위하여 한국자원봉사협의회를 설립할 수 있다.

① 회원단체 간의 협력 및 사업 지원, ② 자원봉사활동의 진흥을 위한 대국민 홍보 및 국제교류, ③ 자원봉사활동과 관련된 정책의 개발 및 조사·연구, ④ 자원봉사활동과 관련된 정책의 건의, ⑤ 자원봉사활동과 관련된 정보의 연계 및 지원, ⑥ 그 밖

에 자원봉사활동의 진흥과 관련하여 국가 및 지방자치단체로부터 위탁받은 사업

한국자원봉사협의회는 법인으로 하며, 정관을 작성하여 안전행정부장관의 인가를 받아 등기함으로써 설립된다(동법 제17조).

(10) 자원봉사센터의 설치 및 운영

국가기관 및 지방자치단체는 자원봉사센터를 설치할 수 있다. 이 경우 자원봉사센터를 법인으로 운영하거나 비영리 법인에 위탁하여 운영하여야 한다. 그러나 자원봉사활동을 효율적으로 추진하기 위해 필요하다고 인정할 경우에는 국가기관 및 지방자치단체가 운영할 수 있다.

국가는 자원봉사센터의 설치・운영이 활성화될 수 있도록 적극 노력하여야 하며, 지방자치단체는 자원봉사센터의 운영에 필요한 경비를 지원할 수 있고 자원봉사센터장의 자격요건과 자원봉사센터의 조직 및 운영 등에 필요한 사항은 대통령령으로 정한다(동법 제19조).

(11) 벌칙

자원봉사단체 및 자원봉사센터가 제5조에 따른 정치활동 등의 금지의무를 위반한 경우에는「공직선거법」제255조 제1항 제11호에 따른 벌칙을 적용한다. 공직선거법 제255조(부정선거운동외) 제1항 제11호는 "선거운동을 하거나 하게 한 자 또는 사조직 기타 단체를 설립・설치하거나 하게 한 자"를 규정하고 있으며 이에 대한 벌칙은 3년 이하의 징역 또는 600만원 이하의 벌금에 처하도록 규정하고 있다.

volunteerism | chapter 06

봉사학습의 발전과 특성

1. 봉사학습의 개념 및 발전과정

1) 봉사학습의 개념

봉사학습(service learning)이란 봉사(service)와 학습(learning)의 합성어로, 봉사와 학습이라는 두 가지 목표를 동시에 거둘 수 있는 활동을 의미한다. 봉사학습은 경험적 교육방법의 하나로서, 봉사를 제공하는 사람과 수혜자 모두 그 경험을 통해 배울 수 있다(Sigmon, 1979; 박가나, 2012). 봉사학습은 '행동에 의한 학습(learning by doning)'으로 '경험에 의한 학습(learning through experience)'을 지향한다. 즉, 경험을 통해 배우고, 실천을 통해 배우는 것을 중요시 한다. 경험적 교육은 봉사자에게 경험을 제공하고, 그 경험으로부터 새로운 기술, 태도, 행동양식 등을 개발할 수 있도록 돕는다. 봉사학습은 이러한 경험을 바탕으로 지역사회에 도움을 주고, 다른 사람을 돕는 것을 배우는 구조화된 학습경험을 실천한다(서울시자원봉사센터, 2011).

Jacoby 외(2008)는 봉사학습을 학생들이 인간과 빈곤에 대해 개입할 수 있는 기회를 제공하는 체험교육의 한 형태로 정의하였으며, Deeley(1999)는 "지역사회 봉사활동과 교과를 연계하는 경험학습의 한 방법"으로 학생들은 반성적 사고를 통해 추상적인 개념과 자신의 봉사경험을 수업과 연결하는 봉사활동을 강조하기도 하였다(박희진, 2018 재인용).

봉사학습은 활동의 측면에서 상호성, 반성적 고찰이 전제되어야 한다는 점에서 봉사활동과 구분되는데 여기에서 상호성은 일방적인 자선이나 시혜적 성격이 아닌 개인 및 집단 간의 상호적인 관계를 뜻한다. 반성적 고찰이란 다양한 형태로 나타날 수 있으며 봉사 경험을 통해 깊이 생각하고 성찰하는 것을 뜻한다.

봉사학습과 봉사활동은 일부 중첩되기도 하지만, 교육적인 의도가 얼마나 부각되느냐에 따라 뚜렷한 차이를 보이기도 한다(홍원표, 2013). 봉사학습은 지역사회나 봉사 대상에 기여하는 봉사적 측면과 봉사하는 학생의 성장을 추구하는 교육적 측면을 동시에 가지고 있으며 학습의 연장선상에서 봉사활동을 통해 관련 교과목에 대한 이해를 깊이 하여 시민으로서 책임감을 증진시키려는 교육적인 활동과 목적이 있다.

미국의 국가봉사처(Corporation for National and Community Service)에서는 봉사학습의 개념을 다음과 같이 정의한다. "봉사학습은 학생들에게 봉사프로젝트와 교실학습의 통합을 통해 공동체에 참여할 수 있게 하는 기회를 풍부하게 제공하는 것으로 실제적 삶의 문제를 해결하기 위해 교실에서 학습한 것을 사용해 가면서 학생들로 하여금 교육적 과정에 직접 관여하게 하는 것"이다.

최근 학생 봉사 활동의 경향은 단순한 봉사활동을 뛰어 넘어 봉사학습으로 바뀌고 있다. 학생들은 봉사학습을 통해 민주주의와 시민성을 포함하여 자신이 수행하는 봉사를 통해 능동적으로 기여하는 민주시민으로서의 역할을 함양할 수 있다. 봉사학습에 대한 정의는 다양하나, 봉사학습은 대체로 다음과 같은 특성들의 일부 혹은 전체를 포함하고 있다고 볼 수 있다(Pritchard, 2001: 3-21; 정창우, 2008 재인용).

- 분명하게 설정된 학습목표들
- 봉사활동 선정과정에서 학생들의 참여
- 이론적인 기초(참여목적, 방법 등) 제공
- 봉사경험과 교실수업(이론과목)과의 통합

우리나라는 현재 초・중・고등학교에서 봉사활동을 학교 교과과정이나 인성교육, 진로체험 등 다양한 교과목에서 학습의 연장선상에서 활용하고 있으나 이를 활용하여 단순한 자원봉사활동이 아닌 학습과 봉사를 토대로 운영되어야 할 것이다. 또한 자원봉사기관에서도 봉사활동만 있고 학습적인 측면이 약한 현 상황을 개선하여 봉사학습적 관점에서 자원봉사를 관리하고 운영하여, 봉사학습에서 목표로 하는 다양한 교육적 결과를 거둘수 있다.

위의 다양한 개념정의에서 확인할 수 있는 점은 봉사학습은 자신이 살고 있는 지역사회를 중심으로 기존의 자원봉사활동을 연계하여 하나의 학습활동으로 발전시켰다는 것이다. 또한 단순한 자원봉사활동이 아닌 직접적인 경험학습과 개인의 반성적인 성찰을 통해 구조화된 학습의 과정을 중요시 한다는 점이다(이병순 외, 2014; 원미순, 2003).

청소년 봉사학습의 개념

- 자원봉사활동과 활동 후의 반성이 학습에 반영되는 과정을 포함하는 개념
- 학교의 교과목과 지역사회의 욕구를 동시에 충족시키면서 지역사회에서 발생하는 각종 사회문제를 해결하기 위한 개입과 조정, 지원하는 기회를 가지는 자발적인 사회체험・참여 행위
- 개인 혹은 집단으로 하든, 어떤 상황에서 무슨 일을 하든, 나(우리)의 봉사활동을 필요로 하는 문제가 무엇인가?, '그 문제를 어떻게 해결할 수 있나?' 등을 생각하고 스스로 실천계획을 세우는 것이 중요함

출처 : 서울시 자원봉사센터(2016).

2) 봉사학습의 발전과정

미국의 봉사학습은 1930년대 John Dewey에서 시작하여 1980년대 David Kolb에 의해 발전된 경험학습이론(experiential learning theory)에 기초한다. 이들이 주장하는 경험학습이론은 실천과 경험중심인 행함의 교육(learning by doing)을 의미하며, 지역사회와 자원봉사활동을 연결하는 적극적인 학습의 형태로 자원봉사활동과 학습을 연결시키는 경험적 교육이라 할 수 있다(김성이, 1997; 이병순 외, 2014).

이후 제2차 세계대전 기간인 1942년에는 High School Victory Corps가 조직되어, 전쟁 승리를 위한 폐품수집, 채권판매 봉사활동 등에 고등학생들이 참여하고 이를 일부 학교에서 학점으로 인정하면서 시작되었다. 이를 교육적 측면에서 계획한 것은 아니었으나 봉사학습이 이전과는 달리 교육적 효과가 나타나면서 체험 중심의 봉사활동이 교육적 효과가 있음을 인식하기 시작했다(이해주, 곽삼근, 최윤진, 2002). 이후 봉사학습(service learning)이라는 개념이 확산되기 시작하였으며 봉사학습 커리큘럼이 개발되기 시작하였다. 1980년대에는 다양한 봉사학습 프로그램들이 미국 내로 확산되기 시작하여, 1988년에 메릴랜드 학생봉사연맹이 발족되면서 봉사학습의 교육과정, 교사훈련 등이 본격적으로 이루어지기 시작했다(볼런티어 21, 2000). 이후 1992년에 메릴랜드주가 최초로 75시간의 봉사활동을 고등학교의 졸업 규정에 포함시키게 되면서 유사한 정책을 따르거나 지역 교육청의 숫자도 늘어나기도 하였다(홍원표, 2013).

1990년대에 이르러서야 정부 차원에서 청소년 봉사활동을 지원하기 위한 National and Community Service법과 1993년 클린턴 대통령에 의한 National Service Trust법이 통과된 후 청소년 자원봉사활동을 체계적으로 지원할 기반을 마련하게 되었으며(이해주 외, 2002), 17개주 공립고등학교의 사회봉사 졸업필수제를 시행하여 적게는 10시간에서 많게는 240시간의 봉사활동을 해야만 졸업이 가능하게 되었다(볼런티어 21, 2000).

우리나라의 경우, 영국과 미국, 일본에 비해 자원봉사 역사가 비교적 짧다. 물론 전통적인 상부상조 정신을 바탕으로 실시하였던 향약, 두레, 계 등은 오래전부터 존재해 왔으나 현대의 자원봉사라기 보다는 힘든 일을 서로 돕는 일종의 품앗이 성격이었다고 볼 수 있다.

우리나라에서 봉사학습이 본격화된 시기는 1990년 초반부터이며, 1995년 5 · 31 교육개혁 이후 학교 생활기록부에 자원봉사 기록 등 중 · 고등학생들의 봉사활동이 의무화 되는 등 일련의 과정을 거치면서 학교에서 자원봉사활동에 대한 관심이 고조되었다(이병순 외, 2014). 이 시기에 일부 대학을 중심으로 사회봉사 자원봉사 학점제를 도입해 시행하였으며, 짧은 기간 내에 많은 대학들이 교과 과정 속에 자원봉사 과목을 개설하여 교과 과정과의 연계 외에도 학생들의 자원봉사활동을 권장하고 지원하게 되었다. 이를 통해 대학별 자원봉사단의 출범과 자원봉사센터의 설립 후 대학 자원봉사의 발전을 가져오는 일익을 담당하였다. 특히 1996년에는 대학총장들이 주축이 되어 대학사회봉사협의회를 구성해 대학의 세 가지 기능인 교육, 연구, 봉사 중 상대적으로 취약했던 봉사기능의 활성화를 이루기 위해 노력해왔다(이해주 외, 2002; 조휘일, 2002).

이후 2009년부터 개정 교육과정의 시행으로 초 · 중 · 고등학교는 창의적 체험활동이 도입되어 단계적으로 시행되는 등 학생 자원봉사활동을 더욱 강조하게 되었으며(이경상, 2014), 초 · 중등 교육과정에서 교과 외 한 영역으로 인성, 창의적인 교육을 강화하기 위한 방안으로 봉사활동을 시행하고 있다. 또한 입시위주의 학교 교육의 보완책으로 입학사정관제도에 자원봉사활동이 도입되어 대학입시에 영향을 주는 평가 근거자료로도 활용되고 있다. 대부분의 대학에서 실시하고 있는 입학사정관제도에서 가장 중요한 요소가 청소년들의 자원봉사활동에 대한 내용이기도 하다.

2013년부터는 자유학기제가 본격적으로 시행됨에 따라 교과 외 활동으로 지역사회를 통한 봉사학습을 실시할 수 있다. 자유학기제 프로그램 활동 영역으로 인성과 사회성 발달을 위해 지역사회 봉사를 비롯한 다양한 프로그램을 체험하며, 특히 진로(현장)체험과 연결하여 한 학기 동안 특정 봉사기관에서의 체험학습을 해 볼 수도 있다.

2. 봉사학습의 주요 요소 및 과정

1) 봉사학습의 주요 요소

봉사학습의 주요 요소는 체계적인 사전 교육, 학교 수업과의 연계, 실질적인 봉사활동, 적절한 되돌아보기(reflection) 등이다(홍원표, 2013; 박승희 외 2015). 학생들에게 봉사활동을 지도할 경우, 사전에 철저하고 구체적인 계획과 교육, 프로그램에 대한 구성 및 실제적인 봉사활동의 실행, 활동 이후의 평가 과정을 거쳐 지도해야한다. 특히 교과목(전공과목)과 연계한 학생 봉사의 경우, 경험적인 활동을 통해 학습할 기회를 제공하며 성찰과 반성의 과정은 매우 중요하다(서울특별시교육청, 2012; 박승희 외, 2015).

Dymond 외(2007)는 봉사학습의 요소로서 ① 실제적인 맥락, ② 교육과정과의 연관성, ③ 집, 학교, 지역사회 간 협력, ④ 프로그램에 입각한 지원, ⑤ 빈번한 교육, ⑥ 계획과 준비, ⑦ 활동, ⑧ 성찰, ⑨ 수료, ⑩ 학생과 프로그램에 대한 평가, ⑪ 학생들의 참여, ⑫ 교사, 성인, 지역사회의 참여를 제시하였다(박가나, 2014).

미국 매릴랜드주 봉사학습(service learning)모형에서도 다음과 같이 세 단계를 제시하고 있다. 봉사학습은 사전준비(preparation), 실천(action), 체계화된 성찰/반성(reflection)이다(송민경, 2016).

첫째, 사전 준비단계에서는 봉사학습이 수행되기 전에 체계적으로 계획된 프로그램을 준비한다. 여기서는 봉사학습활동과 구체적인 학습 성과를 연결시키는 데 초점을 맞추며, 학습차원에서 학생들의 능동적인 학습활동을 유도하게 된다. 따라서 봉사활동 프로그램의 실천은 학생이 주도하며, 봉사활동 전문교사나 교과교사는 도우미 또는 조언자로서 역할을 수행하게 된다.

둘째, 실행단계에서는 학생들은 실행 과정에서 지역 구성원으로서의 소속감과 책임감을 가지고 봉사학습 목표 및 실천 전략에 따른 실제적인 활동을 하게 된다. 학생들은 봉사학습에서 이루어진 활동내용을 기록하고, 분석하고, 반성하는 훈련을 하면서 봉사활동과 학업내용을 연결하게 된다. 봉사를 받는 지역사람들은 자신들의 요구에 대한 책임을 배우며, 이러한 과정에서 학생들은 자신의 봉사학습을 평가하게 된다. 이를 통해 교사와 기관도 학생들의 봉사의 효과를 평가하는 실행과 평가의 과정을 통해 봉사학습의 향상과 성장하고 변화를 위한 방향을 제시하게 된다.

셋째, 체계화된 성찰 및 반성 단계이다. 경험이 의미있는 실천으로 학습이 되기 위해서는 반드시 성찰과 반성, 평가가 개입되어야 한다. 이러한 과정을 통해서 봉사활동의 과정과 후에 이를 탐색하고 분석, 비판하며, 다시 계획하고 결정해볼 수 있는 기회를 가지게 된다.

현외성(2010)은 효과적인 봉사학습이 실현되기 위해서는 몇 가지 구성요소를 갖추어야 함을 강조하였으며 그 중에서 몇 가지를 요약하면 다음과 같다.

- 봉사학습은 단순한 봉사활동이 아닌 경험학습, 체험학습의 연장선상에 있다.
- 따라서 봉사학습은 체계화되고 구조화된 학습과정이 있어야 한다.
- 봉사학습은 도움을 받는 사람이나 대상에만 초점을 두기보다는 상호 연계가 중요하다.
- 봉사학습은 봉사자의 학습목표를 분명히 해야 하며, 이는 봉사자의 종류에 따라 다양하다.
- 봉사학습은 지도자, 관리자 및 조정자의 역할이 중요하다

2) 봉사학습의 과정

'경험교육(experiential education)'은 봉사학습이 지향하는 교육 방향이다. 봉사활동 경험을 통해 발생하는 지식, 기술 등을 통해 발전할 수 있는 학습 과정에서 이루어지므로 직접적인 봉사활동과 더불어 봉사활동에 대한 교육, 경험, 체험을 중요시 한다. 봉사학습의 과정은 전체 과정이 순환적인 체계이며 조직적인 과정으로 그 대표적인 이론으로는 ① 준비(preparation), ② 활동(action), ③ 반성 및 평가(reflection), ④ 축하와 인정

(celebration)의 네 단계로 이루어진 PARC 봉사학습모델(Service-learning Model)이 있다(볼런티어 21, 2000; 서울시자원봉사센터, 2011).

[그림 6-1] 봉사학습의 과정

(1) 준비, 계획(preparation)

봉사학습을 위한 준비, 계획은 ① 문제의 인식과 분석, ② 봉사 프로젝트의 선택, ③ 프로젝트 수행에 필요한 기능의 학습, ④ 프로젝트 수행계획 등의 4가지 과정을 거치게 되며, 이는 초기 단계로써 봉사활동에 필요한 문제인식이 이루어지는 사전학습이다.

- 자신의 적성 및 원하는 활동 분야에 대한 사전 이해를 바탕으로 주변에 개선이 필요한 상황이나 문제점에 관심을 갖는다.
- 활동에 대한 구체적인 계획(활동목표, 활동일시, 장소 및 기관, 준비물 등)을 수립한다.
- 자원봉사활동에 필요한 사전교육을 받는다.

(2) 활동, 실행(action)

활동, 실행단계는 직접 활동을 실천하는 단계로, 초기 계획에 기초하여 활동에 임하는 과정이다. 여기서는 봉사자로서 계획을 실행할 때 지역사회와 클라이언트에게 도움이 될 수 있도록 성실한 자세로 책임 있는 활동을 하는 것이 중요하다. 또한 계획된 봉사를 수행하는 것으로 새로이 얻어진 정보나 새로운 상황에 부딪히게 됨에 따라 초기 계획을 조정하기도 한다. 프로젝트를 선정하고 실천계획에 대한 교사(지도자)들의 체크리스트를 제시하면 다음과 같다.

① 잠재적인 프로젝트에 대해 학생들과 브레인스토밍

② 가능한 프로젝트에 대한 충분한 정보를 수집한다.

③ 실현 가능한 프로젝트에 대한 우선순위를 부여한다.
④ 학생 개개인이 수행할 프로젝트를 선택하게 한다.
⑤ 프로젝트에 관심이 있는 학생들이 그룹을 형성할 수 있도록 한다.
⑥ 그룹이 그들의 프로젝트를 보다 구체화시키도록 한다.
⑦ 학급에서 그들의 프로젝트를 발표하도록 한다.
⑧ 프로젝트 수행을 위한 활동을 계획한다.
⑨ 봉사를 수행하기 위해 필요한 기술을 배운다.
⑩ 오리엔테이션에 참여한다.
⑪ 자료를 수집한다.

(3) 반성, 평가(reflection)

반성, 평가단계는 봉사학습에 대한 경험을 바탕으로 개인의 성장이나 경험, 이론 등 다양한 영역을 통합하는 과정이다(서울시자원봉사센터, 2011). 이 단계에서는 봉사학습자들로 하여금 그들의 봉사경험으로부터 학습하게 하는데 학습자들이 활동을 통하여 학습하게 된 내용을 유지해 나가기 위해서는 끊임없이 반성하는 것이 좋은 방법이 된다. 대체로 봉사학습 수행과정에서 반성, 평가의 과정이 규칙적이었을 때 효과가 크며 이때 다음의 3가지 항목으로 구성된 표를 만들 수 있게 된다(볼런티어 21, 2000).

〈표 6-1〉 봉사학습에서 반성을 위한 작성표

봉사학습자가 알고 있는 것	봉사학습자가 알기를 원하는 것	봉사학습을 통해서 알게 되는 것
1)	1)	1)
2)	2)	2)
3)	3)	3)
4)	4)	4)
5)	5)	5)

출처 : 볼런티어 21(2000). 미국의 봉사학습service Learning 유형 내용을 재구성 함.

(4) 축하와 인정(celebration)

봉사학습 프로그램의 마지막 과정은 축하와 인정이다. 이 단계는 반성과 평가단계에서 확인한 성취와 결과 등을 인정하며, 각자의 성장을 독려하는 단계이다. 봉사학습자들은 자신들의 봉사활동 과정에서 변화를 만들었던 노력들을 이해해주기를 원하며 이를 통해 봉사활동의 가치를 재확인할 수 있다.

축하는 마지막의 반성과도 연결된다. 축하와 인정을 현장 수퍼바이저, 프로젝트 조정자, 봉사를 받은 사람이나 또는 동료들로부터의 감사에서부터 야유회나 축하파티 등의 다양한 형태로 나타날 수 있다. 봉사학습자들은 이러한 성취결과를 지역사회와 함께 공유하고, 교・내외 또는 기관의 자원봉사활동 관련 사진 전시회 등을 개최하거나, 자원봉사활동 확인서 및 상장을 수여, 보도 자료를 작성하여 언론에 홍보하기도 한다(볼런티어 21, 2000; 서울시자원봉사센터, 2011).

3. 봉사학습의 특성

봉사학습에 대해 긍정적인 평가를 하고 있는 다양한 연구자들은 봉사활동을 통해 학생들의 수업참여 촉진 및 교수자와 학습자의 상호 관계 향상, 시민성의 성장, 지역사회나 학교에 대한 소속감의 향상 등과 같은 효과를 얻을 수 있다고 제시한다(김지영, 2017). 이러한 봉사학습의 특성을 정리하면 다음과 같다(Farber, 2017; 장봉석, 2018 재인용).

첫째, 양질의 봉사학습은 학생들에게 실질적인 경험을 제공한다. 따라서 그들은 학교에서 학습한 내용을 관련 분야의 실제 현장에 적용해보는 기회를 갖는다.

둘째, 양질의 봉사학습은 학생들로부터 경쟁을 유도하기 보다는 협동할 수 있는 분위기를 조성하므로, 협동심, 참여정신, 시민의식과 관련된 능력을 강조시키는 경험들로 구성된다. 그리고 학생들은 이러한 경험을 통해 민주 사회의 시민으로서 요구되는 자질을 함양할 수 있다.

셋째, 양질의 봉사학습은 단순하고 쉬운 문제들뿐만 아니라, 복잡한 상황에서 존재하는 어려운 문제들과 관련된 경험들로 구성된다. 이와 같은 이유로 봉사학습의 과정에서는 여러 교과들로부터 학습한 내용을 동시에 활용하는 경우가 많다.

넷째, 양질의 봉사학습은 학생들로 하여금 교과서에 제시된 지식뿐만 아니라 봉사학습 활동들과 관련된 모든 지식(봉사학습을 실시하는 지역에 대한 정보 포함)을 반드시 사전에 습득하게 함으로서, 그들이 실제 현장에서의 문제해결 과정에 효과적으로 참여하게 된다. 그 결과로서 학생들은 비판적 사고력도 함양할 수 있다.

다섯째, 양질의 봉사학습은 깊이 있는 학습을 촉진시키는 경험들로 구성되어 있기 때문에 그 경험들과 관련된 물음에 대한 정답은 존재하지 않는다.

여섯째, 양질의 봉사학습은 학생 개개인에게 의미를 부여하는 동시에 기존의 생각과 가치를 비판적인 시각으로 바라보게 한다. 따라서 봉사학습은 학생들이 사회적·인지적으로 성장하도록 도와준다.

위의 내용을 정리하면, 봉사학습은 학생들로 하여금 정규 교육과정 내에 편성된 학습 내용뿐만 아니라 봉사학습 활동과 관련된 제반 지식을 습득하게 하는 활동을 포함한다. 그리고 그들이 앞서 습득한 지식을 경험 중심 교육방법을 통해 직접 실천하게 한 후, 그 과정과 결과를 포함한 모든 상황에 대해 비판적으로 고찰하게 하는 기회를 제공하는 총체적인 교육활동이라고 정의될 수 있다.

4. 봉사학습의 사례

앞서 살펴본 것과 같이, 봉사학습은 다양한 효과측면에서 볼 때 한 개인에게 다양한 경험의 기회를 제공하며, 학생들로 하여금 민주시민으로서의 자질을 함양할 수 있는 유용한 방법이다. 우리나라에서도 여러 대학들에서 자원봉사활동을 장려하고, 활성화하기 위한 방안으로써 봉사활동을 학점과 연계하여 교과목으로 개설하여 운영하고 있다.

봉사학습의 대표적인 사례로 미국 매릴랜드 학생봉사연맹의 '종합봉사학습 리더십 프로그램'과 우리나라의 S여자대학교의 봉사 - 학습(Service-Learning)의 사례를 소개하고자 한다.

1) 미국의 봉사학습 사례

[미국 매릴랜드 학생봉사연맹의 '종합봉사학습 리더십 프로그램' 사례]

미국 사회에서 지역사회와 학교를 연계한 봉사학습에 대한 관심은 1980년대까지 거슬러 올라간다. 이 시기에 학교교육 및 청소년에 대하여 자신의 이익과 안위만을 추구하고 극심한 소외현상이 팽창되고 있다는 반성들이 쏟아지고 있었다. 지역사회의 각가지 욕구나 민주시민의 자질 같은 것에는 거의 관심을 두지 못한 채 '학교교육'은 말 그대로'학교 안의 지식교육'으로 그치고 있어서 사회공동체의 일원으로 성장시켜야 하는 청소년은 그야말로'학교'라는 섬(island)에 갇힌 채 자신만의 이익과 지식 축적에만 몰두하고 있는 시기로 평가되었다.

이에 학생들에게 지역사회에 대한 전반적인 이해와 적극적인 관심, 그리고 사회적인 통찰력을 고양시키고 동시에 능동적인 사회참여의 의지를 심어주어야 한다는 시대적 요청이 강하게 제기되기 시작했다. 특히 청소년에게 요구되는 시민성은 자기 이익만을 따지는 개인주의적인 것이기보다는 타인에 대한 배려, 사회적 책임성을 겸비하고 공동체 문제 해결에 적극적이고 공익지향적인 것이어야 한다는 주장이 학교와 지역사회를 중심으로 적극적으로 받아들여지기 시작했다.

매릴랜드주의 학생봉사연맹이 시행하는 프로그램은 교사, 학생, 행정가 등 각각에 대하여 개별적인 노력을 하고 있다. 교사 지도자 프로그램인 'Fellow(동반자)'는 봉사학습 전문가를 육성하기 위한 것으로서 매릴랜드 주정부 내의 전 교육구에 창설되어, 봉사학습문제에 대하여 연구 집단들이 심층적으로 연구하고 그들의 경험을 나눈다. Fellow에 속한 교사들은 임시 휴직을 하고, 그 기간 동안 봉사학습에 대한 전문적인 훈련을 통해 전문성을 높일 수 있는 기회를 가진다.

Fellow교사들은 열성적인 참여와 노력으로 동료와 다른 교육자로부터 신뢰를 얻고 여행 기회를 활용하기도 하면서 봉사학습 분야에서 전문가로 발전한다. 또한 모델 프로그램으로 지정된 봉사학습 프로젝트의 자원으로서도 역할을 한다. 모델 프로그램의 Fellow교사들은 자신의 봉사학습 프로젝트의 본을 따서 하거나 그대로 하려는 다른 교사들과 처음부터 끝까지 함께 일하고, 학교 일을 하지 못하기 때문에 받아야할 보상금 같은 소정의 상금을 받는다.

관리 지도자 프로그램은 학교 시스템이 개별 학교가 아닌 교육구별로 봉사학습 프로그램의 운영에 대한 정보를 정리하고 규정화할 필요에 의해서 만들어졌다. 주 전역에 걸쳐서 교사 훈련, 기록 보관, 지역사회 동반자(Fellow) 접근법 등을 다루기 위해 활용 가능한 전략들을 확인하는 역할을 수행한다. 「나눔의 학습과 제도 평가」 출판으로 관리자가 알아야 하고 다루어야 할 15개 중요한 분야를 정리하고 자체 평가하는 기회를 가졌으며, 각 분야별로 프로그램의 향상을 위한 전략도 개발되었다. 「나눔의 학습과 제도 평가」 출판으로 봉사학습 프로그램을 운영하는 학교 시스템을 위한 전국적인 표준 매뉴얼 개발이 가능하게 되었다. 이를 통해 봉사학습에 대한 정보를 공유하고, 개편이 필요한 부분에 대한 여러 의견을 모으고 전국적으로 봉사학습과 관련한 지도자, 학생, 교사들의 공동 지원을 쉽게 이끌어 내고 있다.

청소년 리더 프로그램인 YR(Youth Rise)의 사명은 청소년들이 봉사활동에 참여하고, 다른 사람도 봉사학습에 참여하도록 하거나 봉사학습을 대변하고 변화를 일으키는 데 있어서 청소년과 성인 사이의 교량적 역할을 수행하는 것이다. YR의 목표는 학생들이 봉사학습정책에 의미 있는 공헌을 하도록 지원함과 동시에 봉사학습에 공헌한 청소년을 인정하고 의견들을 교환하는 포럼을 개최하는 것이다. 이러한 YR은 봉사학습 관련 청소년 리더로서 자신들의 경험과 프로그램의 가치에 대하여 각급 의회 의원들에게 증언을 하거나 클린턴 전 미국 대통령과 같은 사회 지도층 인사를 만나 자신의 봉사학습과 관련된 체험을 이야기하고, 그 일부를 전국 라디오 중계방송을 통해 알리기도 한다. 또한 YR은 봉사학습 관련 '자문위원회'와 '기획위원회' 등을 중심으로 정책결정포럼에서 그들이 겪었던 다소간의 어려움이나 책임을 나누기도 한다.

이 봉사학습에서 우리 사회에 남긴 시사점은 미국 매릴랜드주의 모든 공사립학교에 필수적으로 요구되는 봉사학습은 봉사적인 측면에서 일부 기존의 타율적이고 단순한 학생봉사활동보다는 훨씬 역동적이고 도전적 성격을 지니며, 학습적인 측면에서도 현재 배우고 있는 교과목을 직접 현장에 적용하면서 학습을 내재화 할 수 있는 이점이 있다.

요즘 한국 사회의 교육현장에서도 나타나고 있는 교과서 텍스트 중심의 획일적인 교육, 물질주의·개인주의에 입각한 경쟁 조장, 입시 위주의 학교 풍토 등으로 인한 지식 위주의 피상적·추상적인 수준의 교육을 극복하고, 교과목에 지역사회 봉사활동을 통합시킨 경험적 교육방법이다. 또한 지역사회 속에서 교과를 이해하고 활용할 수 있는 보다 전진된 교육활동이자 참여방식으로서의 봉사학습이기 때문에 더욱 우리 사회에 시사하는 바가 크다고 하겠다.

출처 : 송민경(2011). pp.77-82. 일부 내용 재구성하여 정리.

2) 국내 봉사학습 사례

대학에서의 봉사학습은 학생들의 학교 교과과정과 봉사를 연계하여 변화하는 시민으로서의 역량을 향상할 수 있는 역할을 한다. 국내 사례로 대학 교육에서의 봉사-학습이 활발하게 이루어지고 있는 서울의 S여자대학교의 사례를 소개하고자 한다.

(1) 대학 교육에서의 봉사-학습(Service-Learning) 사례

[서울의 S여자대학교 사례]

S여자대학교는 기독교 대학으로 '사랑'의 가치를 대학교육에서 실현하고, 전인교육과 실천교육을 실현

하기 위해 가장 효과적인 교육 방법 중 하나로 봉사 - 학습(Service-Learning)을 도입하여 선도적으로 정착, 발전시켜왔다.

S여자대학교에 봉사 - 학습이 처음 도입된 것은 기독교 대학교육에서 봉사 - 학습을 중점적으로 지원하던 2001년에 다른 두 개의 기독교 대학과 함께 United Board for Christian Higher Education(이하 UB) 재단에서 지원을 받아 4명의 교수가 각각 전공수업과 연계된 봉사 - 학습 프로그램을 개발하는 프로젝트로 시작되었다. 이후 2009년까지 UB지원을 받으며 성공적으로 정규교육과정에 도입하였다.

매학기 꾸준하게 2~6개의 봉사 - 학습 과목을 제도화 하게 되었으며 프로젝트 참여 교수들이 중심이 되어 수차례의 교육과정개발 회의와 협의 끝에 교양 또는 전공수업과 연계하여, 해당 수업을 수강하는 학생들만 수강신청 할 수 있는 추가 1학점 교양 선택 과목으로 '지식과 지역사회' 라는 명칭의 봉사 - 학습 과목을 개설하여 현재까지도 운영하고 있다.

초기에 봉사 - 학습 과목명이었던 '지식과 지역사회'는 참여교수들 간의 협의회에서 과목명을 성찰과 피드백을 통해 봉사와 학습을 연결한다는 의미를 직접적으로 강조한 "봉사 - 학습(Service-Learning)"으로 변경하게 되었다. 봉사와 학습의 연결을 하이픈으로 강조한 것은 교양 또는 전공수업과 연계된 봉사활동에서 수업에서 배운 지식을 적용하면서 살아있는 지식을 학습하고, 이에 대한 피드백과 성찰을 바탕으로 다시 학습의 질을 높인다는 의미이다.

S여자대학교의 교육철학에 기초하여 봉사 - 학습의 교육과정 도입을 위한 체계는 관련 운영 및 행정 지원 조직을 구성한 것으로 발판을 마련하게 되었다. 봉사 - 학습은 교수 - 학습방법이기 때문에 대학 내의 교수 - 학습센터(Center for Teaching and Learning)에서 봉사 - 학습지원부를 구성하고 전담 연구원을 두어 운영지원을 하였다. 뿐만 아니라 봉사 - 학습 개발프로젝트 초기에 참여한 참여교수들을 중심으로 봉사 - 학습연구회를 구성하고, Service-Learning의 국내용어 번역을 비롯한 도입과 정착 활동을 강화하여 현재까지 활발히 운영하고 있다.

특히 봉사학습(Service-Learning)을 통하여 학생들의 다양한 변화를 확인할 수 있었다. 첫째, 봉사를 하면서 연계된 수업에서 더 열심히 공부해야할 동기를 얻게 되며, 둘째, 수업내용을 실제 현장에서 적용해 보기 때문에 추상적인 내용이 구체적으로 이해되고 언제든 활용 가능한 살아있는 지식을 배운다. 셋째, 봉사 학습은 학부생이 직접 경험할 수 없는 실제 업무를 경험할 수 있는 좋은 기회가 된다. 전공에 대해 막연한 동경심만으로 전공을 선택한 학생은 스스로 전공에 대한 비전을 점검해 보고 꿈을 이룰 수 있는 구체적인 전략을 세울 수 있다.

이후 학기말 평가회에서 학생들이 가장 많이 보고 하는 내용은 "섬기고 나누려고 시작했지만 내가 더 많은 것을 얻었고 배웠다" 는 내용이다. 끊임없는 성찰을 통해 '자신을 깨우고, 사회를 배우고, 미래를 창조하는 지도자 양성' 이라는 S여자대학교의 교육철학이 그 바탕이 된다.

출처 : 유숙영 · 서윤경(2016). pp. 121-149. 일부 내용 재구성하여 정리.

volunteerism | part

03

자원봉사의 관리체계

CONTENTS

volunteerism | chapter 07

자원봉사활동의 관리체계

1. 자원봉사활동 지원을 위한 관련 법체계

우리나라는 자원봉사활동을 진흥하고 인프라 구축을 위하여 2005년 8월 자원봉사활동기본법을 제정하였으며, 2006년 2월 5일부터 시행되었다. 본 법은 시민사회의 성숙에 따라 자원봉사활동이 사회 각 분야에 널리 확대되고 있으나, 이에 대한 국가적 차원에서의 체계적인 지원이 미흡한 실정에서 자원봉사에 관한 기본적인 사항을 정하여 국민의 자원봉사활동에 대한 참여를 높이고 행복한 공동체를 건설하는 데 기여하기 위하여 제정하였으며, 법 제정 후 2018년 5월 현재까지 일곱번의 개정이 있었으나 정책의 변경이 아니라 법 문장 등의 용어와 그 소속기관의 직제에 관한 개정이었다.

자원봉사활동기본법은 총 20조로 구성되어 있으며, 주요 내용은 ① 자원봉사활동의 진흥을 위한 국가 등의 책무(법 제4조), ② 자원봉사진흥위원회의 설치(법 제8조), ③ 자원봉사자의 보호(법 제14조), ④ 한국자원봉사협의회의 설립(법 제17조), ⑤ 자원봉사센터의 설치・운영(법 제 19조)에 관한 사항이다. 그렇지만 자원봉사활동기본법은 지위가 확보되지 못하고 있는 실정이며, 자원봉사활동 진흥을 위한 국가차원에서의 단일화된 체계가 아닌 여러 부처에서 중복적인 지원을 하고 있는 실정이다.

자원봉사활동기본법을 포함한 자원봉사활동 관련법령을 살펴보면, 여성가족관련법령으로서 건강가정기본법이 있으며, 사회복지관련법령은 사회복지사업법, 노인복지법, 사회보장기본법, 대한노인회 지원에 관한 법률 등이다. 또한 청소년활동관련법령으로 청소년활동진흥법, 재해구호관련법령으로 재난 및 안전관리기본법, 재해구호법, 대한적십자사 조직법, 모금관련법령으로 기부금품으로 모집 및 사용에 관한 법률, 해외봉사 관련법령으로 한국국제협력단법 등이 있다.

이들 관련법령 중 자원봉사활동 관리지원과 관련된 주요 내용을 비교해 보면 〈표 7-1〉과 같으며, 각 법령이 제정되어 운영되면서 발생하는 주요 문제점을 지적해 보면 다음과 같다.

첫째, 자원봉사활동기본법과 타 법령과의 관계가 불명확하며, 기본법으로서의 법적 지위를 가지지 못한다.

둘째, 법령마다 자원봉사 관련용어가 다르다. 자원봉사활동을 행하는 자를 통칭하여 '자원봉사자'로 공통적으로 지칭하고 있으나, '노인복지법'은 지역봉사지도원, '건강가정기본법'은 가정봉사원과 같은 유사명칭을 사용함으로써 혼돈을 주고 있다.

셋째, 부처별로 자원봉사센터가 중복적으로 설치되고, 지원기준도 상이하다. 아래 표에서도 나타나듯이 자원봉사활동기본법을 근거로 자원봉사자의 활동지원 관리를 위하여 전국 시・군・구 지역에 자원봉사센터를 설치・운영하고 있다. 그렇지만 사회복지 자원봉사활동을 하는 자원봉사자를 위한 관리는 한국사회복지협의회에서 지원(사회복지사업법), 청소년 자원봉사활동 관리는 시도단위 청소년활동진흥센터(청소년활동진흥법), 대한노인회 소속 자원봉사활동 관리는 시도단위 노인자원봉사센터(대한노인회 지원에 관한 법률)를 설치・운영하고 있다. 따라서 자원봉사활동기본법이 명목상의 법령이 아닌 자원봉사관련법령의 기본법으로서 지위확보를 위한 노력이 수반되어야 할 것이다.

〈표 7-1〉 자원봉사활동 관리지원과 관련된 법과 주요 내용

구분 (주무부처)	법	주요 내용	용어
기본법 (행정자치부)	자원봉사활동 기본법	• 자원봉사활동 진흥정책 방향 수립 • 자원봉사진흥위원회(국무총리소속)설치 • 자원봉사활동 진흥에 관한 국가기본계획 수립의무 (매 5년) • 자원봉사포상 • 자원봉사자의 날(12월 5일), 주간 선정 • 자원봉사활동관리(교육훈련 위탁근거) • 자원봉사자 보호를 위한 보험가입 • 한국자원봉사협의회 기구운영 • 자원봉사센터의 설치운영	자원봉사활동 자원봉사자 자원봉사단체 지원봉사센터
여성가족 (여성가족부)	건강가정기본법	• 가족단위의 시민적 역할(자원봉사참여) 노력 • 건강가정 관련 자원봉사활동사업 육성 장려 • 가정방문 가정봉사원 지원	가족단위자원 봉사활동 가정봉사원 지원
사회복지 (보건복지부)	사회복지사업법	• 사회복지 자원봉사활동의 지원 · 육성 • 자원보사활동의 진흥업무는 한국사회복지협의회 위탁	사회복지 자원봉사활동
	노인복지법	• 지역봉사지도원 위촉 및 활동지원(자원봉사활동)	지역봉사지도원
	사회보장기본법	• 사회보장 행정에 필요한 자원봉사 인력활용, 민간 자원봉사활성화 사업지원	
	대한노인회 지원에 관한 법률	• 사회봉사 촉진을 도모, 노인자원봉사활동의 증진	노인자원봉사
청소년활동 (여성가족부)	청소년활동진흥법	• 한국청소년활동진흥원 설치(청소년 자원봉사활동 활성화 사업) • 지방청소년활동진흥센터 설치(지역 청소년 자원봉사활동 활성화) • 청소년문화활동 진흥(봉사활동단체 진흥) • 청소년자원봉사활성화 기반조성	청소년자원봉사 청소년 활동진흥원
재해구호 (행정자치부)	재난 및 안전관리기본법	• 재난참여 자원봉사자 관리 • 자원봉사자의 치료 및 보상 • 재난참여 자원봉사자 임무부여	자원봉사자
	재해구호법	• 재해구호 참여 자원봉사자 교육 및 급식 (재해구호 기금사용) • 전국재해구호협회(자원봉사자 및 자원봉사 단체 관리 운영지원)	재해구호 자원봉사자

구분 (주무부처)	법	주요 내용	용어
	대한적십자 조직법	• 대한적십자사 사업내용(자원봉사사업)	적십자봉사단
모금 (행정자치부)	기부금품의 모집 및 사용에 과한 법률	• 기부금품의 모집등록(자원봉사사업)	
해외봉사 (외교통상부)	한국국제협력단법	• 해외봉사단의 파견	해외봉사단

출처 : 최유미(2015) p64.

2017년 5월 개정에서 살펴보면 행정자치부장관을 행정안전부장관으로(법2조2항, 3조6항, 등), 행정자치부를 행정안전부로(법3조4항,6항), 소방방제청을 소방청(법4조1항1호), 교육과학기술부장관을 교육부장관(법4조1항)으로 개정되었다.

2. 자원봉사활동 관리체계 개관

우리나라의 자원봉사활동 관리체계는 〈표 7-2〉에서 보는 바와 같이, 정부의 5개 부처, 즉 행정안전부, 보건복지부, 여성가족부, 교육부에서 서로 다른 법령을 근거로 자원봉사센터 등을 설치・운영하고 있다. 이처럼 여러 부처에서 산발적인 지원을 함으로써 여러 가지 문제점이 발생하고 있다. 문제의 핵심은 궁극적으로 부처 간 업무협조 및 연계시스템 구축의 미비로 볼 수 있다. 이를 통해 부처 간 자원봉사자에 대한 지원기준이 상이한 결과를 낳고 있으며, 부처별 유사한 사업을 중복적으로 시행함으로써 예산낭비 등의 문제를 초래하고 있다. 또한 통합전산관리시스템이 없어 자원봉사자의 중복적 등록, 관리업무가 비효율적이고 비생산적이면서, 관리업무 자체도 표준화되어 있지 않다. 이에 대한 대안으로 2014년부터 자원봉사통합전산망인 '나눔포털(1365자원봉사포털)시스템'을 구축하여 부처별 자원봉사자 및 자원봉사활동 실적만 연계하여 운영하고 있는 실정이다.

현재 우리나라 자원봉사활동 관리실태는 전산관리시스템, 모집배치, 교육훈련, 전문 인력 영역으로 나누어 실행 하고 있다. 관리 실태는 자원봉사 전산 관리시스템의 실태를 제외하고 나머지 영역은 주무부처인 행정안전부에서 전국 특별, 광역시, 도·시·군·구 단위로 설치한 246개 자원봉사센터의 현황을 기준으로 운영되고 있다.

자원봉사관리를 위한 전산관리시스템은 부처별, 지방자치단체별로 서로 다른 전산관리시스템으로 사용하고 있었으나 2014년부터는 행정안전부 '나눔포털(1365자원봉사포털)', 보건복지부 '사회복지자원봉사관리(VMS)', 청소년활동진흥원(dovol 넷)',를 운영하여 자원봉사활동의 정보제공 및 기록 등을 시행하고 있다. 따라서 자원봉사자의 중복 등록 및 중복관리의 문제점을 해결하기 위해서는 시스템을 통합 연계 운영하여 업무중복의 비효율성의 문제를 해결해야 한다. 또한 자원봉사자의 배치 및 자원봉사자의 교육, 수요처 발굴 등 사회 관계망을 구축하여 체계적인 수요처 발굴과 교육 등이 절실히 요구되고 있다.

전국 자원봉사센터 운영관리에서도 위탁, 법인, 직영, 혼합 등 운영 주최에 따른 기준으로 각 센터의 업무 규정, 예산, 기능 등에 따른 기준이 명확하지 못하다. 직영일 경우 민간인 협력과 자원봉사 모집 배치에 관한 구체적인 사항 등이 주무관청을 거쳐야 되는 불편한 점 등이 있으며, 위탁과 법인 경우 또한 운영주체에 따른 규정이 명확하지 못하기 때문에 중복되는 점과 업무의 한계점이 있다.

〈표 7-2〉 자원봉사관련 부처

구 분	행정안전부	보건복지부	여성가족부	교육부
관련법령	• 자원봉사활동기본법 • 지방자치단체 조례	• 사회복지사업법 제9조	• 청소년활동진흥법	• 지침
지원기관	• 자원봉사센터 • 한국중앙자원봉사센터 • 한국자원봉사협의회	• 사회복지봉사활동인증센터 • 한국사회복지협의회	• 지방청소년활동진흥센터 • 한국청소년활동진흥원	• 청소년 자원봉사활동 정보서비스 • 한국대학사회봉사활동협의회

구 분	행정안전부	보건복지부	여성가족부	교육부
주요업무	• 자원봉사정책개발 • 자원봉사센터지원 • 자원봉사관리자교육 • 자원봉사자의날 행사 • 자원봉사상해보험가입 지원 • 자원봉사 및 수요처관리 • 나뭄포탈(1365봉사시스템)운영	• 인증센터 지정육성 • 관리자 육성 및 훈련 • 상해보험가입 • 사회복지자원봉사 대회	• 청소년자원봉사활동 지원 및 터전관리 • 해외청소년봉사단 파견 • 청소년봉사단 육성 • 프로그램공모사업	• 학생봉사정보안내 • 프로그램보급개발 • 자원봉사담당교사 연수 • 학생자원봉사교육 및 지도
설치 수	246개	17개	17개	181개
운영형태	• 직영, 혼합, 위탁, 법인	• 사회복지협의회 부설	• 직영	• 학교부설
재원	• 행정안전부 지방자치단체	• 보건복지부 지방자치단체	• 청소년육성기금	

출처 : 행정안전부(2017) 재구성

〈표 7-3〉 **전국자원봉사센터 현황**(2018. 6)

지역	센터명
중앙 (1개)	중앙센터
서울 (26개)	서울특별시 · 종로구 · 서울중구 · 용산구 · 성동구 · 광진구 · 동대문구 · 중랑구 · 성북구 · 강북구 · 도봉구 · 노원구 · 은평구 · 서대문구 · 마포구 · 양천구 · 강서구 · 구로구 · 금천구 · 영등포구 · 동작구 · 관악구 · 서초구 · 강남구 · 송파구 · 강동구
부산 (17개)	부산광역시 · 부산중구 · 부산서구 · 부산동구 · 영도구 · 부산진구 · 동래구 · 부산남구 · 부산북구 · 해운대구 · 사하구 · 금정구 · 강서구 · 연제구 · 수영구 · 사상구 · 기장군
대구 (9개)	대구광역시 · 대구중구 · 대구동구 · 대구서구 · 대구남구 · 대구북구 · 수성구 · 달서구 · 달성군
인천 (11개)	인천광역시 · 인천중구 · 인천동구 · 인천남구 · 인천연수구 · 인천남동구 · 인천부평구 · 인천계양구 · 인천서구 · 인천강화군 · 인천옹진군
광주 (6개)	광주광역시 · 광주동구 · 광주서구 · 광주남구 · 광주북구 · 광주광산구
대전 (6개)	대전광역시 · 대전동구 · 대전중구 · 대전서구 · 유성구 · 대덕구

지역	센터명
울산 (6개)	울산광역시 · 울산중구 · 울산남구 · 울산동구 · 울산북구 · 울주군
경기 (32개)	경기도 · 수원시 · 성남시 · 고양시 · 부천시 · 용인시 · 안산시 · 안양시 · 남양주시 · 의정부시 · 평택시 · 시흥시 · 화성시 · 광명시 · 파주시 · 군포시 · 광주시 · 김포시 · 이천시 · 구리시 · 양주시 · 안성시 · 포천시 · 오산시 · 하남시 · 의왕시 · 여주시 · 동두천시 · 양평군 · 과천시 · 가평군 · 연천군
강원 (19개)	강원도 · 춘천시 · 원주시 · 강릉시 · 동해시 · 태백시 · 속초시 · 삼척시 · 홍천군 · 횡성군 · 영월군 · 평창군 · 정선군 · 철원군 · 화천군 · 양구군 · 인제군 · 고성군 · 양양군
충북 (12개)	충청북도 · 청주시 · 충주시 · 제천시 · 보은군 · 옥천군 · 영동군 · 증평군 · 진천군 · 괴산군 · 음성군 · 단양군
충남 (17개)	충청남도 · 천안시 · 공주시 · 보령시 · 아산시 · 서산시 · 논산시 · 계룡시 · 금산군 · 세종특별자치시 · 부여군 · 서천군 · 청양군 · 홍성군 · 예산군 · 태안군 · 당진시
전북 (15개)	전라북도 · 전주시 · 군산시 · 익산시 · 정읍시 · 남원시 · 김제시 · 완주군 · 진안군 · 무주군 · 장수군 · 임실군 · 순창군 · 고창군 · 부안군
전남 (23개)	전라남도 · 목포시 · 여수시 · 순천시 · 나주시 · 광양시 · 담양군 · 곡성군 · 구례군 · 고흥군 · 보성군 · 화순군 · 장흥군 · 강진군 · 해남군 · 영암군 · 무안군 · 함평군 · 영광군 · 장성군 · 완도군 · 진도군 · 신안군
경북 (24개)	경상북도 · 포항시 · 경주시 · 김천시 · 안동시 · 구미시 · 영주시 · 영천시 · 상주시 · 문경시 · 경산시 · 군위군 · 의성군 · 청송군 · 영양군 · 영덕군 · 청도군 · 고령군 · 성주군 · 칠곡군 · 예천군 · 봉화군 · 울진군 · 울릉군
경남 (19개)	경상남도 · 창원시 · 창원시마산 · 창원시진해 · 진주시 · 통영시 · 사천시 · 김해시 · 밀양시 · 거제시 · 양산시 · 의령군 · 함안군 · 창녕군 · 고성군 · 남해군 · 하동군 · 산청군 · 함양군 · 거창군 · 합천군
제주 (3개)	제주특별자치도 · 제주시 · 서귀포시

출처 : 한국자원봉사센터협회. http://www.kfvc.or.kr

3. 자원봉사 추진체계

우리나라 자원봉사 지원역활에서 보면 행정안전부에서 자원봉사활동 기본법 및 시행령과 국가 기본계획 수립, 자원봉사센터운영지침, 1365자원봉사포털 개발 보급 등이 있으며, 한국중앙자원봉사센터에서는 정책개발 및 전국 시군구 자원봉사센터를 지원하고 있다. 아래 〈그림 7-1〉에서 보면 행정안전부 – 한국중앙자원봉사센터 – 시 ·

도 자치단체 - 시 · 군 · 구 자치단체 체계로 지원되고 있다.

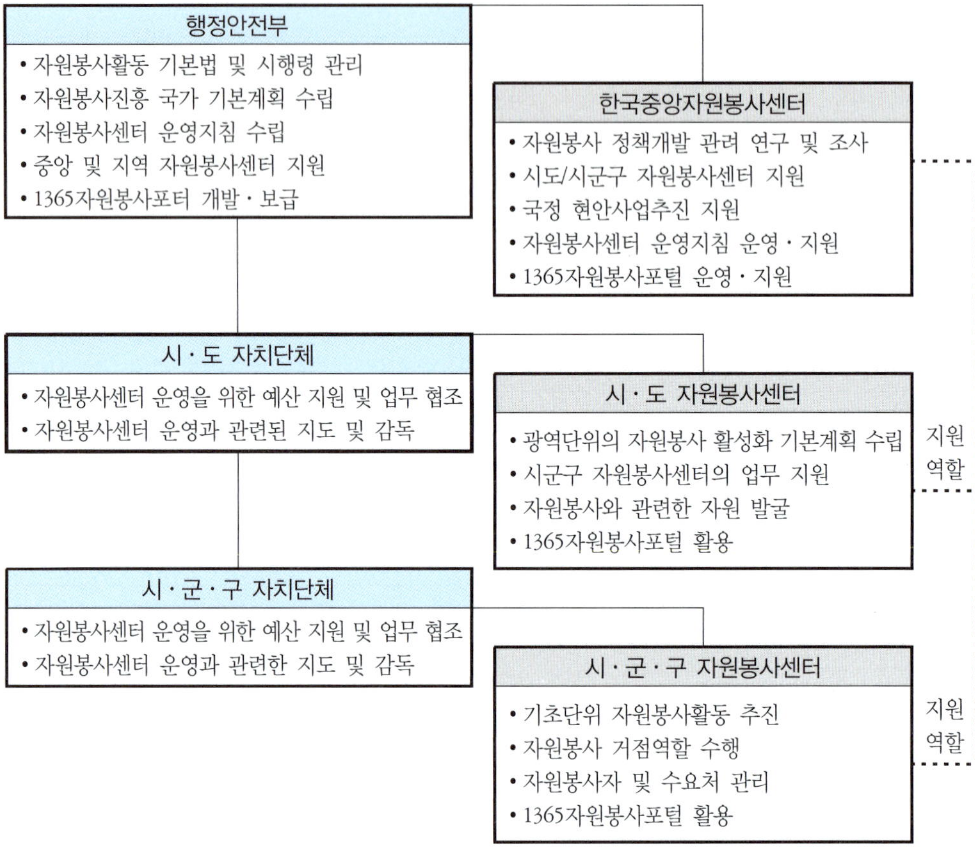

〈그림 7-1〉 중앙 - 광역시 · 도 - 시 · 군 · 구 지원역활

출처: 자원봉사활동 진흥을 위한 제3차 국가기본계획 ; 관계부처 (2018~2022) p.11.

4. 자원봉사 국가발전 기본계획

2005년 자원봉사활동기본법(제9조,10조 근거) 제정 이후, 산발적인 자원봉사관리 및 전달체계의 문제점을 보완하고, 통합적인 자원봉사 정책수립의 필요성이 제기되고 자원봉사활동 진흥을 위하여 2008년 제1차 국가기본계획(2008~2012년)을 수립하였으며, 1차 계획추진을 반영하여, 2012년 제2차 국가기본계획(2013~2017년)을 수립하였다. 또한 최근 2018년 자원봉사진흥을 위한 3차 국가 기본계획을 수립하여 우리나라 자원봉사의 현황과 문제점에 대한 파악을 통해 문제 해결의 접근을 시도하였다.

제1차 자원봉사 국가발전 기본계획의 비전은 '자원봉사국가 - 행복한 사회'로서 자원봉사를 통한 참여와 나눔의 사회문화형성을 목표로 성인자원봉사 참여율 30%, 주당 3시간 봉사활동 참여를 목표로 하였다. 이러한 목표실천을 위하여 5대 정책영역, 13개 정책과제, 35개 세부과제 수립을 통해 2008년부터 매년 정책성과에 대한 분석을 시행하였다. 정책성과를 반영하여 제2차 자원봉사활동 국가기본계획의 비전은 '참여와 나눔', '지속 가능한 미래'로서 성숙한 자원봉사문화의 확산, 생애주기별 시민참여 확대, 시민역량 강화를 목표로 5개 정책영역, 14개 정책과제, 35개 세부 과제를 수립하였다. 2018년 제3차 자원봉사활동 진흥을 위한 국가기본계획에서는 1차(08~12) · 2차(13~17)계획에서 확립된 제도적 기틀을 고도화 하면서, 변화하는 사회 패러다임에 대응하는 자원봉사 확산 신규 전략수립으로 정부 국정과제(6. 국민 인권을 우선으로 하는 민주주의 회복과 강화 중 실천과제 6번 자원봉사활성화, 실행을 위한 주요 과제)를 제시 하였다.

1) 자원봉사진흥 기본계획의 필요성

자원봉사활동 기본법 제9조 "행정안전부장관이 중앙행정기관의 장과 협의하여 자원봉사활동을 진흥을 위한 국가 기본계획을 5년마다 수립"을 근거로 자원봉사활동 진흥에 관한 기본 방향 및 추진일정, 관계 중앙행정기관의 자원봉사 활동에 관한 추진시책, 자원봉사활동의 진흥을 위하여 필요한 조달방법, 그 밖에 자원봉사활동의 진흥을 위하여 특히 필요하다고 인정되는 사항 등을 포함한 자원봉사진흥 국가 기본계획을 수립하였다.

2) 기본계획 수립주체

시행계획의 작성은 10개 중앙행정기관의 장(교육부, 법무부, 외교부, 행정안전부, 문화관광부, 보건복지부, 여성가족부, 경찰청, 소방청, 문화재청)과 각 시·군·구, 특별시, 광역시, 도 특별자치도 단체장의 의견을 종합수렴하고, 행정안전부 장관이 자원봉사 진흥 시행계획 지침을 시달, 종합계획을 수립한다. 최종계획은 국무총리산하 자원봉사진흥위원회에서 심의·확정한다(자원봉사활동 기본법 제10조 시행령 제6조).

3) 비전과 목표

제1차 국가기본계획과 제2차 국가 기본계획의 비전과 목표를 비교해 보면, 제1차 정책목표는 계량화된 지표로 자원봉사의 인프라 확충 등 양적 성장에 목표를 두고 한국중앙자원봉사센터 설치, 지역별 센터 인프라 강화, 자원봉사 참여율 증대 등의 성과 중심으로 접근 하였다. 그러나 제2차 국가기본계획의 경우 사회환경 변화에 대응하지 못하는 문제와 자원봉사자들의 가치중진과 참여촉진, 관리 및 전문핵심인력 양성 등 중장기적 과제수행이 미흡했던 점을 보완하여 질적 성장에 초점을 둔 목표수립방향으로 전환하였다.

2018년 제3차 국가기본계획은 1~2차 계획을 통해 자원봉사분야의 제도화 및 양적 성장을 달성하였다면 제도 구축 및 홍보·행사 중심의 지원으로 참여율 향상을 위한 적극적 전략이 부족하며, 자원봉사영역 내부의 미해결 과제의 존재를 반영하여 기존 인프라의 고도화·내실화와 더불어 자원봉사의 새로운 가치·영역으로서의 확장과 참여 주체·활동 영역·활동내용의 한 차원 확장과 관리방식 혁신을 모색하여 기존 제도의 기능을 강화하고 전문적 자원봉사관리체계 구축의 필요성에 중점을 두어 5대 정책영역 17개 정책과제 36개 세부과제를 도출했다.

〈표 7-4〉 제 1 · 2 · 3차 국가기본계획 비교

	제1차 기본계획	제2차 기본계획	제3차 기본계획
비전	자원봉사국가 - 행복한 사회	참여와 나눔, 지속가능한 미래	성장하는 자원봉사, 함께 가는 대한민국
목표	• 참여와 나눔의 자원봉사 국민문화의 확산 • 성인자원봉사참여율 30% 달성	• 성숙한 자원봉사문화의 확산 • 생애주기별 시민참여 확대 • 시민사회의 역량 강화	• 시민성과 공공성 기반의 자원봉사 가치확장 • 협력과 책임의 자원봉사 거버넌스 구현 • 연결과 순화의 자원봉사 생태계 조성
과제	5대 정책영역 13개 정책과제 39개 세부과제	5대 정책영역 15개 정책과제 41개 세부과제	5대 정책영역17개 정책과제 36개 세부과제
정책과제 특징	양적 성장과 인프라 구축 • 연구자 중심 아젠다 발굴 • 단체, 센터 지원 중심	자원봉사 사업체계 구축 • 체계적 연구절차 도입 • 관리, 평가, 프로그램 영역의 새로운 과제 중심	가치기반 · 이행중심 질적 개선 • 평가 및 연구과정 내실화 • 자원봉사 질적 개선과제 중심 • 문재인 정부 국정과제와 연계

5. 자원봉사진흥 제3차 국가기본계획(2018~2022)[1)]

우리나라 자원봉사의 미래는 자원봉사진흥 제3차 국가기본계획을 통해 전망해 볼 수 있다. 앞으로 시민성과 공공성 기반의 자원봉사 가치를 확장하고 협력과 책임의

1) 행정안전부 민간협력과, 자원봉사진흥 제3차 국가기본계획(2018~2022),

자원봉사 거버넌스 구현이라는 구조와 연결과 순환의 자원봉사 생태계 조성이라는 실천적 영역이 선순환할 때 국가의 존재가 보다 가치 있는 구조로 형성될 것이다.

1) 개요

자원봉사활동 진흥을 위한 국가의 기본방향 제시를 위하여 자원봉사진흥 제 3차 국가기본계획이 수립되었다(2018,1)..

법적근거로는 '자원봉사활동 기본법 제9조 및 동법 시행령 제5조, 제9조(자원봉사활동의 진흥에 관한 국가기본계획의 수립) ① 행정안전부장관은 관계 중앙행정기관의 장과 협의하여 자원봉사활동의 진흥을 위한국가기본계획(이하 "기본계획"이라 한다)을 5년마다 수립하여야 한다'는 것이 명시되어 있다.

2) 기본방향

"성숙해진 시민의식과 다채로운 시민참여를 기반으로 자원봉사의 양적 성장과 질적 발전 지향, 공동체적 통합 모색"

(1) 비전

성장하는 자원봉사, 함께 가는 대한민국

(2) 목표

(패러다임) 시민성과 공공성 기반의 자원봉사 가치 확장

(구조) 협력과 책임의 자원봉사 거버넌스 구현

(실천) 연결과 순환의 자원봉사 생태계 조성

◈ 성숙해진 시민의식과 다채로운 시민참여를 기반으로
자원봉사의 양적 성장과 질적 발전 지향, 공동체적 통화 모색

비전	성장하는 지원봉사, 함께 가는 대한민국
목표	◈ [패러다임] 시민성과 공공성 기반의 자원봉사 가치 확장 ◈ [구조] 협력과 책임의 자원봉사 거버넌스 구현 ◈ [실천] 연결과 순환의 자원봉사 생태계 조성

5대 정책영역 17개 정책과제 36개 세부과제

정책 영역 및 정책 과제	제1영역 자원봉사 문화와 참여	1-1. 자원봉사의 시민적 가치 확장 1-2. 일상적 자원봉사의 참여 접근성 향상 1-3. 사회 저변의 자원봉사 참여영역 확장 1-4. 자원봉사 홍보와 캠페인의 영향력 향상
	제2영역 자원봉사 인프라	2-1. 자원봉사 공적 지원기구 정비 2-2. 자원봉사센터의 민간중심성 및 전문역량 강화 2-3. 자원봉사포털의 기능 혁신
	제3영역 자원봉사 관리와 사업	3-1. 자원봉사관리자 전문역량 및 사회적 위상 강화 3-2. 자원봉사자 지원 및 관리전략 혁신 3-3. 자원봉사 전략사업 및 프로젝트 지원
	제4영역 자원봉사 연구와 평가	4-1. 자원봉사 연구 및 학술활동 지원 4-2. 자원봉사 실태조사 내실화 4-3. 자원봉사 기록물 발간 및 보존 4-4. 자원봉사 평가체계 개발 및 시행
	제5영역 자원봉사 국제교류 · 협력	5-1. 자원봉사 국제개발협력 확대 및 내실화 5-2. 자원봉사 국제교류 강화 5-3. 국내 · 외 자원봉사센터 간 연계 · 협력 활성화

〈그림 7-2〉 자원봉사진흥 제 3차 국가기본계획 세부과제

출처: 자원봉사활동 진흥을 위한 제3차 국가기본계획 ; 관계부처 (2018~2022) p.11.

3) 정책영역별 세부과제

(1) 제1영역 : 자원봉사 문화와 참여

① 민주사회의 시민적 의무로서 자원봉사의 기본가치 확장

자원봉사를 통한 사회문제 해결, 사회적 신뢰자본 회복 및 공동체를 재건하고 시민사회 내에서 자원봉사 역할을 확장한다. 또한 시민성 · 공공성 등 자원봉사의 새로운 가치정신을 근간으로 한 시민사회 성장을 촉진한다.

② 일상적 자원봉사 참여접근성 확대 및 '평생자원봉사문화' 확립

최근 정부 추세인 자원봉사활동 참여율을 OECD 평균수준 (24%)으로 향상시키기 위한 참여 접근성을 확대하는 전략 필요와 생애주기별 맞춤형 활동프로그램을 통한 참여계층 확대 및 활동 분야, 유형 다변화를 통한 일상속의 자원봉사 실천을 지원한다. 셋째 자원봉사 참여문화 확산을 위한 캠페인 · 홍보전략 실행으로 일반시민 대상 자원봉사 체험행사 확대를 통한 사회적 동참 분위기; 조성과 매력적인 자원봉사 브랜딩을 통한 대중적 호감도 · 관심도를 제고한다. 또한 사회문제 해결을 위한 10대 어젠다를 중심으로 세부 프로그램개발 및 우수사례 발굴하여 확산한다.

〈표 7-5〉 한국 자원봉사의 해 사회문제 해결 10대 어젠다

	아젠다	세부내용		아젠다	세부내용
1	교육역량혁신	신나는 학교, 행복한 교육 만들기	6	마을공동체 강화	함께 살아가는 마을 만들기
2	사회안전 및 범죄예방	안전한 사회 만들기	7	고령화 사회 극복	활기찬 노후 만들기
3	빈곤예방 및 해결	어려운 이웃과 손잡기	8	인권 · 다문화 생명존중	소수자를 배려하고 생명존중하기
4	여가문화	풍요로운 여가문화 만들기	9	평화 · 통일	평화통일로 다가서기
5	환경	숨쉬는 지구 만들기	10	직접 선정 주제	

(2) 제2영역 : 자원봉사 인프라

① 중앙 단위 책임 있는 자원봉사 지원기구의 역할 확대요청

부처별 분절화된 추진체계의 통합・조정 및 범부처 자원봉사 시책의 효과성 수립 등 자원봉사진흥위원회의 기능 활성화의 필요성과 전국 자원봉사 정책・사업의 체계적・안정적 추진 및 다양한 민간 자원봉사활동의 지원을 위한 독립적 실행기구에 대한 수요증가 한다.

② 지역사회 환경변화 및 사회적 요구에 부응하기 위한 유능한 지역 인프라 구축

자원봉사센터의 구조・역량상 지역사회 전체 자원봉사의 전문적 기획 및 사업수행을 담당하는 것에는 한계가 있다. 사회적 경제 조직・풀뿌리 주민자치조직 등 자원봉사 인근 유사영역의 성장에 따른 자원봉사센터의 역할증가 및 전국 센터의 역량강화 및 전문성 확충을 통한 지역사회 내 허브 플랫폼으로 성장이 필요하다.

③ 이용자 편의성 제고를 위한 자원봉사 정보시스템 개선 필요성

현재 자원봉사 포털을 실적관리 기능 중심에서 다부처 포털 간 연계, 포털 내 일감매칭・정보제공 등 이용자 중심 서비스를 제공한다. 또한 포털을 통한 신규 이용자의 유입 및 자원봉사 참여 촉진에 기여한다.

(3) 제3영역 : 자원봉사 관리와 사업

① 변화하는 환경에 능동적으로 대응하기 위한 역량 있는 자원봉사 전문인력 양성

자원봉사 관리자 교육이 양적인 측면에서는 일정 수준에 올랐으나 질적인 측면에서 개선의 여지가 존재한다. 각 지역・분야별 일선에서 자원봉사 활성화를 견인하는 자원봉사 관리자의 역량・위상 강화가 필요하다.

② 자원봉사자 자기개발 · 성장, 안전보장, 및 만족도 향상을 위한 다각도 지원

자원봉사자의 지적요구 충족 및 성숙한 시민으로서의 성장지원을 위한 교육확대 필요성과 관련주체 모두가 안심하고 활동 할 수 있는 자원봉사 환경 조성이 필요하다. 또한 시간 인증 제도의 부작용에 대한 근본적인 대안 모색이 필요하다.

③ 자원봉사 전략사업 · 프로젝트 등 활동 프로그램의 질적 개선

정체중인 자원봉사 분야에 새로운 활로 창출 필요성과 활동프로그램 심화를 통한 사회적 가치 창출 및 봉사자의 효능감이 제고 되어야 한다.

(4) 제4영역 : 자원봉사 연구와 평가

① 연구개발 지원 확대를 통한 자원봉사 학술역량 고도화

중장기적 관점에서 연구개발 투자가 중요함에도 아직까지 다른 사업분야에 비해 연구 개발 예산은 미미한 수준이다. 꾸준한 연구 과제 발굴 및 추진을 통해 변화하는 사회 환경 및 패러다임에 대해 선제적인 대응전략이 필요하다.

② 자원봉사 통계 · 기록물의 축적 및 관리

자원봉사 제반 환경에 대한 적정한 실태파악을 위해 지속적인 통계조사 · 정보축적을 해야 한다. 또한 관련 기록물의 보존과 자원봉사 유산 창출을 통해 우리 사회 내 자원봉사의 가치 확산 및 미래세대에게 전수 한다.

③ 자원봉사활동 · 정책의 적절성 평가

정부의 자원봉사 시책에 대한 효과적 평가를 통해 정책성과 측정 및 지속적인 정책 발전을 도모한다. 또한 자원봉사활동의 경제 · 사회적 영향력 평가를 통한 가치의 재조명이 필요하다.

(5) 제5영역 : 자원봉사 국제교류 · 협력

① 자원봉사 국제개발협력사업의 외연 확장 및 내실화

일반 대학생 · 시민 자원봉사단 및 재능기부 형태의 분야별 전문자문단 파견을 지속적으로 확대 한다. 봉사단 파견 외에도 개도국 내 자생적인 자원봉사 기반 마련을 위한 인프라 구축의 필요성과 인적자원 양성을 위한 지원사업 유형을 다양화 해야 한다. 이와 더불어 그간 양적으로 크게 성장한 해외 자원봉사 사업에 대한 성과평가의 필요성이 꾸준히 제기되어왔다.

② 자원봉사 관련 국내외 교류협력 활성화

국제 자원봉사 행사 참여 확대를 통한 세계적인 자원봉사 이슈 · 문화트랜드 파악 및 국내 자원봉사 유산의 국제적으로 확산한다. 단순 국제대회 참가, 해외기관 방문 등 외유성 성격의 프로그램이 아닌 실무자 역량강화를 위한 전문 훈련프로그램이 필요하다. 또한 국내 · 해외 자원봉사섹터 간 상호 교류 확대를 통한 섹터별 경험의 환원과 공유를 확대한다.

volunteerism | chapter 08

자원봉사센터의 설치·운영

자원봉사활동의 활성화와 발전을 위해서 자원봉사활동을 조정하는 조직의 역할과 기능은 매우 중요하다. 자원봉사 전문조직은 특히 지역사회 내에 산발적으로 흩어져 있는 자원봉사활동을 체계적으로 통합하여 지역사회의 문제를 보다 효과적으로 해결하기 위한 핵심적인 역할과 기능을 하고 있기 때문이다. 자원봉사조직은 지역사회 주민들이 중심이 되어 지역사회의 욕구와 문제해결을 위한 힘들을 상호 연계시켜 지역사회 주민의 자발적인 참여 의지를 행동으로 표현하게 하고 자원봉사활동을 촉진하는 데 필요한 것이다. 자원봉사조직의 대표적인 것으로 자원봉사센터를 들 수 있는데, 지역사회주민의 자원봉사활동을 활성화하고 체계적으로 통합·관리하기 위하여 전국 시·군·구에 설치 운영하는 기관을 말한다.

그동안 자원봉사센터는 지역사회 자원봉사활동의 활성화를 위해 자원봉사활동의 수요와 공급을 상호조정하거나 연결하는 역할을 수행하고 있어 많은 기여를 하는 것으로 인정받고 있다(김범수·신원호, 2018). 특히, 지역자원봉사센터(local volunteer center)는 지역

내의 자원봉사 활동을 연계하고 지원하며 장려하는 노력을 주된 사명감으로 삼는 기관으로 민간단체 또는 정부의 부설기관의 형태를 갖고 있다. 자원봉사센터는 자원봉사활동기본법 제19조 시행령 제15조에 의거, 국가 기관 및 지방자치단체가 자원봉사센터를 설치 운영할 수 있도록 하고 필요한 경우 법인을 하거나 비영리법인에게 위탁하여 운영할 수 있도록 법적 근거가 마련되어 있다. 실제 자원봉사센터는 자원봉사활동기본법 제정 이전인 1996년부터 설치되기 시작하여 2011년 말 현재 전국 시도・시군구에 1개소씩 총 246개소가 설치되어 있다(행정안전부 한국중앙자원봉사센터, 2012).

1. 자원봉사센터의 개념과 필요성

1) 자원봉사센터의 개념

자원봉사센터란 지역사회를 거점으로 시민의 복지교육훈련을 통하여 시민이 더불어 지역사회의 여러 문제를 예방・치료함과 동시에 복지시민으로서 사회적 책임을 감당할 수 있는 능력을 향상시키고 건강한 사회적 환경의 조성・사회개혁과 사회통합을 촉진시키는 자발적 비영리 민간조직을 말하며 자원봉사활동에 관련된 계획을 수립하고 그에 따른 직무를 설계하여 위임, 조정하며 그 직무에 적합한 인력을 모집, 교육, 배치하여 지도, 감독하고 평가하는 기능을 담당하는 기관이라고 할 수 있다(대구광역시, 2003). 사회복지학 사전 정의에서는 자원봉사센터를 제도나 행정만으로는 충족할 수 없는 세부적인 복지서비스의 실현을 위해 생활 및 살기 좋은 지역사회 구현을 만들고자 자원봉사활동 진흥을 시도하는 기관이라고 정의하였다.

2) 자원봉사센터의 필요성

자원봉사센터가 왜 필요한가? 이러한 질문을 지역사회의 기관이나 시민들로부터 종종 받게 되는 경우가 많다. 먼저 "시민의 참여는 우연히 일어나는 것이 아니라는 것이다." 자원을 공유하거나 네트워크를 통해 지역사회 문제를 해결하고자 할 때나 공통의 목적을 향해 함께 일하고자 하는 지역사회의 개인 및 단체와 기관들이 어떤 자원을 가지고 있으며 어디에 있는지에 대한 정보를 관리하기 위해서는 체계적인 관리 센터가 필요하다. 또한 시민의 참여욕구와 참여요구는 우연히 일어나는 것이 아니라고 할 때 센터는 반드시 필요성에 의해 운영되어진다.

첫째, 지역사회 기관이나 단체들은 적합한 자원봉사자를 구하기가 쉽지 않다. 지역사회나 필요한 수요처에서 원하는 능력과 기술, 조건을 갖춘 적합한 자원봉사자를 충분히 모집하여 두는 기관이나 단체가 많지 않기 때문이다.

둘째, 자원봉사자의 다양한 욕구를 개별기관이 충족시켜 주기에는 한계가 있다. 어떤 사람들은 개별적인 단체나 프로그램에 소속되기보다는 다양한 활동 기회를 경험하길 원하고 특정한 기술을 활용하길 원하거나 특정 시간대에 활동하기를 원하는 등 개인들의 자원봉사활동에 대한 욕구가 다양함에 비해, 개별 지역사회 시설이나 단체에서는 그러한 다양한 여건이나 관심에 맞게 자원봉사 활동 기회를 다 제공하기 어렵다.

셋째, 자원봉사 관리가 잘 되지 않아서 지역사회 서비스나 시민참여의 효과가 떨어질 수 있기 때문에 효과적인 자원봉사 관리를 통해 서비스 전달을 질적으로 향상시키기 위한 것이다.

넷째, 개별 기관이나 단체가 지역사회의 자원봉사에 관한 총괄적인 정보를 제공하거나 대변하기에는 한계가 있다.

다섯째, 어디서, 어떻게 자원봉사활동을 할 수 있는지 모르는 이들이 많다. 사회가 분화되고 서비스의 전달 역시 점점 더 복잡해짐에 따라 대부분의 사람들은 자원봉사활동을 할 수 있는 다양한 활동 기회나 많은 단체들에 대해 일일이 알기 어렵기 때문이다.

여섯째, 지역사회 문제해결을 위한 개인 및 단체들 간의 네트워크나 자원소통이 잘 이루어지지 않거나, 개별부문에만 국한되는 경우가 많기 때문이다. 즉, 개별 기관 및 단체들은 동원할 수 있는 자원이 한정될 수 밖에 없다. 자원봉사에 대한 총괄적인 자료, 정보, 통계들에 대해 개별 서비스 기관이나 단체들이 제공할 수 있는 수준과 범위에는 한계가 있으므로 효과적인 자원봉사 관리와 서비스 전달을 보다 질적으로 향상시키기 위해서 자원봉사센터의 운영이 필요하다고 볼 수 있다(박석순, 2006).

2. 자원봉사센터의 역할과 기능

1) 역할

자원봉사센터는 다음과 같은 목적으로 설립되었다. 첫째, 지역사회 자원봉사를 활성화하는 중심기관으로, 지역사회의 문제해결을 위해 자원봉사자들의 참여를 촉진, 개발, 육성하며, 둘째, 자원봉사자를 필요로 하는 기관과 단체들의 자원봉사자 수급과 관리를 지원하여 효과적인 자원봉사활동이 이루어지도록 지원하며, 셋째, 지역사회 자원의 조직화와 소통, 조정, 연계를 통해 지역사회 문제해결을 도우며, 넷째, 지역사회 내에서 자원봉사에 대한 인식을 증진하고 자원봉사자의 위상을 제고하며 활동을 진흥시키기 위해 설립되었다.[1)]

자원봉사센터는 지역사회를 근간으로 하는 속성이 있기 때문에 자원봉사센터라는 명칭은 일반적으로 지역자원봉사센터를 통칭하고 있다. 따라서 지역자원봉사센터는 지역내의 봉사활동을 조정하는 기구로서 지역 내에서 자원봉사활동에 대해 가장 정통한 곳이며 지역사회문제해결을 위해 시민참여와 지도력이 집결되는 곳이다. 또한 지역내의 자원봉사활동을 연계하고 지원하며 장려하는 기구로 정부 부설기관이나 민간단체에 의해 설립, 육성될 수 있다.

그러나 자원봉사활동 육성을 위해 설립된 지역자원봉사센터는 지원부처의 경쟁 및 이에 따른 업무의 중복과 혼란, 예산지원의 미비, 전문 인력의 부족, 자원봉사관리체계의 미성숙, 그리고 관련법이나 규정의 부재 등 제반적인 문제와 관련하여 지역사회

1) 볼런티어 21(2001), 「자원봉사센터 운영 매뉴얼」, 대구광역시 자원봉사 센터 p.14

자원봉사활동을 조정, 지원하는 전문기구로서 자리매김을 하는데 상당한 어려움을 겪고 있다. 중앙부처의 부처간 경쟁이 지역센터 간 자원봉사자 모집에 따른 경쟁과 수요처 확보에 따른 경쟁심으로 이어지는 경우가 흔하고 직접서비스를 수행해야하는 자원봉사센터는 기존의 사회복지서비스 수행기관과 업무가 중복되어 이것이 갈등의 요인으로 작용하는 예를 흔히 보게 된다.

중앙과 지역사회에 설립되어 있는 자원봉사센터의 역할을 살펴보면 첫째, 중앙자원봉사센터에서는 전국의 자원봉사활성화를 위한 인프라 구축을 위한 제도 개선, 연구용역 등의 기능을 수행하고 지역자원봉사센터의 전국 통일적 기준을 조정하고 지원하는 기능을 담당한다. 또한 중앙정부와의 업무 연계를 통하여 자원봉사자의 대변인 기능을 수행하고 있다. 구체적인 역할로 각종 프로그램의 연구와 개발, 자원봉사 프로그램의 표준화, 정보제공 및 상담, 지역자원봉사센터의 활동지원, 자원봉사홍보 및 자원봉사자와 기관 대변, 관련단체간의 협력체계구축 및 관련 실적의 통합관리, 자원봉사관련 각종 법제 개선 방안 제시 및 건의, 자원봉사단체 관리, 자원봉사모델 개발 및 시범실시 등이 있다.

둘째, 지역자원봉사센터는 광역센터와 기초센터로 나누어지는데 특별시와 광역시·도의 지역자원봉사센터에서는 강력한 자원봉사 전달체계를 통해 자원봉사정보망을 구축하고 이들의 봉사활동을 유도하며 상호협력관계를 유지한다. 효과적인 자원봉사프로그램 관리, 기금마련 지원, 문제해결을 위한 연합체 건설, 개인의 능력발휘 기회 제공, 협력체의 활동실적 통합관리, 봉사자 중심의 교육훈련과 관리, 전산망 이용 활성화를 위한 교육, 중앙센터와의 교류협력 등을 수행한다.

셋째, 시·군·자치구의 기초자원봉사센터의 역할은 시·군·자치구 지역의 기관·단체들과의 상시 협력체계 구축, 자원봉사자의 모집 및 교육·홍보, 자원봉사 수요기관 및 단체에 자원봉사자 배치, 자원봉사 프로그램의 개발·보급 및 시범운영, 자원봉사 관련 정보수집 및 제공, 그 밖에 시·군·자치구 지역의 자원봉사 진흥에 기여할 수 있는 사업 추진 등의 역할을 담당하고 있다.

2) 기능

자원봉사센터는 지역사회 주민들로 하여금 자원봉사활동에 적극적으로 참여하도록 하는 곳으로 모집기능, 배치기능, 교육・훈련기능, 프로그램 개발기능, 홍보 및 정보제공기능, 인정과 보상기능, 기록등록기능 등을 담당한다. 자원봉사 센터의 기능 분류에서 공통적 요소들을 중심으로 세부적인 내용을 살펴보면 다음과 같다.

① 수급조정기능

자원봉사활동을 희망하는 사람, 단체 등에게 활동을 소개하고 또한 자원봉사자가 도와주었으면 하는 사람, 시설, 단체 등에게 자원봉사자를 소개하는 일이다. 자원봉사를 필요로 하는 지역사회의 수요를 파악하고 자원봉사자가 필요하다는 욕구를 인식하지 못하고 있는 단체 및 기관들에게 자원봉사활동 업무를 개발하도록 하며, 수요처 기관들이 자원봉사자들을 효과적으로 관리하도록 지원한다. 또한, 지역사회에서 보다 다양한 계층의 많은 사람들이 자원봉사에 참여하도록 개인 및 단체를 대상으로 자원봉사자를 모집하고 발굴하며 자원봉사활동을 원하는 기관 간, 지역 간, 자원봉사자의 수급 조정과 매개 활동을 통해 도움을 준다.

② 기록・등록기능

원활한 수급조정을 위하여 자원봉사자나 자원봉사활동 집단의 희망이나 활동에 관한 내용 등을 파악하고 해결방법과 원조방법을 검토하는 기능이다. 지역사회에서 자원봉사자의 공헌한 바를 보상하며 격려한다. 표창, 자원봉사자 격려 행사를 실시하고 자원봉사자를 위한 기념품을 제작・보급하며, 자원봉사활동에 대한 인센티브제도를 개발하는 등의 자원봉사활동인정 기능을 수행한다.

③ **자원봉사활동의 지원기능**

자원봉사활동 과정에서 생기는 고민의 상담, 기계나 자료의 대여, 정보제공 등의 다양한 지원을 하는 기능이다. 지역사회 내에서 자원봉사에 관한 자료와 정보를 가장 충실히 제공하고 자원봉사자 및 수요처에 관한 정보 개발 및 관리, 자원봉사 관련 자료실 운영 및 정보안내 상담, 자원봉사 관련 정보 수집 및 지역사회 자원에 대한 정보 수집, 지역사회 자원에 관한 정보제공이나 인적 및 물적 자원대여 등을 수행한다.

④ **양성 · 연수기능**

자원봉사자의 의식과 인간성을 높이고 기술을 연마할 수 있도록 하는 기능이다. 우선, 지역사회의 민간단체 및 공익기관, 자원봉사단체 등에게 단체 역량 강화, 자원봉사관리에 필요한 기술을 교육하고 자문을 제공하는 교육과 훈련을 실시하며 자원봉사를 하고자 하는 개인들이 조직화되어서 활동할 수 있도록 지원한다. 자원봉사 팀들이 활동할 수 있는 기회 개발이나 조직운영기술, 지도력 육성 모임공간 등의 자원제공 등을 통하여 주민들의 조직화된 자원봉사활동을 촉진한다.

⑤ **홍보 · 개발기능**

자원봉사자의 활동을 확인 · 정리하고, 자원봉사활동의 방향성을 제시하며 보다 많은 사람들에게 자원봉사활동을 이해시키기 위한 기능이다. 자원봉사정신과 가치, 자원봉사활동 기회를 홍보하고 고취시키며 자원봉사활동을 하는 데 걸림돌이 되는 저해요인을 제거한다. 주변 환경을 자원봉사자에게 적합하도록 조정하며 자원봉사자의 입장을 대변하고 옹호하는 등 자원봉사활동에 필요한 제도적 기반을 조성하는 것이다.

⑥ **네트워크화기능**

수급조정을 하는 가운데에서 파악한 욕구에 대하여 필요한 자원봉사 활동을 선구적으로 만들어 내어 육성하고 지역단위의 자원봉사활동을 네트워크화해 가는 기능이다. 지역사회문제 해결을 위해 단체 및 개인들의 사안별 네트워크를 구성하거나 일상적 연대를 촉진하고 도모하며 부문별 자원봉사 단체들의 네트워킹, 자원봉사 관련 실무자들의 네트워킹, 지역사회문제 중심의 네트워킹 등을 수행한다.

⑦ 조사 · 연구기능

알려지지 않은 욕구나 지역조사 등을 통해 자원봉사활동을 하려는 인재를 발굴하고, 활동내용을 발전시키는 기능이다. 지역사회의 보다 나은 삶의 질을 위해 서비스의 사각지대를 찾고, 자원봉사의 조직화를 통해 문제를 해결할 수 있는 프로그램 개발 및 실시, 보급하는 역할을 포함한다.

〈표 8-1〉 자원봉사센터의 기능과 역할 분류

기능	역할	업무
수급 · 조정	수급	모집, 상담, 연결, 관리 배치
	안내(상담)	자원봉사활동(프로그램)에 관한 상담
기록 · 등록	기록 및 등록	활동기록 작성(활동카드, 상담카드 작성)
		등록카드 작성(등록카드, 욕구카드 작성)
자원봉사 활동지원	기자재, 장소 대여	회의장, 기자재의 제공
		자원봉사활동에 대한 각종 지원금 및 절차 안내
		자원봉사활동을 위한 기금 조성
	인정과 보상	자원봉사자 보험 가입
		자원봉사활동에 관한 인정서 및 수첩 발급, 자원봉사자 표창
	상담 · 조언	자원봉사활동에 관한 상담, 정보 제공
		자원봉사활동에 관한 자료의 안내, 제공, 대출
	육성 · 조직	자원봉사자 소그룹 활동의 지원(전산 프로그램 설치)
양성 · 연수	교육 · 훈련	자원봉사자 오리엔테이션 및 재교육
		자원봉사자 학교, 워크숍
	연수	자원봉사 담당자 교육 및 훈련

<table>
<tr><th>기능</th><th>역할</th><th>업무</th></tr>
<tr><td rowspan="2">홍보 · 계발</td><td>홍보</td><td>홍보지 · 포스터 발행, 자원봉사 신문, 발행, 사례집 발간</td></tr>
<tr><td>계발</td><td>자원봉사 캠페인 실시, 자원봉사 체험학교</td></tr>
<tr><td rowspan="3">네트워크화</td><td>연계망 구축</td><td>자원봉사단체 간의 협의체 구성</td></tr>
<tr><td rowspan="2">교류</td><td>자원봉사자, 자원봉사활동 집단, 관계기관 · 단체, 담당자 간 교류</td></tr>
<tr><td>지역 연대 사업(지역 내 공동의 자원봉사대회 참가)</td></tr>
<tr><td rowspan="2">조사 · 연구</td><td>조사 · 연구</td><td>욕구, 지역사회 조사 등</td></tr>
<tr><td>프로그램 개발</td><td>조사 · 연구를 통해 프로그램 개발</td></tr>
</table>

출처: 박태영 외, 2008, pp. 263-264.

3) 업무영역과 주요업무

자원봉사센터의 업무는 기본적으로 자원봉사활동 기본법에 명시된 자원봉사활동을 하기 위한 업무 영역에서 출발한다. 자원봉사활동 기본법 제7조에 나타난 자원봉사활동의 범위는 다음과 같다.

- 사회복지 및 보건 증진에 관한 활동
- 지역사회개발, 발전에 관한 활동
- 환경보전 및 자연보호에 관한 활동
- 사회적 취약계층의 권익증진 및 청소년의 육성보호에 관한 활동
- 교육 및 상담에 관한 활동
- 인권옹호 및 평화구현에 관한 활동
- 범죄예방 및 선도에 관한 활동
- 교통질서 및 기초질서계도에 관한 활동
- 재난관리 및 재해구호에 관한 활동
- 문화 · 관광 · 예술 및 체육진흥에 관한 활동
- 부패방지 및 소비자보호에 관한 활동

- 공명선거에 관한 활동
- 국제협력 및 국외봉사 활동
- 공공행정 분야의 사무 지원에 관한 활동
- 그 밖에 공익사업의 수행 또는 주민복리의 증진에 필요한 활동

자원봉사센터의 주요 업무는 정보제공 및 연계, 역량강화, 프로그램 개발 운영, 인정과 보상, 홍보 및 진흥, 네트워크로 구분되며 아래 그림과 같다.

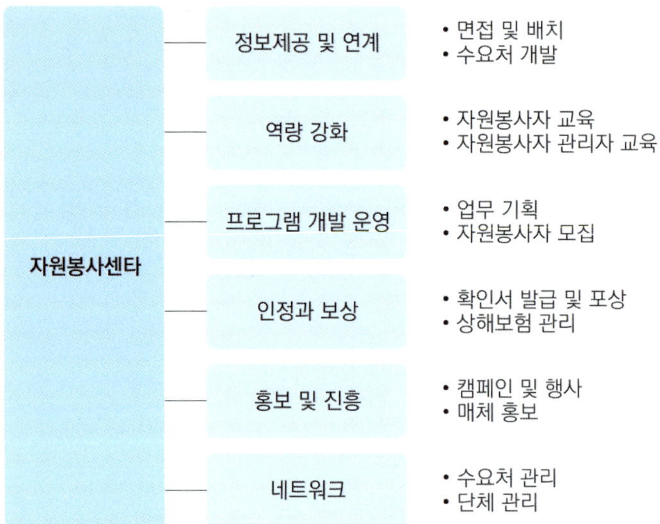

출처 : 자원봉사센터의 업무(http://oneclick.law.go.kr)

3. 자원봉사센터의 운영주체와 운영유형

1) 운영주체

현재 우리나라 자원봉사활동의 지원 및 육성을 위한 공공정책은 국가 차원에서 일원화하여 추진되는 것이 아니라 개별부처 차원으로 다양하게 이루어지고 있다. 즉,

자원봉사활동과 관련된 개별 중앙행정지원체계는 행정안전부, 보건복지부, 여성가족부 등의 여러 부처에서 정책을 수립하고 있으며 이를 집행하는 각각의 하위지원부서를 두고 있다. 공공형태의 자원봉사센터로는 정부중앙부처 관할 자원봉사센터를 들 수 있다. 재가복지봉사센터가 실시된 1992년부터 광역시 단체에서는 소관 부처별로 1개씩 자원봉사센터를 설치・운영하고 있다. 일반적으로 자원봉사활동의 수요와 공급의 측면에서 수요자 중심의 자원봉사센터, 공급자 중심의 자원봉사센터 그리고 수요와 공급을 적절히 조정하고 자원봉사센터 간의 효율적 연계 역할을 수행하는 조정자 중심의 자원봉사센터로 구분해 볼 수 있다.

자원봉사센터의 운영유형에 관계없이 자원봉사활동을 체계적・효율적으로 관리하고 구심체 역할을 수행하기 위해서는 먼저 센터 운영에 있어서 다음과 같은 기본적인 전제조건을 갖추어야 한다(박태영, 2000). 첫째, 자원봉사센터의 운영에 있어서의 자율성이 확보되어야 한다. 자원봉사센터의 운영은 전문 인력에 의해 창의성과 자율성을 바탕으로 운영의 권한과 책임을 공유할 때만이 가능하다. 둘째, 전문 인력이 적절하게 배치되어야 한다. 자원봉사센터의 전문 인력의 배치기준과 배치인력에 적합하도록 충분한 전문 인력이 확보되어야 한다. 셋째, 센터의 효율적인 운영에 필요한 충분한 재정이 확보되어야 제 기능을 발휘할 수 있다. 넷째, 광역시 센터와 구・군 센터는 각자의 역할과 기능에 맞는 사업을 실시해야 하고 역할 분담이 이루어져야 한다.

(1) 행정안전부의 지역 자원봉사센터

지역 자원봉사센터는 자원봉사활동기본법 및 지방자치단체 조례에 따라 각 지역 자원봉사자들의 수요와 공급을 조정하기 위해 광역시・도와 시・군・구에서 운영하고 있다. 자원봉사센터는 1996년부터 전국 자치단체 1개소 설치를 목표로 추진된 결과 7년에 걸쳐 전국의 시, 군, 구에 설치가 완료되었다. 각 자원봉사센터들은 자원봉사자 모집, 훈련, 프로그램 개발, 감독, 평가에 이르기까지 지역 자원봉사활동의 모든 부분에 관여하면서 지역사회 시민단체와 자원봉사자들의 유기적 관계를 형성한다.

자원봉사센터는 그동안 민간의 자발성이 강조되는 자원봉사 영역에서 공공부문의 센터가 많은 수를 차지하고 있다는 비판과 최소 인원의 직원배치로 인한 형식적 운영 가능성, 그리고 부족한 예산 배정 등의 문제가 제기되었고, 또한 지역 관련 단체와의 연계과정에서도 미비함이 제기되고 있는 상황이다. 따라서 자원봉사활동센터가 자원봉사활동을 활성화하고 자원봉사 영역의 전문화, 지역공동체 활성화라는 설립목적을 달성하기 위해서는 운용체계의 개선과 전문인력 확보, 적절한 예산 배정, 네트워크 기능 강화 등이 선행되어야 할 것이다.

(2) 보건복지부의 사회복지정보센터

사회복지정보센터는 보건복지부가 설치, 운영하고 있는 자원봉사센터로 한국 사회복지협의회 부설로 만들어졌다. 이 센터는 1978년 사회봉사 안내소로 시작했으며, 이 시기는 전화를 통한 자원봉사활동 제공을 주요 기능으로 하였다. 이후 1991년 가정봉사원사업의 정착을 위한 기초사업으로 지역복지봉사센터로 설치, 운영되어 지역사회복지관 내 재가봉사복지센터 설립의 기초를 이루었으며, 1994년에 자원봉사안내센터로 명칭을 변경해 사회복지분야 자원봉사활동을 통합관리 운영하게 되었다. 2001년부터 사회복지정보센터로 명칭과 기능이 변경, 전환되어 자원봉사 이외의 사회복지분야의 통합된 정보제공 기능을 담당하고 있다.

2001년 11월 사회복지봉사활동 인증관리사업이 시작되면서 자원봉사활동의 활성화를 위한 새로운 발판이 마련되었다. 사회복지활동 인증관리사업은 보건복지부 위탁으로 한국사회복지협의회 및 16개 시, 도 사회복지협의회가 개인별 자원봉사활동 실적을 인증관리하고 누적된 실적에 대한 인센티브를 제공하여 지속적 자원봉사활동의 활성화를 도모하는 취지에서 시작된 정부의 정책 사업이다.

(3) 여성가족부의 청소년활동진흥센터(현, 한국청소년활동진흥원)

청소년활동진흥센터는 1996년 정부의 교육개혁방안에 기초하여 청소년 자원봉사활동이 인성교육의 과제로 포함됨에 따라 청소년 자원봉사활동을 조직적, 체계적으로 지원하고자 문화관광부의 청소년자원봉사센터로 설치된 것이 그 시작이다. 이후 2006년 7월 사회 환경변화와 청소년의 욕구에 발맞추어 기존의 청소년 자원봉사활동뿐 아니라 체험, 문화수련활동인증제, 종합적 청소년활동 정보제공 등 청소년활동에 대한 원스톱 서비스를 제공하기 위해 청소년활동진흥센터로 확대 개편되었다. 청소년활동진흥센터는 2004년 2월에 제정된 청소년활동진흥법에 근거하여 중앙센터인 청소년진흥센터와 16개 시도의 청소년활동진흥센터가 운영되고 있으며, 2010년 3월 여성가족부로 업무가 이관되었고 현재는 한국청소년활동진흥원으로 개편되었다.

한국청소년진흥원은 청소년수련활동인증제의 실시, 청소년활동 및 복지, 보호에 관한 종합적 정보안내 및 서비스 제공, 청소년복지를 위한 사업 및 서비스 영역개발과 보급 등의 기능을 수행하는 것을 목적으로 설치되어 청소년활동, 청소년 복지, 청소년 보호에 관한 종합적 안내 및 서비스, 청소년 정보의 종합적 관리 및 제고, 청소년 활동지원본부의 설치 및 운영, 청소년 수련활동 인증제 시행, 청소년 수련활동 인증위원회의 설치 및 운영, 청소년 육성기금 수탁관리운용과 기업사회 추진, 청소년 국제교류활동 및 남북 청소년 교류활동 지원, 청소년 자원봉사활동 활성화와 지원, 기타 인정하는 사업을 주요 업무로 하고 있다.

(4) 여성가족부의 여성자원활동 센터

여성자원봉사활동센터는 산발적으로 수행되고 있는 여성자원활동을 지역단위로 통합 운영하여 자원봉사를 희망하는 여성 등이 개인별 또는 단체별로 이용하기 편리하도록 하는 데 그 설립목적을 두고 1991년 4월 국무총리 지시 제7호 '지역별 여성자원활동센터 설치운영에 대한 지침'에 의거하여 설치되었다. 이후 1998년 263개소로 늘어났다가 2007년에 각 여성자원활동센터들이 지역자원봉사센터로 통합되었으며

157개의 여성자원활동센터가 시군구에 설치되어 운영되고 있다.

이 센터의 주요 기능은 다양한 여성자원활동의 전문영역 개발과 더불어 여성자원봉사자의 발굴, 모집 및 교육을 통하여 봉사자를 자원봉사 수요처에 연결해 주고 관련 기관과의 정보 교류 및 주민홍보 등을 하는 것이다. 이로 인해 자원봉사활동에 참여하는 여성들이 매년 증가했으며, 특히 월드컵, 아시안 게임 등 국제행사가 한국에서 개최되면서 전문지식과 기술을 가진 여성들의 자원봉사활동 참여가 더욱 확대된 바 있다.

2) 운영유형

자원봉사센터를 운영주체별로 분류하면 지방자치단체가 직접 운영하는 직영형태와 민간에 위탁하여 운영하는 민간위탁형태로 대별된다. 민영과 직영을 다시 세분화하여 완전 직영형, 혼합직영형, 단체위탁형, 협의회 위탁형, 별도법인형의 다섯 가지 운영 유형으로 구분할 수 있다. 이 밖에 민간주도형, 관주도형, 관민협동형으로도 나뉘며, 이를 더욱 세분화하여 나누는 방식도 있다. 전자의 분류가 외형적인 형태를 중심으로 분류하였다면 후자의 분류는 형식과 내용을 고려한 것으로 볼 수 있다. 그러나 일반적으로는 전자의 분류를 따르고 있다.

〈표 8-2〉 자원봉사센터의 운영유형

운영유형		분류요건	센터소장/직원
직영	완전 직영형	• 운영주체가 지방자치단체이며 지방자치단체 내부 조직에 센터 조직이 포함 • 다른 운영유형에 비해 자원봉사자 관리기능과 창의적, 전문적인 프로그램 개발 미흡 • 담당 공무원의 열성과 전문성, 자치단체장과 지방의원들의 관심도와 지원정도에 따라 사업수행에 있어 많은 차이가 있음	자치단체장 또는 없음/공무원

운영유형		분류요건	센터소장/직원
직영	혼합 직영형	• 운영주체는 지방자치단체이나 실제 운영조직은 별도 조직임 • 직원을 민간인 전문가로 구성함으로써 완전직영형 유형에 비해 창의성과 자율성이 높음	상근·비상근 민간인/민간인
위탁	단체 위탁형	• 단체위탁형 센터는 자치단체에서 2~3년 위탁기간 동안 민간단체에 센터를 위탁·운영하는 유형 • 센터의 조직이 단체조직과 겸하고 있으므로 센터 운영의 독립성과 창의성을 유지하기 어려움	단체대표자 겸직 또는 상근·비상근 민간인/민간인
	협의회 위탁형	• 자원봉사단체협의회에서 센터를 위탁·운영하는 유형 • 협의회의 정책목표에 따라 사업이 운영되므로 단체협의회회원들 간의 유기적인 협조체계를 구축할 수 있어 공동사업으로 연대할 수 있음	협의회장 겸직 또는 상근·비상근 민간인 /민간인
	별도 법인형	• 운영주체가 사단법인, 재단법인, 사회복지법인 • 센터의 공간은 독립된 공간이나 법인 사무실 또는 법인에서 운영하는 복지관에 위치하고 있음	법인대표 또는 별도임명/민간인

(1) 완전 직영형

완전 직영형태의 경우 자치단체가 직접 운영하는 운영형태로서, 현재 가장 많이 운영하고 있는 유형이다. 센터의 소장은 자치단체장 또는 비상근 민간인으로 소장이 없는 경우도 있으며, 직원은 공무원이 겸직하거나 전담공무원으로 구성되어 있다. 이는 인력의 전문적 한계를 보이고 있으며, 센터 내 직원이 겸직 공무원일 경우 사업을 효과적으로 수행하기 어렵거나 다양하고 창의적인 프로그램을 개발·시행하기에 어려움이 있다. 센터의 조직은 자치단체 내부조직에 포함되어 있어 전담직원의 잦은 인사이동으로 인한 업무의 연계성과 지속성에 대한 문제 또한 지니고 있다. 그리고 지역 내 민간단체와의 상호교류와 협조가 원활하지 못해 민간자원을 활용하기 어려우며, 다양한 계층의 개인이나 단체의 자원봉사자 모임에도 어려움을 지니고 있다. 센터의 공간은 자치단체의 담당부서 내 있거나, 자치단체 내부의 독립된 공간에 있는 경우, 그리고 문화 체육회관 등 외부의 공공기관 내 위치하는 형태 등이 있다.

(2) 혼합직영형

혼합직영형 센터의 경우 자치단체의 직영형태로 부설기구의 특성을 지니고 있다. 센터의 소장은 상근 · 비상근 민간인으로, 직원 또한 민간인 전문가로 구성되어져 있어 완전직영형에 비해 창의성과 자율성이 높다. 자치단체로부터 재정이 전액 지원되어 예산의 안전성은 확보되며, 센터의 공간은 자치단체 산하 외부 공공기관 내 위치하고 있다. 자원봉사 프로그램 개발 · 시행, 교육훈련, 홍보 등 관리기능에 있어 가장 우수한 모형으로, 공무원, 전문가, 지역단체가 포함된 운영위원회 등을 구성 · 운영하고 있으므로 민간단체와의 교류가 활발하며 민간자원 또한 효율적으로 활용하고 있다. 하지만 혼합직영형 센터의 경우, 센터의 위상이 공공기관인지 민간기관인지가 불분명한 문제를 지니고 있으며, 자치단체장의 관심이 센터의 상당히 중요한 비중을 차지하고 있다.

(3) 단체위탁형

단체위탁형 센터는 2~3년 위탁기간동안 자치단체에서 민간단체로 센터를 위탁 · 운영하는 유형으로, 센터의 소장은 민간단체장이 겸직하며 다른 모형보다 최소한의 인원으로 운영되어진다. 대부분 자치단체로부터 최소한의 운영비를 지원받으며, 자치단체에 따라 지원되는 운영비는 다르다. 단체위탁형 센터의 공간은 민간단체 사무실 내 함께 위치하며, 이는 단체사무실의 환경수준에 영향을 많이 받는다. 지역사회 내 대표성이 없는 단체위탁형 센터의 경우, 여론결집이 미약하고 다른 민간단체와의 연대교류의 어려움이 있어 단체협의회를 구성 · 운영하는 경우도 있다. 이러한 단체위탁형은 대부분 센터의 조직이 단체조직과 겸하고 있어 센터 운영의 독립성과 창의성을 유지하기 어려운 점이 있다. 또한 단체의 지역 내 대표성 부족 문제, 지역사회 여론이 미약하거나 위탁단체 선정 시 민간단체 간의 경쟁이 있을 경우 민간자원의 활용에 어려움을 겪는다.

(4) 협의회 위탁형

협의회 위탁형 센터는 가장 최근에 등장한 모형으로, 단체 협의회가 센터를 위탁 ·

운영하는 것이다. 센터의 소장은 협의회장이 겸직하거나 전문가를 택하고 있으며, 협의회 사무국에서 함께 센터를 운영하고 있다. 자치단체로부터 재정을 지원받고 있으며, 공간은 협의회 사무실 내 함께 사용하고 있다. 협의회 위탁형 센터의 경우, 협의회의 정책목표에 따라 사업이 운영되므로 회원단체 간 유기적인 협조체계를 구축할 수 있으며, 지역사회 여론을 결집하기 용이하다. 또한 민간단체간의 중복사업을 피할 수 있으며, 공동사업으로 연대할 수 있는 장점을 지니고 있다. 이상과 같은 협의회 위탁형 센터는 민간단체의 다양한 욕구를 수용할 수 있는 반면, 단체 협의회 구성의 범위와 방법, 협의회 구성 주체, 참여단체의 선정기준 등 해결해야 할 과제가 남아있다. 또한 센터의 조직이 협의회에 속해 있어 운영의 독립성 문제와 협의회와 센터 간 역할이 불분명한 문제를 지니고 있다.

(5) 법인형

법인형 센터는 재단법인, 사단법인, 사회복지법인이 센터를 운영·위탁하거나 센터 자체 법인을 설립하여 운영하는 유형이다. 이 유형은 센터가 법적 지위를 가지고 행정기관으로부터 독립성을 유지할 수 있고, 센터의 정관, 이사회, 총회 등이 존재하며, 소장은 법인 이사장이 겸직하거나 별도로 소장을 임명하고 있다. 재정은 자치단체로부터 전액 지원받거나, 보조금과 법인 지원금, 후원금 등으로 운영하고 있으며, 센터의 공간은 독립된 공간 또는 법인 사무실 또는 복지관 내 등에 위치하고 있다. 별도 법인형 센터의 경우, 자치단체 산하기관으로 설립 시 센터의 독립성을 확보하기 어려운 문제점을 지니고 있다. 또한 법인 위탁으로 설립할 시 법인의 지원정도, 성격에 따라 절대적인 영향을 받을 수 있다. 이 외, 규모가 작은 법인에서 센터를 위탁·운영하는 경우 법적지위를 보상받지만 단체위탁형 센터와 비슷하여 뚜렷한 차별성을 확보하지 못하는 문제점 또한 지니고 있으며, 대표성이 부족한 경우 민간자원과의 관계 및 민간단체와의 연대·교류면에서 취약성을 보이고 있다.

4. 자원봉사센터의 행정 전달체계

우리나라는 행정안전부를 중심으로 「자원봉사활동기본법」 및 동법 시행령을 제정하고, 자원봉사와 관련된 기본계획 수립 및 자원봉사센터에 관한 운영지침을 수립하고자 중앙자원봉사센터를 두고, 시 · 도 자치단체 및 군 · 구 지역 단체의 자원봉사센터를 지원하고 있다.

〈표 8-3〉

중앙센터	광역센터	기초센터
• 자원봉사 정책 개발 및 연구 • 중앙단위 자원봉사기관 · 단체, 기업과 협력체계 구축 • 지역자원봉사센터 지원 및 협력 • 자원봉사 아카이브 운영 • 자원봉사 국제교류 및 협력 • 1365자원봉사포털 위탁 운영 • 자원봉사센터 행정업무 정보화 지원 • 재난 대응 및 지원체계 구축 (현장자원봉사센터 설치 및 운영 지원 등) • 자원봉사 확산을 위한 홍보 및 문화행사 • 그 밖에 자원봉사 진흥에 기여할 수 있는 사업 추진	• 중앙센터 및 시 · 군 · 구 센터와 협력체계 구축 • 광역단위 기관 · 단체, 기업과의 협력 • 시 · 군 · 구 자원봉사 관리자 및 지도자 대상 교육 • 자원봉사 프로그램 개발 · 보급 • 지역 자원봉사 활성화를 위한 조사 · 연구 • 시 · 군 · 구 센터 간 정보교류 및 사업 조정 · 지원 • 1365자원봉사포털 서비스 이용 및 회원정보 관리 · 운영 • 재난 대응 및 지원체계 구축 (시 · 군 · 구 현장자원봉사센터 설치 및 운영지원 등) • 그 밖에 특별시 · 광역시 · 도 지역의 자원봉사 진흥에 기여할 수 있는 사업	• 기초단위 기관 · 단체들과의 협력체계 구축 • 읍 · 면 · 동 자원봉사자 모집 및 교육 · 홍보 • 자원봉사활동 수요처에 자원봉사자 배치 • 자원봉사 프로그램 운영 • 지역자원봉사 및 공동체 활성화의 거점 역할 수행 • 자원봉사 관련 정보의 수집 및 제공 • 1365자원봉사포털 서비스 이용 및 회원정보 관리 · 운영 • 현장자원봉사센터 설치 및 운영 • 그 밖에 시 · 군 · 구 지역의 자원봉사 진흥에 기여할 수 있는 사업

첫째, 중앙자원봉사센터는 특별시 · 광역시 · 도 및 시 · 군 · 자치구 등 248개소 지역자원봉사센터의 조직적인 활동을 통해 범사회적인 자원봉사 활동을 확산시키고, 보다 효율적으로 지역 자원봉사센터의 업무지원 및 관련 사업을 육성하여 민주시민

의 공동체의식 배양과 공익증진에 기여함을 목적으로 한다. 이를 위해 센터 관리자에 대한 교육훈련, 지역 자원봉사와 관련한 프로그램의 개발·보급 등을 시행하고 있으며, 지역 자원봉사센터 및 자원봉사단체 등과 협력하여 정보교류 및 관련 정책을 지원하고 있다. 또한, 자원봉사통합포털시스템 홈페이지(www.1365.go.kr)를 운영하여 자원봉사에 관한 정보 검색과 자원봉사 신청 및 신청 확인을 할 수 있는 시스템을 구축하고 있다.

둘째, 광역자원봉사센터는 중앙자원봉사센터를 중심으로 특별시·광역시·도 지역의 기관·단체들과 상시 협력체계를 구축하여 자원봉사 관리자 및 지도자의 교육과 훈련을 실시하고 있으며, 시·군·자치구 자원봉사센터 간의 정보 및 사업의 협력을 조정하고 지원하고 있다.

셋째, 시·군·자치구의 기초자원봉사센터는 시·군·자치구 지역의 기관·단체들과의 상시 협력체계를 구축하여 자원봉사자의 모집 및 교육·홍보, 자원봉사 수요기관 및 단체에 자원봉사자 배치, 자원봉사 프로그램의 개발·보급 및 시범운영, 그리고 시·군·자치구 지역의 자원봉사 진흥에 기여할 수 있는 사업 등을 진행하고 있다.

5. 자원봉사센터의 주요 이슈

자원봉사센터가 가진 중요한 문제점 중에 하나가 운영형태에 관한 사항이다. 운영주체의 민영화만으로 민관간의 적정한 파트너십이 완벽하게 이루어지는 것은 아니다. 자원봉사센터 소장의 마인드, 지자체장 및 담당공무원의 지원 의지와 개입정도, 지역사회에서의 위상 등 관련 요인들이 있다. 그러나 이러한 기능적인 요인들을 구조적으로 걸러줄 수 있는 것이 운영주체의 민영화이다.

센터운영에 있어서 직영체제의 증가는 많은 부작용의 우려가 있으므로, 자원봉사활동기본법 제19조 제2항을 삭제하여 센터운영을 법인화 또는 비영리법인에 위탁하도록 해야 할 필요가 있다. 이것은 자원봉사센터의 자율성, 전문성, 정치적 중립성을 확보할 수 있는 한 방법이기도 하다. 자원봉사센터는 그 지역이 공유한 인적 자산이므로 민간운영 주체를 설정하는 일에도 신중을 기해야 할 것이다. 특정조직이나 기관에 운영을 맡기게 되면 그 지역 내의 자원봉사관련기관과의 협력관계를 형성·유지·강화하기가 어렵게 된다.

또한 시·도 및 시·군·구 자원봉사센터별로 표준모형을 개발하고 이를 운영하기 위한 적정 비용을 산출하여야 할 것이다. 각 지자체는 센터의 표준운영비를 지원하여야 한다. 이는 파트너십을 위한 기반에 해당하는 사안이다. 현실적으로는 각 지자체의 재정 상황에 따라 운영비가 지원되고 있어서 센터 운영비의 불균등성이 심각한 상황이다. 이를 해결하고 국가차원의 자원봉사활동을 진흥하기 위해서는 국비지원이 확보되어야 할 것이다.

또한 일부 사업에 대해서는 사업비만 지원하고 사업의 성과를 요구하는 관행이 있는데 이것도 반드시 고쳐야 할 사안이다. 센터 직원의 경우도 자원봉사자가 아님을 명심하여 사업 수행에 필요한 제반 비용을 함께 계산하여 지원해야 한다. 지역사회문제에 대응하기 위한 각종 위원회에 지역의 자원봉사자와 같은 인적 자원을 개발·관리하고 있는 센터 직원의 참여가 이루어져야 할 것이다.

나아가 지역사회 내의 자원봉사활동과 관련한 여러 기관들을 연계하고 사업을 조정할 수 있는 자원봉사허브기관으로서의 위상을 갖추도록 해야 할 것이다. 이를 위해서는 지자체의 각종 위원회에 센터직원을 위원으로 위촉, 센터직원의 역량강화를 통해 지역사회문제 해결에 주도적인 역량을 발휘토록 해야 한다.

volunteerism | chapter 09

자원봉사교육과 관리

자원봉사를 하게 되는 동기는 무엇인가? 이타심의 실천, 소유한 것을 나누고자하는 사회적 책임감, 민주시민의식, 종교적 가치의 실행, 친목도모 등 다양한 이유로 자원봉사에 참여하게 된다. 자원봉사에 참여하게 되는 시점에서부터 종결과 사후의 관리까지 자원봉사 과정에서 일어나는 다양한 문제들을 해결 할 수 있는 역량이 필요하다. 이는 자원봉사자 교육에 의해 가능한 사안이다. 무엇보다 자원봉사가 지속적으로 유지되기 위해서는 자원봉사의 본질적인 가치를 인식하고 공유하는 과정이 요구된다. 자원봉사의 시작부터 종결에 이르기까지 자원봉사의 가치를 유지할 수 있는 관리도 필요하다. 이를 위해 자원봉사활동을 보다 견고하게 할 수 있도록 지원하는 자원봉사 교육과 관리의 이해와 실천방법을 모색해 보고자 한다.

1. 자원봉사교육의 이해

1) 자원봉사교육의 정의

일반적으로 교육을 공교육에서 배우는 과목에 적용하여 텍스트를 가지고 강의실이라는 공간에서 교사가 가르치는 것이라는 고정관념을 갖고 있다. 하지만 교육을 보다 넓은 의미로 본다면 삶의 현장에서 배우는 모든 현상을 포함한다고 볼 수 있다. 그런 의미에서 자원봉사라는 현장 속에서 교육이 어떤 의미인지 자원봉사 교육의 특징과 내용에 대하여 이해하는 것은 자원봉사의 가치를 유지하기 위한 중요한 과정이다.

'교육'은 사전적 의미로 지식과 기술 따위를 가르치며 인격을 길러 주는 것을 의미한다. 나아가 어떤 직무 혹은 가치에 대한 개념과 태도 및 소양을 형성하도록 하는 것이다. 이는 수행해야 할 지식과 기술 능력을 함양하도록 하여 목적에 따라 교육 대상자의 개발을 돕는 것을 말한다. '자원봉사교육'은 자원봉사활동에 참여하도록 동기를 부여하거나, 참여하고 있는 사람들이 자원봉사활동을 효과적으로 수행해 낼 수 있도록 하기 위한 과정이라고 볼 수 있다(김범수,2010).

박윤애(자원봉사리더십센터소장, 발렌티어 21)[1]는 자원봉사교육이 민주시민으로서의 자질과 기초를 익히는 교육이자 실천과 매우 밀접한 교육이며, 자원봉사교육을 통하여 민주시민으로서 당연한 권리이자 의무인 자원봉사의 참된 의미와 가치를 깨닫고, 자원봉사활동에 임하는 자세를 익힐 수 있다고 하였다. 자원봉사 업무수행에 필요한 기술과 전문성을 익히게 되고, 자원봉사활동에 참여하고자 하는 동기를 제공받거나 재동기화 되게 하며 팀웍이나 리더십, 인간관계기술을 증진하게 되기도 한다고 자원봉사교육에 대하여 정리하였다.

1) http://webcache.googleusercontent.com/search?q=cache:ozRxJ-femZwJ:cfile27.uf.tistory.com/attach/2524284157F366B10F310E+&cd=5&hl=ko&ct=clnk&gl=kr "자원봉사 교육훈련 어떻게 할 것인가?" 박윤애

2) 자원봉사 교육의 의미

자원봉사에 관심을 갖고 있더라도 처음으로 활동에 참여하는 사람은 아직 자원봉사가 무엇인지 잘 모르고 낯설기만 하다. 그들은 무엇을 어떻게 시작할까 고민하면서 자원봉사기관에 문을 두드렸을 것이다.

자원봉사에 참여하는 이들에게 자원봉사교육은 다음과 같은 의미를 지닌다.

- 기관에 대한 설명과 연혁, 시행사업을 설명하고, 자원봉사자가 하게 될 일에 대한 지침 등을 설명한다. 이를 통해 자원봉사자는 활동할 기관에 대해 신뢰하고 막연하게 생각하던 자원봉사에 대해 확신을 갖게 된다.
- 자원봉사의 가치에 대해 좀 더 포괄적으로 이해하게 되고, 바람직한 자원봉사자의 자세를 형성하게 된다.
- 자원봉사에 필요한 기술을 배움으로써 전문적인 자원봉사활동을 하게 된다.
- 자원봉사 사례발표나 동향에 대해 들음으로써 자원봉사자로서 사명감을 얻게 된다.
- 다양한 자원봉사 프로그램에 대한 소개를 통해 자원봉사자는 자신에게 맞는 활동을 찾게 되며, 지속적인 자원봉사활동을 할 수 있게 발전하게 된다.

자원봉사자 교육은 한 사람의 진정한 자원봉사자를 성장시키는 과정에서 중요한 역할을 하며, 자원봉사자에게 동기를 부여하고 활동을 원활하게 하는 윤활유 역할을 한다. 또한 자원봉사를 모집하고 면접, 배치한 다음, 자원봉사활동 시작과 함께 이루어지는 첫 번째 관리과정이기도 하다.

따라서 자원봉사자관리자는 자원봉사자 교육훈련이 갖는 다양한 의미와 역할을 이해하고 필요성을 파악하여 목적이 분명한 자원봉사자 교육, 훈련을 준비하고 진행하는 데 역점을 두어야 한다. 자원봉사자관리자는 항상 무엇을 위한 교육인지를 명백히 이해하고 있어야 한다(김범수 외, 2010).

2. 자원봉사교육의 내용과 방법

자원봉사교육은 이론교육과 실제현장교육을 병행한 교육이다. 자원봉사자원봉사의 개념, 자원봉사의 등장 배경, 자원봉사자의 역할, 자원봉사자와 클라이언트와의 관계 등 이론 교육과 함께 이러한 것들을 현장(field)에서 실제 응용할 수 있는 실천적 교육이 병행되어야 한다. 자원봉사활동에 관한 사례연구(case study), 토론, 그리고 세미나 등 다양한 방법으로 진행된다.

자원봉사교육의 내용은 크게 오리엔테이션, 기초교육, 업무교육, 재교육으로 나누어 볼 수 있다.

1) 오리엔테이션

(1) 오리엔테이션의 목적

오리엔테이션(orientation)이란 영어 명사로 위치 확정, 놓인 상태 혹은 태도, 관심 등으로 해석된다. 일상적으로 오리엔테이션이라고 하면 새로운 환경에 대한 적응, 순응을 위한 활동이라고 할 수 있다. 대학생들의 신입생 오리엔테이션이 대표적이다. 오리엔테이션은 자원봉사교육과정에서 중요한 부분을 차지하고 있다.

자원봉사자를 독려하기 위한 시작 과정으로 오리엔테이션이라는 용어를 쓰는 것은 자원봉사자 교육, 자원봉사자 훈련 등의 유사한 과정이 있다. 오리엔테이션은 자원봉사자들이 조직과 명확한 관계를 갖도록 하기 위한 준비과정으로서 조직과 자원봉사자 사이에 유대를 형성하는 역할을 한다. 오리엔테이션은 조직의 목적에 관한 오리엔테이션, 조직의 자원봉사 관리체계에 관한 오리엔테이션, 사회적 관계에 관한 오리엔테이션으로 구성된다(McCurley & Lynch, 1996). 이는 초기의 자원봉사 유지에 반드시 필요한 요소이다.

조직의 목적에 관한 오리엔테이션은 '왜 나는 여기서 일을 해야만 하는가?'에 관한 것으로서 조직의 사명과 목적, 대상자 집단, 조직의 역사, 조직의 프로그램과 서비스, 같은 분야에 있는 다른 조직, 타 조직과의 차별성 그리고 조직의 장래 계획에 관한 내용을 소개한다. 이는 단순한 묘사보다는 토론을 통해서 하는 것이 더 효과적이다.

조직의 자원봉사 관리체계에 관한 오리엔테이션은 '어떻게 내가 여기서 일할 것인가?'에 관한 것으로서 조직의 구조와 프로그램, 각 자원봉사자의 해당 프로그램에 대한 기여, 자원봉사자에 관한 정책과 절차, 시설과 장비, 자원봉사자 자격조건과 혜택사항, 기록 유지, 예상되는 훈련 - 지원 - 감독 및 평가에 대한 정보 그리고 조직의 활동과 주요 행사 일정에 대한 소개와 토론을 포함한다(Curtis & Noble, 1933). 이는 자원봉사자들에게 조직을 소개하고 그들이 조직의 과정에 어떻게 조화를 이루어 나갈지를 이해하게 하는 데 목적이 있다.

사회적 관계에 관한 오리엔테이션은 '어떻게 나는 다른 사람들과 조화를 이룰 것인가?'에 관한 것으로서 조직의 리더십에 관한 소개, 직원과 현 자원봉사자들의 환영 그리고 조직의 문화와 예의에 관한 설명을 포함한다. 이것은 자원봉사자들이 누구와 함께 일을 하게 될 것인지를 보여주며, 조직 내로 그들을 환영하려는 목적을 갖는다 (김범수 외, 2010).

(2) 오리엔테이션의 주요내용

자원봉사, 자원봉사활동기관에 대한 정보를 제공해 주고 자원봉사활동에 대한 이해를 돕는 교육을 한다(볼런티어 21, 2004).

- 기관에 대한 설명 : 연혁과 조직, 사명
- 기관의 주요 사업과 도움 수요자
- 기관이 지역사회 또는 다른 기관과 연계
- 기관의 주요 직원(업무와 관련된 직원 등) 소개
- 자원봉사 프로그램

- 기관의 연간 행사계획
- 기관의 방침과 업무수행에 따른 지침서 : 보고 - 평가 및 관리체계, 기록으로 남겨 두어야 할 사항, 스케줄 변경과 결석을 알리는 방법, 개별적인 자원봉사 업무 설명, 봉사활동평가와 재검토 체계
- 시설 이용에 대한 정보 제공 : 사무실 배치, 전화, 화장실, 주차, 식사, 음료 등
- 자원봉사자에게 주어지는 혜택
- 자원봉사자 교육시간표
- 성장과 업무개발을 위한 기회
- 응급상황 시 취해야 하는 절차

2) 기초교육

자원봉사교육의 특징은 실제현장을 위한 이론과 실제 현장교육이 병행되어 진행된다. 기초교육을 통해 자원봉사에 대한 기초 이론을 습득하고 자원봉사의 가치와 필요성 등을 인식할 수 있다.

- 기초교육의 주요내용
  - 시민사회와 자원봉사의 이해
  - 자원봉사의 특성 및 필요성
  - 자원봉사자의 역할과 자세
  - 자원봉사의 활동 사례
  - 자원봉사 활동 분야

3) 업무교육

자원봉사자에게 업무와 관련된 기술과 특정 업무수행에 필요한 행동들을 학습한

다. 특히 자원봉사자에게 주어진 구체적인 업무에 해당하는 기술을 습득하는 방식에 해당된다.

• 업무교육의 주요내용
 - 특정한 업무를 어떻게 수행할 것인가?(구체적인 원리와 기술)
 - 해서는 안 되는 일들은 어떤 것인가?
 - 위급한 경우나 예기치 않은 일이 발생하면 어떻게 처리할 것인가?
 - 활동 분야별 사례 발표

4) 재교육 : 보수교육

자원봉사자의 직무충실도의 향상과 지속적인 관리를 위해 자원봉사자를 위한 재교육이 필요하다. 만족도의 하위요인별 사회적 책임감, 개인적 생활, 자아실현이 중요한 요인임을 알 수 있다. 자원봉사에 참여하고 있는 자원봉사자들은 재교육에 대한 관여도와 만족도가 높을수록 높은 직무충실도가 있으며, 조직에 대한 존중감과 지속적 봉사의도가 있는 것으로 볼 수 있다(이영춘, 황희숙, 2013). 현재 활동 중인 자원봉사자를 대상으로 기능을 강화하는 등 전문성을 제고할 목적과 자원봉사자에 대한 정보 파악, 활동자 간의 상호 유대 형성, 소속감 강화를 통한 자원봉사자 사후관리에 중점을 두고 교육을 실시하여 보다 지속적인 활동을 할 수 있는 동기를 부여한다.

• 재교육의 주요내용
 - 자원봉사자로서의 의욕을 강화하며 자질을 향상 시킬 수 있는 내용
 - 자원봉사활동에 대한 새로운 이론과 흐름, 추세에 대한 내용
 - 자원봉사에 대한 정보 제공(현재 자원봉사자 수, 지역사회에서 이루어지는 다양한 자원봉사활동, 자원봉사 모범사례 등)

• 의사소통, 갈등관리 등
• 다른 자원봉사 활동 단체 견학 및 교류

5) 자원봉사자 교육 방법

(1) 교육훈련의 단계

자원봉사자를 교육, 훈련시키려고 할 때 자원봉사자의 학력이나 연령, 배경 등이 거의 다르므로 훈련계획을 세우는 데는 여러 가지 어려운 점이 있게 마련이다. 그들을 훈련시킬 때 유의해야 할 사항은 일부 자원봉사자는 자신의 시간을 교육이나 훈련에 투자하는 것을 싫어한다는 점이다. 그러나 한 가지 중요한 점은, 미국 '사회복지백과사전'에도 명시되어 있듯이, 자원봉사자도 소정의 교육과정을 이수해야 자원봉사자가 될 수 있다는 점이다. 즉, 교육과 훈련을 받지 않은 자들은 자원봉사활동 신청자일 뿐이지 자원봉사자는 아니라는 점이다.

또한 그들이 교육, 훈련 후 몇 개월 동안 자원봉사활동을 할 수 있느냐하는 것도 감안해야 한다. 미국에서는 자원봉사자의 봉사 참여기간을 평균 6개월에서 1년 정도로 잡고 있다. 그들의 봉사기간이 짧다고 해서 훈련을 시키지 않을 수는 없다. 김영호(1997)는 자원봉사자 교육, 훈련에 대해 다음과 같은 5단계를 제시하고 있다.

〈제 1단계〉 만남과 인식 단계 : 시청각 교육, 장애인 체험(역할극), 소집단을 통한 만남의 장을 마련하는 단계이다.

〈제 2단계〉 상호 간의 관심 단계 : 1단계에서 느낀 점을 토의함으로써 회원 상호 간에 자기 성찰과 깨달음의 기회를 갖게 하는 단계이다. 또한 다른 사람과 사회문제에 대한 관심을 갖게 한다.

〈제 3단계〉 문제 발견 및 협의 단계 : 회원들이 협의과정을 통하여 인간의 삶의 의미를 깨닫고 가정과 지역사회 문제를 발견하고 자신이 할 수 있는 실천

과제를 협의, 모색하는 단계이다.

〈제 4단계〉 문제해결을 위한 계획과 실천(생활)단계 : 자원봉사자가 실천해야 할 과제를 스스로 선택하고, 선택 과제를 계획적으로 실천하면서 문제해결과 예방을 위해 연구, 논의하며 실천계획을 세우고 생활체험을 하는 단계이다.

〈제 5단계〉 연구, 발전 단계 : 실천을 통하여 변화된 결과를 파악해 보고 가족들과 지역사회 주민(기관)이 더불어 연구하고 발전하는 단계다.

이러한 5단계를 통한 교육방법은 매우 바람직한 방법이기는 하지만 시간이 많이 소요되는 단점이 있다. 여건만 주어진다면 이러한 방법을 택하여 교육하는 것이 좋을 것이다. 그러나 대부분의 자원봉사교육은 자원봉사에 관한 기초 강의, 사례발표, 오리엔테이션 등으로 이루어지고 있다.

(2) 자원봉사교육의 내용

① 사회복지에 관한 이해

대부분의 사회복지 기관 - 단체들은 사회문제를 예방하거나 해결할 목적으로 설립되어 있다. 그러나 점점 증가하고 있는 사회문제를 적은 수의 기관들로 모두 감당하기는 매우 어렵다는 사실을 자원봉사자에게 인식시켜야 한다. 이러한 내용을 통하여 자원봉사자로 하여금 자발적으로 기관 내 사업에 참여할 수 있도록 동기부여를 해주는 교육이 필요하다. 따라서 자원봉사자로 하여금 기관의 사업을 이해하고, 자원봉사자의 역할이 사회문제를 해결할 수 있다는 것 그리고 준전문가로서 참여하는 일이라는 긍지를 심어주어야 한다.

② 자원봉사에 관한 이론과 실제교육

자원봉사활동의 필요성, 자원봉사의 역사, 자원봉사의 정의, 전문직원과의 관계, 대상자와의 관계, 자원봉사자의 역할 등을 교육하여야 한다. 자원봉사자가 어느 한 분야에서는 전문가일 수도 있지만 일단 봉사활동에 참여한 이상 소속된 기관이나 단체의 보완적인 역할을 하는 자원봉사자로서의 역할을 수행할 수 있도록 하는 교육이 필요하다. 또한 자원봉사활동에 관한 경험담 및 소집단 토의방법을 통한 교육내용이 포함되면 효과적일 것이다.

③ 자원봉사자 담당직원 교육

자원봉사활동 기관의 대표자와 담당직원은 자원봉사업무에 관한 행정적인 절차나 지원에 관해서도 항상 관심을 가져야 한다. 자원봉사자들은 지도하는 데 필요한 관리에 관한 이해 그리고 자원봉사자의 잠재력과 문제의식을 자극시켜 자원봉사 프로그램을 통하여 자기 성취감을 맛볼 수 있게 하기 위한 계속적인 연구가 필요할 것이다 (김범수 · 신원우, 2006).

3. 자원봉사자 배치와 재배치

1) 자원봉사자 배치

자원봉사자가 교육, 훈련과정을 마치면 현장에 배치되는데, 이때 가장 기본적인 원칙은 인재를 적재소에 배치하는 것이다. 아무리 능력이 뛰어난 자원봉사자라 할지라도 자신의 능력을 적합하게 사용하지 못한다면 그의 자재력은 위축되기 때문이다. 따라서 자원봉사들의 기대, 능력, 기관의 욕구를 고려하여 적절한 업무에 배정하는 것이 필요하다.

배치과정에서 선행되어야 할 것은 자원봉사자 지원자에게 직무조건에 대한 정보

전달과 이에 대한 충분한 이해와 협의과정이다. 즉 지원자에게 자원봉사자로서 자신이 활동하게 될 영역과 직무를 수행하기 위한 기술, 능력, 요구, 시간에 대하여 충분히 설명해야 한다. 선발과 배치에 자원봉사자, 클라이언트, 기관 3자의 욕구에 적합한 자원봉사 업무에 선발 - 배정되어야 한다. 선발・배치기준을 확정하기 위한 행동지침을 다음과 같이 제시할 수 있다(조휘일, 1998 : 371~372).

2) 선발・배치 기준의 행동지침

- 자원봉사자는 유급지원을 대치하는 역할을 담당해서는 안 된다.
- 자원봉사자들은 그들이 가진 기술, 능력 및 욕구를 적절히 반영할 수 있는 역할에 배정되어야 하며, 차별대우가 없어야 한다.
- 자원봉사자들은 그들의 능력과 그들에게 요청되는 일을 수행하겠다는 의욕에 따라서 업무가 배정되어야 한다.
- 자원봉사자들은 기관에 대해서 동정심과 헌신적인 마음을 줄 수 있을 정도로 충분히 도전적이고 자원봉사자에게 성장의 계기를 마련할 수 있는 업무들이 제공되어야 한다.
- 자원봉사자의 선발은 클라이언트는 물론 기관에 대해서도 책임성을 강조해야 한다.
- 자원봉사자의 업무배정은 초기 접촉 후에 최소한 시간 내에 이뤄져야 한다.
- 자원봉사자가 특정업무에 배정되기를 원한다 할지라도 그 업무의 수행에 적합하지 않은 자원봉사자일 경우에는 수용되지 않아야 하며, 이 때 자원봉사관리자는 다른 기회를 찾아보도록 권유해야 한다.
- 잠정적인 자원봉사자들은 장기간의 봉사를 약속받기 전에 실습기회를 가져야 한다.
- 상호협정에 의해 체계된 계약은 자원봉사자의 욕구보다 능력에 맞게 조정되어야 한다.
- 자원봉사자의 특수하고 독특한 기술, 경험, 재능을 충족시키기 위해서는 필요하

다면 이들의 업무가 새로이 창조되어야 한다.

- 자원봉사자들이 자원봉사자 교육 및 훈련기관에 의해 의뢰된 경우에, 의뢰받은 기관들 또는 부서는 최소한 다음의 요구사항을 준비하고 자원봉사자들을 수용해야 한다.
  - 의뢰된 자원봉사자를 수용하는 기관 및 부서는 자원봉사자 서비스를 최대한 잘 활용할 것에 동의한다.
  - 서면으로 작성된 업무분장을 준비해야 한다.
  - 자원봉사자들을 지도 - 감독할 직원을 배정한다.
  - 자원봉사자들에 대한 오리엔테이션과 훈련을 제공해야 한다.
  - 자원봉사자들은 반드시 기관에 배속되고 개인에게 의뢰되면 안 된다(고재욱 외, 2011, pp.199~201).

4. 제4차 산업혁명 시대의 자원봉사교육과 활동

제4차 산업혁명은 디지털 혁명을 기반으로 하고 있으며, “유비쿼터스 모바일 인터넷, 더 저렴하면서 작고 강력해진 센서, 인공지능과 기계학습”이 특징이다(Schwbab, K., 2016). 4차 산업혁명의 시대의 교육은 교과에 근거한 지식에 대한 평가에서 벗어나 일반능력으로서 역량에 초점을 두는 교육이 미래 환경에 적합하다. 전통적인 주지주의 교육은 학생의 전인적인 발달을 저해할 뿐 아니라, 다양한 능력을 요구하는 미래 사회 인재상에도 부합하지 않는다. 오히려 교과적인 지식을 넘어서서 자신의 자아를 실현하고 사회에서 유능한 인재가 될 수 있는 교육이 필요하다. 이에 OECD를 비롯하여 해외 및 국내에서는 급변하는 사회에서 개인에게 필수적인 역량을 선정하고자 하는 시도가 이루어졌다(조상식, 2016). 이러한 시도는 자원봉사 교육에도 적용 가능하다. 자원봉사교육은 탈교과서적이며 현장 중심의 교육이라는 특징을 스마트교육환경에서 극대화 시킬 수 있다.

1) 이러닝을 활용한 자원봉사 교육

이러닝(e-learning)을 기반으로 한 교육은 기술발달과 스마트기기의 보급에 따라 스마트폰을 활용하는 스마트러닝도 확산되고 있으며 온라인을 활용한 교육이 성과가 있는 것으로 나 타나고 있다. 박영근(2017)은 자원봉사이론 교육 프로그램의 효과를 분석한 결과를 토대로 자원봉사이론 교육의 효과를 향상시키기 위해서 자원봉사활동에서 각각의 현장에 대한 이해도 중요하지만 자원봉사 전반에 대한 교과과정 편성 및 교육이 이루어질 경우 자원봉사에 대한 학습효과가 보다 높게 나타나는 것이라는 연구결과를 얻게 되었다. 자원봉사이론 교육을 위한 이러닝 기반교육 프로그램을 보다 활용한 결과이며 이러닝 기반 자원봉사이론 교육 프로그램이 자원봉사이론 학업성취도, 자원봉사이론 지식습득, 자원봉사 인식에서 효과가 있는 것으로 분석되었기 때문에 자원봉사이론을 온라인을 통해 학습할 수 있는 기회가 제공될 경우, 자원봉사이론의 학습 효과가 향상될 것이다.

자원봉사자의 역량을 함양하기 위한 현장사례 동영상을 이용하는 방안도 고려할 필요가 있다. 자원봉사이론 교육 프로그램에서는 이론학습에 도움이 되는 다양한 사례 학습을 위해 학습자의 접근성이 어려운 자원봉사 현장에 대한 동영상학습을 활용하는 것이 바람직하다. 다양한 자원봉사활동 현장을 방문하여 견학 및 학습하기에는 시간과 공간상의 제약요건이 따른다. 이때 동영상을 이용한 사례교육을 온라인을 통해 학습할 경우 보다 긍정적인 자원봉사이론 학습 효과가 나타난다. 4차 사업혁명의 시대에 역량 있는 자원봉사 인력을 양성하기 위한 자원봉사교육 방안으로서 이러닝 방식을 적극적으로 활용할 필요가 있다(박기훈, 2017). 특히 아동과 청소년들에게 이러닝을 활용한 자원봉사 교육프로그램은 보다 효율적인 교육 방법이 된다.

2) 소셜러닝, 스마트러닝을 활용한 자원봉사교육

최근 교육분야의 가장 큰 이슈 중에 하나는 스마트 교육이다. 스마트폰, 태블릿 컴퓨터 등 스마트 모바일 단말기는 다양한 프로그램의 사용이 가능하고 데이터 통신 및 개인화 서비스를 통한 쇼셜 네트워킹 서비스가 가능하다. 이러한 특성으로 인해 교육 매체로써의 요구가 늘어나고 있고 모바일 앱, 모바일 웹 형태의 다양한 교육 콘텐츠가 서비스 되고 있다. 모바일 기기는 이동성과 휴대성, 개인화라는 장점을 가지고 있다. 학습지원 및 학습관리 시스템은 진도, 시험 등의 획일적인 평가 방식이 아닌 개인별 학습활동에 따른 평가 및 학습이력관리를 지원해야 하며 협력학습, 체험학습, 개별학습 등이 원활하게 지원 될 수 있는 방식으로 가능하다(이영근, 2012).

3) 유튜브 활용

아동청소년들의 장래희망 중 상당 부분을 차지하고 있는 직업군이 유튜버이다. 유트브 채널을 활용하여 다양한 정보를 공유하는 동영상 공유 플랫폼이다. “구글이 운영하는 동영상 공유 서비스로, 사용자가 동영상을 업로드하고 시청하며 공유할 수 있도록 한다. 당신(You)과 브라운관(Tube, 텔레비전)이라는 단어의 합성어이다(두산백과).” 다양한 소셜미디어 플랫폼 중에서 가장 많은 사용자와 활발한 활동이 진행자되고 있는 동영상 소셜 미디어이다.

청소년들의 적극적인 참여와 능동적인 자원봉사 교육을 위해 유튜브를 활용한 자원봉사교육도 가능하다. 한국중앙자원봉사센터에서 운영하고 있는 유튜브 채널의 경우(2019년 11월) 1,220명 정도가 구독을 하고 있다. 유명 유튜버의 채널의 경우 100만명 이상의 구독자를 갖고 있는 백만유투버는 각 주제별로 늘어나고 있는 추세이다. 자원봉사 관련한 채널은 ‘한국중앙자원봉사센터’가 유일하고 구독자는 천명을 겨우 넘기고 있다. 이러한 상황에서 유튜브를 활용한 자원봉사교육은 자원봉사교육에 있어 블

루오션이라고 볼 수 있다. 새롭고 다양한 컨텐츠로 창의적인 자원봉사 교육을 활성화할 수 있는 유튜브 채널을 활용해야할 것이다.

4) 자원봉사활동의 새로운 패러다임 : 갭이어(gap year)

갭이어(gap year)는 학업을 병행하거나 잠시 중단하고 봉사, 여행, 진로 탐색, 교육, 인턴, 창업 등의 다양한 활동을 직접 체험하고 이를 통해 향후 자신이 나아갈 방향을 설정하는 시간을 말한다. 영국을 포함한 여러 서구 지역의 나라들은 학생들이 고등학교를 졸업하면 바로 대학에 진학하지 않고 1년 간의 기간에 걸쳐 다양한 경험을 쌓는 갭이어(gap year)를 가진다. 유명인 중에서는 엠마 왓슨과 해리 왕자가 갭이어를 가진 대표 사례다. 갭 이어는 대학 입학 전 다양한 활동을 체험하여 자신이 나아갈 방향을 설정하는 기간을 의미한다. 하버드, MIT, 프린스턴, 동경대 등 세계 주요 대학들은 입학 전 'Gap Year' 프로그램을 경험해 볼 수 있도록 권장하고 있다(위키백과).

갭이어(gap year)는[2] 수천 명의 사람들이 전 세계에서 몇 년씩 시간을 두고, 호주, 뉴질랜드 및 태국과 같은 목적지로 몇 달 동안 여행할 수 있다. 갭이어는 언제 어디서나 원하는 일을 할 수 있다. 벨리즈에서 자원 봉사를 하고, 이스라엘에서 영어를 외국어로 가르치거나, 네팔 히말라야를 여행하거나, 동남아시아 의 '바나나 팬케이크 트레일'을 여행 할 수 있다. 갭 이어는 배낭 여행, 진로, 단기 갭 이어, 여행, 타임 아웃, 안식년 등 여러 가지 형태로 제공되지만 모두 같은 의미이다. 일반적으로 여행, 자원 봉사 또는 해외 근무를 의미하며 세 가지 모두를 통칭한다. 특히 해외에서 자원봉사를 원할 경우 갭이어가 제공하는 다양한 자원봉사 안내를 통해 안전한 해외자원봉사를 경험할 수 있다.

국내에서도 여러 단체가 있는데 그 중 '꽃다운 친구들'은 민간영역의 1회이다. 중학교 졸업 후 진학을 미루고 1년간의 방학을 선택한 서울, 경기 지역청소년들과 가족

2) https://www.gapyear.com/articles/features/what-is-a-gap-year 갭이어 홈페이지

들의 언스쿨링(unschooling)모임이며 청소년 인생학교이다. 꽃다운 친구들에서는 NGO 탐방, 장애인시설 봉사 월1회, 수감자 자녀에게 보낼 인형만들기, 농촌봉사, 무료급식 등 다양한 자원봉사활동을 실시하고 있다(이수진, 정신실, 2019). 아직 입시위주의 교육적 현실을 벗어나지 못하고 있는 상황에서 갭이어를 통한 자원봉사는 인생 전환의 기회가 될 것이다.

5. 자원봉사관리

1) 자원봉사관리의 이해

자원봉사관리(volunteer management)란 "자원봉사자에게 취미와 관련기술개발의 기회가 부여되고, 단체의 목적 달성에 최대한 공헌할 수 있도록 자원봉사자에게 능력을 부여하는것"이라고 정의할 수 있다.[3] 자원봉사관리자는 "자원봉사자에게 만족을 주고 할 수 있는대로 취미와 관련 기술의 개발 기회를 제공하며, 단체의 목적 달성에 최대한 공헌할 수 있도록 능력을 부여하는 사람이다"(볼런티어1).

자원봉사활동에 있어서 프로그램의 성패를 좌우하는 가장 중요한 요소가 "자원봉사관리"라고 할 때, 이를 담당하는 관리자가 전문직으로서 인정을 받아야 한다. 어떤 분야가 전문 직업분야로 발전하려면 아래와 같은 조건이 충족되어야 한다.

- 결과를 낳는 실천(good practice)
- 기술과 지식면에서 뛰어난 실천(quality performance)
- 윤리적으로 옳아야함(ethical standard)
- 일반시민으로부 터필요성을 인정받아야함(public recognition)
- 학술적 뒷받침이 있어야함(academic support)

3) 자원봉사관리 및 관리자에 대한 이 정의는 영국의 전국자원봉사센터와 미국 AVA의 자원봉사관리 및 관리자에 대한 정의를 바탕으로 가장 폭넓게 받아들여질 수 있는 내용으로 만든 것으로 볼 수 있다.

2) 자원봉사자 슈퍼바이저

일반적으로 슈퍼비전이라 함은 교육활동의 전반에 걸쳐 교육목표를 효과적으로 달성하기 위하여 이루어지는 전문적, 기술적인 봉사활동을 뜻한다.[4] 하지만 사회의 관점에서 볼 때는 자원봉사자가 각 기관에서 담당하고 있는 역할을 잘 수행할 수 있도록 정보와 피드백 및 필요한 도움을 제공하고 효과적인 활동 관리체제를 수립하여 활동관리의 효율성을 높이는 일이다. 이를 위해서는 자원봉사자에게 지속적인 슈퍼비전을 제공할 수 있는 체제를 갖추는 것이 바람직하다(김범수 외, 2010, pp.140~144).

슈퍼비전을 위해 필요한 것은 첫째, 자원봉사자는 자원봉사관리자를 규칙적으로 만나 보고하고 이야기 할 수 있어야 한다는 것이다. 이는 자원봉사자들로 하여금 자신의 업무가 자원봉사관리자가 시간을 내어 주의를 기울일 정도로 중요하다는 것을 느낄 수 있게 하며, 어려운 일에 처했을 때 자원봉사관리자를 찾아오게 한다.

둘째, 자원봉사자가 기관의 일을 하면서 동등한 위치를 갖고 있다고 느끼게 하는 것이다. 이는 의사결정 및 조직의 일상적인 활동에 참여를 허락하고, 직원이 갖는 혜택을 동등하게 갖게 하며, 개방되고 자유로운 대화를 보장하는 것이다.

셋째, 자원봉사활동의 진행과정을 점검하는 것이다. 이는 자원봉사자가 목표를 향해서 전진하고 있다는 것을 확실히 할 수 있다는 점에서 중요하다. 정기적인 진행보고서는 결과에 대해 기관이 진지하다는 것을 자원봉사자에게 보여 줄 수 있고, 저급의 업무를 등한시하거나 업무를 미루는 것을 피할 수 있게 해 준다. 더 나아가 관리자로 하여금 아직 잘못을 바로잡을 수 있는 기회가 있을 때 문제를 발견하게 해 준다. 과정 보고를 할 때 주의할 점은 자원봉사자는 자신이 실제로 무엇을 했는지를 말하지 않고 자신이 한 일에 대해 자기 나름의 평가를 내리는 경향이 있으므로 관리자는 그가 생각한대로 일이 되어 가고 있는지를 알아낼 필요가 있다.

4) Naver국어사전, http://krdic.naver.com/user.nhn?docid=3fded9b07e4c5fd3cc9e2ae2d9e34622

3) 자원봉사관리자의 역할과 자격

(1) 자원봉사관리자의 역할

자원봉사관리자는 자원봉사 프로그램의 지도자로서 도움을 필요로 하는 대상에게 적절한 자격을 갖춘 자원봉사자를 연결시켜주는 것이 핵심 역할이다. 궁극적으로 자원봉사에서 프로그램의 성패를 좌우하는 가장 중요한 요소는 관리의 문제이다. 훌륭한 관리자는 인적자원을 효과적으로 개발할 수 있는 능력을 갖춘 사람이다. 따라서 자원봉사관리자는 고도의 관리기술은 물론 인간성을 보살피는 감각이 필요하다(임은희, 2010: 89).

자원봉사관리자의 역할은 다양한 상황과 사람들에게 적절하게 반응하기 위해 다양한 형태를 취해야 하겠지만 대체로 자원봉사관리 업무, 즉 기능에 따른 적절한 역할을 수행해야한다. 다양한 사회의 욕구와 자원봉사 참가자를 연결하기, 활동과 사회자원을 연결해서 자원봉사활동이 효과적으로 추진될 수 있도록 자원봉사활동에 있어서 개인, 단체, 기관을 대등하게 연결하는 등과 같은 전문직으로 역할을 포함한다. 자원봉사관리자는 자원봉사활동의 의의와 비전을 가지고, 사회의 움직임과 욕구, 사회자원 등의 풍부한 정보를 수집하고 그것을 시민에게 전달하며 자원봉사활동에의 참가기회를 창출하고, 활동을 추진하기 위한 다양한 능력이 요구되고 있다(최유미, 2011: 46).

자원봉사관리자는 본질적으로 복잡하게 뒤얽힌 상황과 각양 각색의 사람들 속에서 유연하고 융통성 있는 감각을 발휘할 수 있어야 한다. 따라서 경직성은 자원봉사관리자에게 가장 큰 장애물이 된다. 자원봉사관리자는 조직의 목표와 구성원 개인의 욕구를 적절히 충족시키기 위하여 리더십과 조정능력을 갖추어야 하며, 기관 내외에서 구성원들과 견고한 동료관계를 구축해 나가야 하는 것이다.

류기형(2009)은 “자원봉사관리자들의 직무지침서에는 다음의 다섯 가지를 전부 또는 일부를 포함하지만 지도자와 관리자로서의 역할이 가장 중요하다”고 지적하였다.

① 자원봉사자들의 지도자와 봉사활동 지침의 결정자
② 자원봉사 프로그램의 관리자와 인사관리자
③ 조직에서 활동하는 자원봉사자들의 옹호자
④ 조직과 조직에서 활동하는 자원봉사자들 사이에서의 주요 의사전달자
⑤ 자원봉사 프로그램의 지지를 위한 기금조성자

자원봉사관리자의 역할은 단순한 행정직 관리에 그치지 않고 다양한 역할의 복합물로서 여러 가지 상황과 각양각색의 사람들에 대하여 적절히 대응할 수 있는 유연성과 융통성을 필요하다.

일스레이(Ilsley)와 니에이(Niemil)가 제시한 자원봉사관리자의 역할은 다음과 같다(권순종, 2009: 156).

- 자원봉사센터, 사회복지기관가 시설, 기타 지역사회의 다양한 기관과 단체들의 자원봉사활동에 대한 관심을 유발시키고 봉사자들에게 친절하며 협조하는 분위기를 조성하는 역할
- 자원봉사자와 대상자의 연결 - 조성자의 역할
- 직무활동을 지휘, 통제하는 감독자 역할
- 과업수행을 지도, 평가하고 조언하는 지도감독자의 역할
- 자원봉사자 또는 소그룹 리더의 교육 및 훈련을 담당하는 훈련자의 역할
- 자원봉사자의 자유로운 활동을 촉진하는 리더의 역할
- 공공단계와 지역사회 관계를 도모하는 조직 내외의 컨설턴트의 역할
- 자원봉사활동 프로그램의 연구 개발자 및 평가지도자의 역할
- 자원봉사자의 변화 욕구와 개인의 특성을 파악하고, 그들의 능력을 발휘할 수 있는 기회를 제공하고 지원하는 역할
- 자원봉사자들의 불안을 완화시키고, 자원봉사활동의 적응을 돕는 역할
- 자원봉사자들의 고민과 어려움에 대한 상담자의 역할

- 동료이자 친구의 역할 등

그리고 자원봉사관리자의 역할을 활동업무와 관련하여 간략히 제시하면 다음과 같다(볼런티어21, 2004).

- 자원봉사센터, 사회복지기관, 시설, 기타 지역사회의 다양한 기관과 단체들에 대해 자원봉사활동에 대해 관심을 유발시키고 봉사자들을 친절하게 받아들이며 협조 분위기를 조성하는 역할
- 자원봉사자를 육성하기 위한 총체적 계획을 입안하고 소그룹리더를 지도, 지원하는 역할
- 자원봉사활동 신청자를 위한 접수 및 오리엔테이션을 지원하는 워커의 역할
- 자원봉사자 또는 소그룹리더를 위한 교육훈련자의 역할
- 자원봉사활동의 활성화를 위하여 소그룹모임 또는 협의체와 지역사회 내의 타자원체계와 연결, 협동을 위한 관계형성의 매개자의 역할
- 자원봉사활동 프로그램의 연구 개발자 및 평가지도자의 역할

특히 효과적 자원봉사관리자로서의 가장 중요한 역할은 자문가이다. 자문가의 역할은 구체적으로 기관과 지역사회에 어떠한 욕구들이 있는지, 자원봉사자들의 역할이 무엇인가, 이들을 어떻게 동기부여 시킬 것인가에 대한 분석을 동료직원들과 함께 공유하고 나누는 것이다. 이러한 역할을 수행하기 위해서는 다음의 세 가지 능력이 요구된다.

첫째, 다른 사람들과 좋은 인간관계를 형성할 수 있고, 자원봉사자들이 원하고 바라는 것이 무엇인가를 잘 파악할 수 있는 능력이 요구된다. 둘째, 변화하는 개인, 집단, 사회적 욕구와 관심에 대해 유연한 대처와 적응할 수 있는 능력이 갖추어져야 한다. 셋째, 잠재적 기회를 찾아내고 그 기회를 현실화시킬 수 있는 구조와 체계를 만들어낼 수 있는 능력이 필요하다.

(2) 자원봉사관리자의 자격

① 자원봉사관리자의 기능

자원봉사관리자는 넓은 시각, 공공과 개인과 자원봉사부문을 폭넓게 보는 시각을 가진 전문가라고 정의하고 있다. 즉 기관내부와 전문성집단에만 관련되는 것이 아니라 조직의 내외, 공적, 개인적, 자원봉사 센터에 대한 폭넓은 이해가 요구된다고 함으로써 다양한 사회적 자원을 조사하고 관리하고 협력하는 능력을 강조하고 있다. 이처럼 자원봉사관련 비영리 기관의 전문성 심화와 자원봉사의 새로운 패러다임의 등장은 자원봉사관리도 윤리와 책임성 그리고 리더십을 가지고, 다양한 체계와의 소통을 통해 자원관리를 하며 가치를 창조하는 전문가라고 정의되면서 그에 따른 다양한 역할을 요구받으며 관련된 자원봉사 관리자의 전문성 촉진의 필요성이 높아지고 있다.

② 자원봉사관리자의 8가지 업무

- 모으기(정보수집) → 관계기관 방문, 신문 스크랩 등
- 접수하기(니드, 자원봉사희망자 접수) → 전화접수, 면접, 상담
- 모집하기(자원봉사자 모집 - 활동처의 조정) → 자원봉사학교, 그룹 - 단체와 연대, 매스컴 활용
- 연결(조정, 소개 등) → 수요기관, 가정방문 등
- 성장(훈련, 놀이의 장 만들기) → 자원봉사학교, 연수회, 사례분석 등
- 정리하기(기록, 통계) → 활동일지, 면접기록용지 등 사업보고서
- 만들기(네트워크, 액션) → 사회행동, 연락회 만들기 등
- 알리기(홍보) → 기관지, 매스컴 활용(구승신 외, 2012, pp.95~98)

③ 자원봉사관리자의 윤리

자원봉사의 영역 및 사회적 영향력이 많아지면서 자원봉사관리자의 윤리에 대한 중요성이 대두되고 있다. 우리나라도 한국자원봉사관리협회에서 주최한 관리자포럼

에서 자원봉사관리자 윤리강령(안)을 제시하였고, 향후 자원봉사계의 지속적 연구와 토론, 합의를 통해 '자원봉사관리자윤리강령'을 제정하는 것으로 논의되었다.

(3) 자원봉사관리자의 역할과 역량모델

자원봉사관리자는 본질적으로 복잡하게 뒤얽힌 상황과 각양각색의 사람들 속에서 유연하고 융통성 있는 감각을 발휘할 수 있어야 한다. 따라서 경직성은 자원봉사관리자에게 가장 큰 장애물이 된다. 자원봉사관리자는 조직의 목표와 구성원 개인의 욕구를 적절히 충족시키기 위하여 리더십과 조정능력을 갖추어야 하며, 기관 내외에서 구성원들과 견고한 동료관계를 구축해 나가야 하는 것이다(고재욱 외, 2011).

자원봉사 관리자 역량모델은 공통역량, 리더십역량, 직무역량의 3개 영역으로 구분된다. 공통역량은 직급 및 직무에 상관없이 자원봉사 관리자로서 모든 직무를 수행하는데 공통적으로 필요한 역량으로 최종적으로 5개의 역량이 도출되었다. 리더십 역량은 다시 직급에 따라 관리자 리더십역량과 실무자 리더십역량으로 구분되며 각각 6개의 역량이 도출되었다. 또한 직무역량은 직무에 따라 기획홍보, 활동지원, 자원관리로 구분되며 기획홍보는 4개의 역량이, 활동지원은 4개의 역량이, 자원관리는 2개의 역량이 도출되었다. 이러한 자원봉사 관리자 역량모델을 종합적으로 제시하면 그림과 같다(이재은, 조영아, 2015).

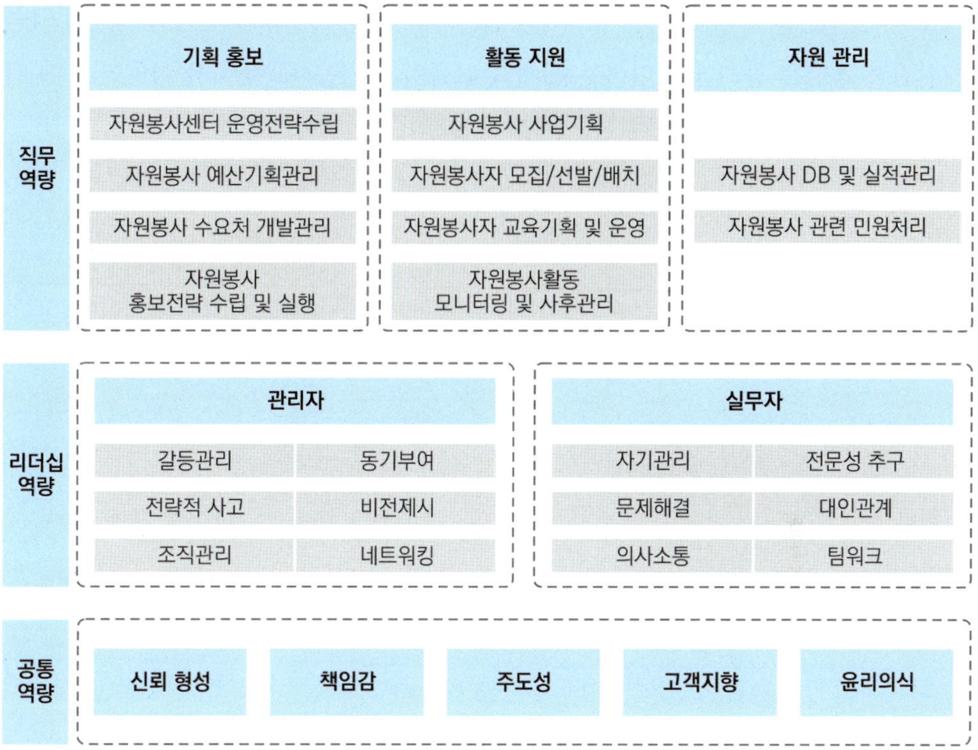

[그림 9-1] 자원봉사 관리자 역량모델

출처 : 이재은, 조영아(2015), p.187.

지식은 지식 그 자체로부터 이해를 가져오게 할 수는 없다. 뿐만 아니라 지식만을 증가시킨다고 해서 이해가 깊어지는 것도 아니며, '이해'는 지식과 존재의 결합인 것이다. 그렇기 때문에 지식은 존재와 멀리 떨어져 있어서는 안 되고, 만약에 지식과 존재가 떨어져 있을 경우에 이해는 지식과 존재로부터 아주 멀리 떨어지게 된다(조상식, 2016). 자원봉사라는 지식에 대한 이해가 깊어졌다고 해서 자원봉사를 아는 것이 아니다. 실제 존재하는 자원봉사 현장에 대한 실무적 경험과 지식의 결합이 진정한 자원봉사에 대한 앎이다. 진정한 앎은 실천적 지식이라고 할 수 있다. 자원봉사교육과 관리가 잘 이루어졌다는 것은 자원봉사자의 인식과 실천이 통합된 것이다. 현장에서 메아리 치는 소리가 아닌 실제 영향력 있는 봉사가 되기 위해 인식적 차원의 교육과 실천적 경험을 동시에 연마하는 존재적 교육이 자원봉사교육에서 이루어질 때 관리를 위한 관리가 아닌 상생하는 자원봉사활동이 될 것이다.

volunteerism | chapter 10

위험관리와 슈퍼비전

1. 자원봉사자 중도탈락의 원인

첫째, 참여동기에 관한 선행연구에 따르면 자원봉사 동기의 근원은 생물학적, 심리적, 사회적, 경제적, 문화적인 다양한 요인들로부터 나오고 있으며, 그 성격은 크게 이타적 동기와 이기적 동기 또는 자기 지향적 동기 및 타인 지향적 동기로 나눌 수 있다(조휘일, 1996). 자원봉사자의 봉사 욕구는 봉사활동에 대한 가치관, 책임감, 수용력, 이해력 등에 따라 다를 수 있지만, 자원봉사자의 특정 욕구를 파악하고 충족시키는 것은 중요하며 그렇지 않을 경우 자원봉사자는 실망하여 봉사활동을 중단하는 경우가 있다(모욕희, 1995). 즉, 자원봉사 자체는 이타적인 활동이지만 자원봉사자의 동기는 이기적이고 자기중심적일 수 있다는 것이다(이금룡, 1999).

이처럼 자원봉사자를 활용하는 기관이나 시설 등에서는 자원봉사활동의 참여 동기가 무엇인지에 대한 인식이 필요하고 자원봉사자 모집에 이를 적극적으로 활용하도록 해야 한다(고재욱 외, 2011:166). 자원봉사 참여자들의 참여 동기가 자발적으로 이루어졌을 때 보다 더 지속성에 영향을 주며 이러한 자발적인 참여동기와 더불어 자원봉사활동을 통해 기대가 채워지고, 자원봉사활동의 만족도가 상승하며, 이러한 만족도가 지속성으로 연결된다는 것이다(강정희, 2009).

둘째, 대인관계에 관한 선행연구에 의하면 자원봉사활동은 다양한 관계에서 이루어진다. 활동 대상자와의 관계, 관리자와의 관계, 동료 자원봉사자와의 관계에서 이루어지며 그 관계에서 자원봉사자는 지속적인 봉사활동으로 연결되느냐 중도 탈락하느냐가 결정되어진다(오효근,2007). 자원봉사활동 대상자와의 관계는 대인접촉을 통한 직접적 봉사활동을 하는 자원봉사자들에게 중요한 영향을 미칠 수 있다(홍승혜,1995). 또한, 자원봉사활동의 성과에 대한 업무 만족도 다음으로 활동대상자와의 관계가 큰 영향을 미치는 것으로 나타났다(권지성, 1999).

자원봉사활동의 지속성을 위해서 고려해야 할 또 하나의 요인으로 동료들과의 관계이다. 자원봉사자들은 그들의 집단이나 동료들로부터 지지와 상호관계 유지를 소중하게 생각한다. 이들 사이에는 함께 봉사한다는 동료의식이 작용하여 사회복지사가 우호적으로 동료관계를 원조하고 지지함으로써 효과적인 봉사활동을 유도할 수 있다(이성록, 1993). 송지은(2001)의 연구에서도 조직특성 요인 중 동료자원봉사자와의 관계는 자원봉사활동의 지속에 가장 큰 영향력을 미치는 요인임을 확인하였다. 그 외, 선행연구에서도 동료 자원봉사자와의 유대관계가 클수록 자원봉사활동의 지속성에 영향을 주는 것으로 보고되었다(홍승혜, 1995; 홍연숙, 2001; 설경란, 2002; 김향숙, 2003).

또한, 대인관계 하위 요인 중 관리자와의 관계도 매우 중요하다. 자원봉사자와 활동기관 관리자와의 관계는 자원봉사활동을 지속하도록 하는데 영향을 미치는 요인이다. 자원봉사자가 대부분 활동기관의 직원들이 수행하는 업무의 보조적 역할을 하며 그러한 역할도 관리자의 배치와 결정에 따라야 하고, 업무수행 과정에서 끊임없이 관리자의 원조와 지지를 받아야 한다는 사실을 감안할 때 관리자와의 관계가 자원봉사자의 참여태도에 영향을 미치는 정도는 결정적인 것이다(이성록, 1993). 선행연구에서도 자원봉사자와 관리자와의 관계는 자원봉사활동에 유의미한 영향을 미치는 것으로 나타났다(이성록, 1993; 홍승혜, 1995; 권지성, 1999; 김향숙, 2003).

셋째, 자원봉사활동 관리요인에 관해 윌슨(Wilson)은 "자원봉사 관리란 전문 분야에서 교육을 받은 사람들에 의해서 관리되는 전문 직업"이라 하였다. 이러한 정의를 볼 때 자원봉사 관리란 자원봉사자와 자원봉사활동을 조정・감독・지지・인도함으로써 자원봉사활동이 추구하는 본래의 목적을 실현해 가는 전문적 활동이라고 할 수 있다(김범수 외, 2007:86). 자원봉사활동 효과성을 지속적으로 유지하기 위해서는 계속적인 봉사자 교육, 훈련, 지도관리, 인정보상 및 평가가 뒤따라야 함을 강조한다(조휘일, 2002). 자원봉사활동 관리요인은 자원봉사자의 소속 기관에 대한 만족과 지속성에 결정적인 역할 뿐 아니라, 지역 주민들에게 제공하는 서비스의 질과 효율성을 결정하는데 중요하다(이병순, 2004; 오효근, 2007).

또한, 업무에 대한 불만과 관리 조정자에 대한 불신으로 중도 탈락하거나 참여강도가 떨어진다(이성록, 2001). 종합해보면 자원봉사자에 대한 교육, 지도관리, 인정・보상, 자원봉사 담당부서, 업무배치 등의 자원봉사활동 관리요인이 자원봉사자들의 참여강도 및 지속성에 영향을 주는 것으로 나타났다(안현주, 2008). 따라서, 자원봉사자들이 지속적이고 적극적인 자원봉사활동을 할 수 있도록 도와주기 위하여 자원봉사자 개개인에 대한 충분한 교육과, 정규적인 지도관리, 인정과 보상, 그리고 평가가 뒤따라야 한다(강정희, 2009; 김진희, 2016, pp.96-100).

2. 자원봉사활동과 위험관리(risk management)

자원봉사 업무를 추진하다 보면 그 업무 종류가 다양하기에 예기치 못한 사고에 직면할 수 있다. 따라서 자원봉사관리자는 위험관리에 대해 항상 준비하고 대처하여야 한다. 자원봉사활동과 위험관리에 대해 살펴보면 다음과 같다.

1) 위험관리의 정의

위험관리는 기관의 자산을 보호하고 유지하는 데 활용되는 일반적인 업무관리 기술이다. 이것은 조직의 물리적 자산을 보호하는 것만을 의미하지 않으며, 기관의 주요한 자산이라고 할 수 있는 자원봉사자를 보호하고 유지하기 위한 기술이다. 따라서 자원봉사센터는 자원봉사자와 직원, 물리적 자산, 자원봉사 대상자 등 모두에 대해 위기관리를 실시해야 한다.

2) 자원봉사활동과 법적 책임문제

자원봉사활동 중 발생하는 위험들 속에는 다음과 같은 몇 가지 법적 책임문제가 포함될 수 있다. 예를 들어, 자원봉사자의 사고에 의한 소송, 자원봉사자의 범죄에 대한 소송, 자원봉사자와 자원봉사 대상자 간의 갈등으로 생긴 문제, 자원봉사 활동처에 대한 자원봉사자의 소송 등 많은 법적 책임을 묻는 문제가 발생한다.

(1) 자원봉사자 개인의 법적 책임

자원봉사자는 형사적, 민사적 책임, 기관에 대한 의무불이행 등이 법적 챔임 문제에 직면할 수 있다. 즉, 자원봉사자는 절도, 폭행, 사기 등으로 형사법을 위반할 수도 있고, 자원봉사활동 중에 부주의나 고의로 타인에게 물리적, 재정적, 심리적 피해를 끼칠 수도 있다. 또한 자원봉사 대상자에 대한 사생활 정보 누설과 같이 자원봉사자가 활동처와 합의한 업무수행 규정을 어길 수도 있다.

(2) 자원봉사자에 대한 자원봉사센터 및 활동처의 법적 책임

자원봉사센터 및 활동처는 자원봉사자가 수행하는 업무에 관련된 위험을 제거하거나 그 위험을 경계하고 대비하게 해야 할 의무가 있다. 또한 자원봉사자를 배치, 해고,

지도감독하는 과정에서 공정하게 대해야 할 의무가 있다. 지원봉사자는 이에 대한 기관의 책임을 묻는 소송을 제기할 수 있다.

(3) 자원봉사자의 행동에 의한 자원봉사센터 및 활동처의 법적 책임

자원봉사자가 업무수행 중에 타인에게 피해를 입힌 경우 자원봉사센터 및 활동처는 법적 책임을 지게 된다. 또한 자원봉사자가 명백히 업무의 범위 밖에서 잘못을 한 경우(예: 절도, 아동학대 등)에도 그 잘못이 자원봉사센터나 활동처의 관리 소홀의 탓으로 추정된다면 고소당할 수 있다.

3) 위험관리의 과정

위험관리 과정은 자원봉사활동 중에 발생할 수 있는 손실에 대해 평가하고 확인하는 과정이다. 또한 발생한 손실을 처리하는 가장 훌륭한 방법을 선택하고 적용하는 과정이다. 자원봉사 보험관리는 전체 위험관리의 일부분일 뿐이다.

(1) 1단계 : 잠재적 위험 확인하기

잠재적 위험이란 자원봉사활동 중에 발생할 수 있다고 예상되는 모든 위험가능성을 말한다. 따라서 이 위험들에 대해 미리 점검해 두는 것이 필요하다. 자원봉사관리자가 유의해야 할 잠재적 위험들은 다음과 같다.

- 자산손실 : 사무실, 기자재 및 교육장비, 차량 등
- 책임손실 : 다른 사람에 대한 신체적 상해 또는 타인의 재산손실에 대한 책임
- 자원봉사활동 중 발생하는 상해나 질병에 의한 위험
- 사기나 범죄행위, 자원봉사자의 불성실 등으로 발생하는 위험 등

(2) 2단계 : 잠재적 위험 평가하기

잠재적 위험들을 확인한 후 자원봉사관리자는 자원봉사센터에 대해 손실 및 충격 정도를 평가하고 측정한다. 이를 위해서 발생할 수 있는 위험의 형태와 빈도, 심각도에 따른 측정지표를 마련한다.

(3) 3단계 : 위험 및 발생 시 조정하기

자원봉사관리자는 발생한 위기를 잘 관리하고 처리하기 위해 적정한 기술을 선택하고 적용해야 한다. 대부분의 조직에서 폭넓게 사용하는 방법들은 다음과 같다.

- 활동중단 : 문제를 일으킬 소지가 있는 유형의 자원봉사활동에는 자원봉사자를 참여시키지 않음으로써 위험을 제거할 수 있다. 이것은 그 분야의 자원봉사활동에 자원봉사자가 안전하게 참여할 수 있는 적절한 대책이 마련될 때까지 활동을 연기하는 것을 포함한다.
- 위험제거 : 발생할 여지가 있는 위험을 감소시키기 위해 자원봉사 프로그램의 실행과정을 변경하는 것과도 관련된다. 이를 위해서는 기관의 절차 변경, 자원봉사자의 개인적 요구에 세심한 주의를 기울일 것, 기관 내 설비의 현대화 등이 포함될 수 있다.
- 손해의 최소화 : 재해가 발생했을 때 그에 대한 효과적 대처를 위한 비상절차 개발과 관련된다.
- 책임이전 : 자원봉사 활동처와의 합의서, 보험정책, 책임 포기각서 등을 통해 다른 편으로 위험의 결과를 이전시켜 두는 방법이다.

(4) 4단계 : 평가와 갱신

잠재적인 위험과 해결책에 관한 추가 정보가 입수되면 그에 대한 심사와 훈련 그리고 감독기술에 대한 내용을 추가하고 변경한다. 추가되는 정보에 대한 평가와 갱신은 전체 위험관리 체계를 점차 안전하게 만들어 준다.

4) 위험관리 계획의 수립

위험관리 계획을 자원봉사자 선발에 적용하기 위해서는 다음 단계들을 따른다.

(1) 자원봉사 업무에 잠재된 위험 확인

자원봉사활동 중에 발생할 수 있는 위험들에 대해 미리 고려해야 한다. 화재나 차량 등의 위험성이 있는 설비를 이용하거나 안전하지 않은 건물구조 때문에 생길 수 있는 사고들에 관해 미리 숙고해야 한다. 자원봉사 대상자들이 어떠한 사람이며, 그들의 특별한 요구나 한계는 무엇인지에 대해서도 고려해야 한다. 위험요소들과 그 대처방안에 대해 숙고할 때는 과거의 문제해결 역사에 대해 평가하고 그 활동을 수행할 때에 직접적인 경험이 있는 자원봉사자를 포함시키는 것이 좋다.

자원봉사 업무에 잠재된 위험을 대비하기 위해 고려할 사항은 다음과 같다.

- 자원봉사자의 신체적 활동수행 능력
- 각종 설비를 안전하게 사용하는 기술
- 자원봉사 활동처의 환경과 활동 조건
- 자원봉사 대상자의 성격
- 적절한 절차를 따라야 할 필요성

(2) 자원봉사 업무설명서의 재작성

확인된 위험요소들을 피하거나 대처하는 데 필요한 기술, 지식, 신체능력에 대한 요구와 설명을 업무설명서의 '자격'란에 자세히 기입한다. 이것은 위험을 피하는 데 필요한 기술이나 성격을 밝히기 위함이다.

(3) 잠재적인 위험에 있는 잠재적 자원봉사자의 심사

면접 및 선발 과정에서 자격 미달이거나 추가 훈련이 필요한 자원봉사 지원자에 대해 확인해야 할 점검 목록을 개발한다. 또한 지도과목과 평가과정에서 이용할 수 있는 정보도 수집한다. 자원봉사활동을 하는 동안 발생할 수 있는 잠재적 위험들을 어떻게 처리할 것인가에 관한 질문을 직접 해 봄으로써 잠재적 자원봉사자를 시험할 수도 있다.

(4) 자원봉사자에 대한 위험대비 훈련

확인된 위험에 기초한 '위험대비 훈련 프로그램'을 개발한다. 이 중에 어떤 것은 모든 자원봉사자에게 제공되는 오리엔테이션에서 전달될 수도 있지만(예 : 자원봉사 대상자들의 특정한 욕구), 어떤 활동이 어떻게 진행되어야 한다는 것뿐만 아니라 일어날 수도 있는 위험을 어떻게 경험으로 미리 감지할 수 있는가를 검토할 수 있는 '현실에 기초한' 훈련을 개발하는 것이 중요하다.

(5) 직원훈련

확인된 위험들에 대해 직원 역시 확실히 훈련을 받아야 한다. 특히 직원은 적절한 준비나 심사를 받지 않은 자원봉사자에게 새로운 업무를 부여할 때 각 업무에 내재한 위험요소를 분명히 숙지하고 설명해 줄 수 있어야 한다. 이때 가장 위험한 상황은 '과도하게 열성적인' 직원이 '할 수 있는 능력은 없고 의지만 넘치는' 자원봉사자에게 위험이 내재된 업무를 부여하는 것이다.

(6) 위험 발생에 대비한 관리감독 절차 개발

문제상황에 대한 처리절차와 실행규칙에 관한 지침서를 개발한다. 또한 주의가 필요한 잠재적 문제행동에 대해 자원봉사자를 감독하는 직원도 필요하다. 어떤 업무에 대해 자원봉사자의 자격을 주기적으로 평가하는 심사체계도 만들어야 한다.

인정된 길에서 조금이라도 벗어난 자원봉사자에 대해 적용할 수 있는 규칙과 절차도 마련한다.

(7) 평가 및 개선

전체 자원봉사 프로그램의 평가와 자원봉사자의 활동평가에 위험관리 평가를 포함시킨다. 새로운 훈련방법과 감독절차를 개발할 때는 위험상황 목록을 작성하고 보완, 이용함으로써 위험관리 과정을 갱신하고 개선하려는 노력을 지속적으로 기울여야 한다. 자원봉사 업무에 대한 확실한 설명, 심사, 훈련 또는 감독절차에 대해서도 중요한 수정이 필요한 만큼 물리적 변화가 있는지 평가하고 반영해야 한다.

5) 기본적인 위험관리 대책

자원봉사활동을 하면서 직면할 수 있는 위험 및 법적 책임들에 대해 적절히 대처할 수 있는 방안이 마련되어 있어야 한다. 다음은 그에 대한 일반적인 예들이다.

(1) 위험에 대비하는 관리 및 감독 절차 마련

문제상황에 대비하는 자원봉사 지침 및 운영규칙, 위험 발생 시 대처방법 등의 목록을 작성하여 자원봉사자에게 교육시킨다. 아울러 자원봉사관리자는 직원에게 자원봉사자의 잠재적 문제행동을 주시하도록 당부하고, 위험성 있는 특정 업무를 담당하는 자원봉사자의 자격을 주기적으로 심사한다.

(2) 자원봉사자 자신의 재점검

자원봉사 프로그램 평가에 위험관리 점검을 포함한다. 예견할 수 있는 위험목록을 작성하고 갱신하며, 그것을 교육, 훈련 자료에 포함시킨다. 이를 통해 자원봉사자 스스로가 위험에 대비하고 위험이 발생했을 때 처리하는 과정을 숙지하고 있도록 훈련시킨다.

(3) 자원봉사 변호사 선임

자원봉사활동 중에 일어나는 위험에 대비하기 위해 자원봉사 변호사를 선임하여 각종 사고가 발생했을 때 신속히 대처하도록 한다. 필요에 따라서는 일정액의 활동비 및 변호수당을 기관에서 지급할 수 있다.

(4) 자원봉사 보험 가입

자원봉사센터나 기관에서는 각종 사고에 대비하기 위해 일정액의 예산을 편성하여 자원봉사자를 자원봉사 상해보험에 가입시킨다. 특히 위험성 있는 업무에 배치된 자원봉사자에 대해서는 반드시 자원봉사 상해보험에 가입해야 한다. 이때 보험료 부담과 상해보험 가입 대상에 대해 별도의 규정과 원칙이 마련되어야 한다.

(5) 기타 사고보상에 대비한 재원 마련

자원봉사 상해보험 외에도 자원봉사활동 중에 발생하는 불의의 사고에 대비하여 일정액의 예산을 자체적으로 편성하는 것이 필요하다. 이 예산은 사고 발생 시 배상 및 보상 금액으로 사용될 수 있다(볼런티어 21, 2004 : 129~134).

지금까지 자원봉사활동과 위험관리에 대해 살펴보았다. 몇 년 전까지만 하여도 우리나라에서 자원봉사활동과 위험관리는 일부 기관이나 기업을 제외하고는 전혀 대책이 없었다 해도 과언이 아니다. 그러나 2005년 8월 「자원봉사활동기본법」과 2006년 2월 「자원봉사활동기본법 시행령」이 제정되면서 자원봉사자의 상해보험제도가 점차 확산되어 이제는 자원봉사의 위험관리가 제도화된 것은 매우 의미가 크다고 할 수 있다. 그러나 무엇보다 중요한 점은 자원봉사활동과 관련하여 사고가 일어나지 않도록 예방에 철저하게 대비하는 일이라고 할 수 있다(김범수 외, 2010, pp.152~159).

3. 자원봉사자 슈퍼비전의 개념과 실제

1) 자원봉사자 슈퍼비전

일반적으로 슈퍼비전이라 함은 교육활동의 전반에 걸쳐 교육목표를 효과적으로 달성하기 위하여 이루어지는 전문적, 기술적인 봉사활동을 뜻한다.[1)]하지만 사회의 관점에서 볼 때는 자원봉사자가 각 기관에서 담당하고 있는 역할을 잘 수행할 수 있도록 정보와 피드백 및 필요한 도움을 제공하고 효과적인 활동 관리체제를 수립하여 활동관리의 효율성을 높이는 일이다. 이를 위해서는 자원봉사자에게 지속적인 슈퍼비전을 제공할 수 있는 체제를 갖추는 것이 바람직하다.

슈퍼비전을 위해 필요한 첫 번째 요소는 자원봉사자는 자원봉사관리자를 규칙적으로 만나 보고하고 이야기 할 수 있어야 한다는 것이다. 이는 자원봉사자들로 하여금 자신의 업무가 자원봉사관리자가 시간을 내어 주의를 기울일 정도로 중요하다는 것을 느낄 수 있게 하며, 어려운 일에 처했을 때 자원봉사관리자를 찾아오게 한다.

두 번째 요소는 자원봉사자가 기관의 일을 하면서 동등한 위치를 갖고 있다고 느끼게 하는 것이다. 이는 의사결정 및 조직의 일상적인 활동에 참여를 허락하고, 직원이 갖는 혜택을 동등하게 갖게 하며, 개방되고 자유로운 대화를 보장하는 것이다.

세 번째 요소는 자원봉사활동의 진행과정을 점검하는 것이다. 이는 자원봉사자가 목표를 향해서 전진하고 있다는 것을 확실히 할 수 있다는 점에서 중요하다. 정기적인 진행보고서는 결과에 대해 기관이 진지하다는 것을 자원봉사자에게 보여 줄 수 있고, 저급의 업무를 등한시하거나 업무를 미루는 것을 피할 수 있게 해 준다. 더 나아가 관리자로 하여금 아직 잘못을 바로잡을 수 있는 기회가 있을 때 문제를 발견하게 해 준다. 과정 보고를 할 때 주의할 점은 자원봉사자는 자신이 실제로 무엇을 했는지를 말하지 않고 자신이 한 일에 대해 자기 나름의 평가를 내리는 경향이 있으므로

1) Naver국어사전, 2018.06.09, http://krdic.naver.com/user.nhn?docid=3fded9b07e4c5fd3cc9e2ae2d9e34622

관리자는 그가 생각한대로 일이 되어 가고 있는지를 알아낼 필요가 있다.

네 번째 요소는 자원봉사자가 업무를 하고 싶어 하도록 업무에 대해 통제감을 느낄 수 있게끔 그들의 역량을 강화하는 기술이 필요하다는 것이다(McCurley & Lynch, 1996). 자원봉사자의 역량을 강화한다는 것은 업무수행 시 제한된 범위 내에서 결정할 수 있는 권한을 그들에게 줌으로써 더 자발적이고 독립적인 행동을 할 수 있도록 하는 것을 말한다(신승연, 2004).

2) 자원봉사자 슈퍼비전의 중요성

슈퍼비전이란 누가 누구에게 지시를 내리고 감시하는 일이 아니다. 훌륭한 슈퍼바이저는 자원봉사자의 업무가 매우 의미있고 보람있는 활동이라는 것, 그리고 자원봉사활동이 한 사람의 변화와 성장을 가져오고 개인적인 의미와 가치를 실현하며 사회적, 정서적, 지적 성장의 계기를 마련해 준다는 것을 잘 알고 있다.

자원봉사자에 대한 슈퍼비전은 자원봉사자가 그 기관에서 담당한 역할을 잘 수행할 수 있도록 돕는다는 의미에서 매우 중요하다. 자원봉사자는 종종 슈퍼비전과 평가를 두려워하기도 한다. 왜냐하면 그들은 슈퍼비전을 '감시받는 것'으로, 평가를 '지적이나 판단을 받는 것'으로 생각하기 때문이다. 그러나 슈퍼비전과 평가 과정은 모두 사람들이 자신의 일을 잘할 수 있도록 정보와 피드백을 제공하기 위해 있는 것이다.

3) 자원봉사자가 다른 자원봉사자에게 슈퍼비전을 제공하는 방법

자원봉사자가 다른 자원봉사자에게 상호 슈퍼비전을 제공하기 위해 훈련될 수도 있다. 3~4년 된 선배 자원봉사자가 후배 자원봉사자를 위해 훈련을 제공하는 것이다. 이러한 리더십 역할을 새롭게 만들어 냄으로써 자원봉사 경험이 믿을 만하고 가치 있는 일이라는 것을 보여줄 수 있다. 이러한 역할을 만들기 전에 동료 슈퍼비전에 대한 기대와 그 절차를 구체적으로 정리한 직무설계서와 지침서가 만들어져야 할 것이다.

4) 자원봉사자 슈퍼비전과 유급 직원 슈퍼비전의 차이점

(1) 슈퍼비전에 대한 기대

기관에서 자원봉사를 시작하기 전에 자원봉사자가 슈퍼비전을 제공받게 된다는 것과 슈퍼비전과 평가체계는 어떻게 이루어지는지에 대해 자원봉사자에게 미리 알려줄 필요가 있다. 유급 직원은 자신이 기관에서 슈퍼비전과 평가를 받게 될 것이라는 것을 당연히 예상하고 있지만, 자원봉사자는 그렇지 않을 가능성이 많아 나중에 슈퍼비전과 평가에 대해 들으면 당황하고 부담을 가질 수 있다. 그러나 자원봉사자는 이러한 슈퍼비전과 평가를 받아나가는 과정 속에서 자원봉사 프로그램이 매우 비중이 있는 것이라는 것을 인식하게 된다.

(2) 자원봉사자의 슈퍼바이저

자원봉사자와 유급 직원 슈퍼비전의 또 다른 차이점은 누가 자원봉사자의 슈퍼바이저가 될 것인가 하는 것이다. 보통은 전반적인 자원봉사관리자보다는 자원봉사자와 직접 일하는 직원이 슈퍼비전을 제공하도록 권장된다. 매일 이루어지는 자원봉사활동에 대해 슈퍼비전과 관리에 책임이 있는 사람이 누구인지를 분명히 해야 한다.

(3) 자원봉사자의 특수한 상황에 대한 이해

자원봉사자를 지도 감독하는 직원은 자원봉사자의 특수성 때문에 일어나는 일(예: 다른 일로 부득이 하게 약속시간을 지키지 못하는 것)에 대해 유연하게 대처하여야 한다. 유급 직원에게는 자신의 업무가 우선이지만 자원봉사자에게는 자원봉사 업무가 그들의 다양한 생활 중에 하나이므로 우선순위에서 밀릴 수 있기 때문이다.

(4) 자원봉사자와 직원 간 갈등관리의 원칙

자원봉사자와 직원 간에 발생할 수 있는 갈등문제를 '생산적으로 해결'할 수 있는 과정을 배우는 것은 매우 중요하다. 많은 경우 관리자와 슈퍼바이저가 직원과 자원봉사자 간의 갈등을 해소해야 할 때 갈등관리의 원칙을 적용하기 힘들어하고 있다(볼런티어 21, 2004 :173~175).

이와 같이 자원봉사관리자와 자원봉사자의 슈퍼비전 관계는 매우 중요하다. 한마디로 표현하면, 자원봉사자에 대한 슈퍼비전은 물이 자연스럽게 흘러가듯이 진행되면 좋다. 그러나 이러한 물의 흐름과 같은 슈퍼비전은 하루아침에 이루어지는 것이 아니다. 따라서 자원봉사자관리자는 먼저 다양한 자원봉사활동에 참여해 보아야 할 것이다. 다양한 자원봉사활동에 참여하면서 얻은 시행착오야말로 자원봉사 슈퍼비전의 가장 좋은 노하우가 될 것이다.

5) 자원봉사자 슈퍼비전의 주의사항

(1) 자원봉사자는 중요한 직원과 같다는 것을 인식하여야 한다.

자원봉사자는 무급 직원이지만 대부분의 조직이나 단체에서 중요한 '인력'이다. 조직과 기관의 일들은 유급 직원과 자원봉사자에 의해 행해진다. 자원봉사자도 유급 직원과 마찬가지로 생산적으로 일을 훌륭히 해내며 일을 통해 성장하는 계기가 주어져야 한다.

(2) 자원봉사자는 무상으로 주어지는 것이 아니다.

자원봉사자에게 임금을 지급하지는 않지만 기관이나 조직에서는 자원봉사자가 생산적이고 효과적으로 일할 수 있도록 투자를 해야 한다. 자원봉사자 모집, 면접과 배치, 훈련과 평가 그리고 인정에는 실제로 비용이 들어간다. 또한 직원이 자원봉사자에게 시간을 많이 할애하여야 한다는 것을 기관 차원에서 이해하고 이를 위해 미리 계획해 두어야 한다.

(3) 슈퍼비전은 관계를 맺고 유지하는 일이다.

슈퍼바이저는 자신이 지도 감독하는 모든 직원과 관계를 잘 맺고 유지해야하는 책임이 있다. 훈련, 코칭 혹은 피드백을 주면서 관계를 맺게 되지만, 관계의 본질은 두 사람(복잡한 감정을 갖고 있는) 간의 일대일 관계이다. 같이 일하는 상황에서의 좋은 관계란 상호 신뢰, 상호 존중, 그리고 각자의 능력과 전문성에 대한 상호 인정을 말한다.

(4) 슈퍼비전은 자원봉사 프로그램 운영과 깊은 관련성이 있다.

슈퍼비전은 직무설계, 면접, 훈련과 배치, 평가 그리고 인정과 구별되면서도 아주 밀접하게 연결되어 있다. 자원봉사 영역에서의 슈퍼비전이란 자원봉사자가 봉사활동에 참여하면서 다양하게 직면하는 문제들을 대화나 조언을 통해서 풀어 주는 과정을 말한다. 따라서 자원봉사자가 다양한 프로그램에 참여할 수 있는 기회를 제공한다는 의미에서 매우 중요하다(김범수 외, 2010, pp.140~144).

4. 자원봉사자 갈등관리

1) 갈등의 해소전략

자원봉사 현장에서의 갈등 해소는 자원봉사가 원활히 이루어지게 하고 자원봉자사의 중도탈락률을 낮추기 위한 자원봉사 관리에서 매우 중요한 과업이다. 이를 위해서는 자원봉사자 조직의 관리자가 갈등을 전략적으로 관리하는 기술이 필요하다.

갈등 해소전력은 누가 승자가 되고 누가 패자가 되는가로 구분하여 승-승 전략, 승-패 전력, 패-패 전력의 세 가지로 설명할 수 있다. 물론 모두가 이기는 승-승 전략으로 관리하는 것이 가장 바람직하다. 이들 전략을 설명하면 다음과 같다.

(1) 승 - 승 전략(win-win strategy) / 협동 또는 절충

양자 모두가 승자가 되도록 하는 이 전략은 개인이나 조직의 관점에서 볼 때 가장 바람직한 전략이다. 이 전략에는 협동기법이 동원되는데, 이 전략은 다음과 같은 가설에 기초하고 있다.

- 사람들은 함께 일하기를 원한다.
- 사람들은 상호 간의 문제를 해결하기 위해 함께 일할 수 있다.
- 사람들은 자신에게 영향을 미치는 의사결정 과정에 참여하고자 서로의 권리를 존중한다.
- 사람들은 타인의 존엄성을 존중한다.
- 사람들은 타인의 능력을 존중한다.
- 같은 일터에서 일하는 사람들은 집단의 공동 목표를 공유한다.

(2) 승 - 패 전략(win-lose strategy) / 지배 또는 순응

갈등 해소전략 중에 가장 일반적으로 사용되는 전략으로서 다른 편의 희생하에 자기편의 이익과 목적을 달성하려는 전략이다. 이 전략에는 지배 또는 순응의 기법이 동원된다.

(3) 패 - 패 전략 (lose-lose strategy) / 회피 또는 타협

갈등관계에 있는 양자 모두가 패자가 되는 역기능적인 전략으로 회피 또는 타협의 기법이 동원된다. 가장 바람직하지 못한 전략이라고 할 수 있다.

2) 갈등관리를 위한 행동원리

갈등을 조직발전에 유용한 갈등으로 승화시키기 위해서는 승 - 승 전략으로 갈등을 관리하여 해소하는 것이 바람직하다.

슈타인메츠와 토드(Steinmets & Todd, 1992)는 어느 편의 희생도 없이 모든 집단의 요구를 충족시키면서 갈등의 원인을 근본적이며 장기적으로 해결하는 갈등관리 기법을 밑의 그림과 같이 설명했다.

결론적으로 모두가 승자가 되는 갈등관리의 행동원리를 정리해 보면 다음과 같다(김범수, 1992).

- 냉정하라. 당신이 옳다면 화를 낼 필요가 없다. 만일 당신이 그르다면 더욱더 화를 낼 자격이 없다.
- 따뜻한 마음으로 귀담아 듣고 사실을 알려고 하라.
- 문제해결을 위한 행동을 취하라.
- 화합의 끝맺음은 원만하게 하라(김범수 외, 2010, pp.209~214).

노여움, 성급함 및 싸움을 피하기

↓

모든 사람들에게 도움을 주는 해결책 연구하기

↓

타인의 감정적 태도에 민감하기

↓

'사람' 이 아닌 '문제' 에 초점을 두기

↓

'우리' 와 '그들' 을 구분하는 말 피하기

↓

현실에 대한 기대를 제한하기

volunteerism | chapter 11

인정 보상과 프로그램 평가

1. 자원봉사 인정 · 보상의 개념과 필요성

1) 자원봉사 인정 · 보상의 개념

자원봉사 활동과 관련된 실천현장에서는 자원봉사활동의 인정과 보상의 개념을 인센티브 또는 보상 등의 용어를 병행하여 사용하고 있다. 여기에서 인정(recognition)이란 '일반적으로 타인의 행위에 대해 긍정적인 의사를 표시하는 일로서, 자원봉사자의 활동에 대한 가치를 승인하고 무엇인가를 주는 것'으로 정의할 수 있다. 보상(reward)은 '남에게 진 빚이나 끼친 수고 등을 되갚는 행위'를 의미하는데, 자원봉사활동에서의 인정과 보상은 '자원봉사활동의 가치를 승인하고 타인에게 진 빚이나 수고 등에 대한 유 · 무형의 내용'을 모두 총칭한다. 반면 인센티브(incentive)는 자원봉사활동 수행을 위해 동기 유발하는 행동의 목적물을 뜻하는 용어로 사용된다.

자원봉사 활동에서의 '인정' 은 시장영역에서 '화폐'와 같은 역할을 하는데, 자원봉사 프로그램의 성공에 중요한 역할을 한다고 볼 수 있다. 그 의미 자체로 물질적, 정서적, 추상적이며 구체적인 요소들을 모두 포함하는(조휘일, 2002; 이성록, 2005) 자원봉사 활동의 인정과 보상은 자원봉사의 가치를 인식하고 받아들여 자원봉사자에게 제공되는 모든 지원체계를 포괄하는 의미로 정의할 수 있다(김현옥 · 안승화 · 천희 · 김형용 · 오영수 · 박연수, 2008; 행정안전부, 2012). 자원봉사자들을 중요한 인적 자원으로 이해하고 지속적이고 적극적인 봉사활동이 유지될 수 있도록 봉사활동 조직에서 행정적, 관리적 목적으로 제공하는 것이다.

자원봉사자는 개별적인 동기, 목적, 기대 등 여러 가지 이유에 의해 자원봉사에 참여하고 각기 다양한 기대와 목적을 가지고 있다. 따라서 자원봉사자의 활동은 가치와 의미가 있어야 하며 지속적인 활동으로 이어지기 위해 자원봉사자의 활동에 대한 적절한 인정과 보상이 따라야 한다. 즉, 자원봉사활동에 대한 적절한 보상이 주어질 때 자원봉사자는 자신의 일이 의미 있는 것으로 받아들여지게 되며, 기관과 지역사회에 기여하고 있다고 받아들여 자원봉사활동을 지속적으로 수행하게 된다(현외성, 2010). 자원봉사활동의 효과적인 인정은 생산성을 높이며, 지속적인 활동으로 연결되고, 자원봉사자가 기관에 오랫동안 남게 되는 원동력이 되며, 결과적으로 자원봉사자들의 사기와 봉사 정신을 높여주는 기능을 수행하게 된다(김범수 외, 2015).

2) 자원봉사 인정과 보상의 필요성

자원봉사활동 영역은 비제도화 · 제도화의 시기를 거치며 양적으로는 발전하고 있다고 볼 수 있으나 여전히 자원봉사활동을 자선적 · 개인적인 실천 행위로 여기고 있다(관련부처 합동, 2018). 다양한 인정과 보상은 자원봉사 활동에 대한 가치를 부여하며 감사를 표현할 수 있는 방법으로 자원봉사자들의 활동을 촉진하고 지속하게 한다(이용환 외, 2013). 따라서 자원봉사활동이 일회성 이벤트가 아닌 지속적인 활동으로 이어지기 위한 자원봉사자의 인정과 보상은 다음과 같은 측면에서 중요하다.

첫째, 자원봉사자의 욕구에 부합하는 인정과 보상은 자원봉사활성화에 긍정적인 영향을 미친다. 주성수 외(2014)의 연구에서 자원봉사자들을 대상으로 자원봉사활동에 대한 가치 및 인식 등을 조사한 결과 적절한 인정과 보상은 자원봉사 활성화에 긍정적인 영향을 미친다는 응답이 65.7%로 나타났으며, 자원봉사자의 개인적인 만족감과 참여의지를 고취시켜 자원봉사활동에 효과적인 영향을 주는 것으로 보고되었다(이용환 외, 2013; 경기연구원, 2014). 이 밖에도 다양한 연구들에서 자원봉사활동에 대한 인정과 보상은 자원봉사활성화에 긍정적인 영향을 주는 것으로 조사되었다(안영주, 2017; 김승렬 외, 2016; 유길준, 2015; 유은경, 2015; 주성수 외, 2014; 강종수, 2012).

둘째, 효과적인 인정은 자원봉사자의 개인적 만족을 느끼게 함으로써 참여의지를 강화하고 봉사활동의 생산성을 증가하게 한다. 자원봉사자는 만족스러운 봉사활동을 통해 가시적인 활동성과를 보여줌으로써 스스로 강한 동기부여 및 지속의지를 강화하게 된다. Bang과 Ross(2009)는 자원 봉사자의 동기부여를 충족시키기 위한 자원봉사 관리자의 노력으로 자원봉사자의 만족에 가장 큰 영향을 미치는 것이 무엇인지 이해하는 데 중점을 두어야한다고 하였다. 보상 및 인정 체계의 핵심 요소는 분명한 과업 목표와 기대를 수립하고, 개별 과업을 전체적인 기관의 사명과 분명하게 연결시키며, 개인의 만족을 증가시키기 위해 개인적 욕구를 충족시키는 것이다(볼런티어 21, 2005). 따라서 자원봉사자의 활동이 기관에 어떠한 도움을 주고 있으며, 지역사회에 어떤 기여를 하고 있는지 이해하도록 하며 지속적인 참여가 가능하도록 동기부여가 되어야 한다.

셋째, 효과적인 인정과 보상은 자원봉사자의 중도 탈락을 예방하고, 지속적인 참여를 유지할 수 있는 중요한 역할을 한다. 긍정적인 인정과 보상을 통해 자원봉사활동에 대한 지속의지에 영향을 미치며(강종수, 2012), 자원봉사자들의 내적 동기를 강화하여 봉사활동에 대한 만족도를 높이고 봉사활동을 지속적으로 유지하는 효과를 나타낸다.

자원봉사의 인정과 보상이 자원봉사 활동의 지속성을 보장하는 유일한 수단이라고 할 수 없으나 중요한 매개체의 역할을 한다고 볼 수 있다. 효과적인 인정과 보상을 통해 자원봉사자의 중도탈락을 예방하고 자원봉사활동에 대한 지속적인 참여를 유지하는 등 자원봉사 활동에 대한 동기를 강화하고 만족감을 증대할 수 있음을 확인할 수 있다(유은경, 2015).

2. 자원봉사 인정 보상의 내용과 방법

1) 자원봉사 인정 · 보상의 내용

자원봉사 인정과 보상은 일반적으로 유형과 무형, 공식적 비공식적인 인정과 보상으로 나누어지며, 연구자에 따라서는 심리적(성취, 관심 등 내적 안정감과 자긍심 촉진 등), 경제적(물품, 현금 등 가시적인 유형), 관리적(보험가입 등인 인정과 보상)으로 구분하기도 한다(김재학, 2014).

조휘일(2002)은 인정과 보상의 전달에는 자원봉사자의 각 개인별 자원봉사동기 및 욕구를 가장 우선적으로 고려해야 한다고 하였으며, 자원봉사자의 개별화에 의미있는 보상을 실시하여야 함을 강조하였다. 앞에서 언급한 바와 같이 자원봉사의 인정과 보상 형태는 다양하나 이 장에서는 공식적, 비공식적인 인정과 보상에 대해 알아보고자 한다.

(1) 공식적인 인정과 보상

공식적인 인정에는 연례적으로 개최하는 행사, 저녁식사, 리셉션, 다과회 등이 있다. 그 밖에 감사증명서, 상패, 자원봉사자 핀, 배지 등을 제공하는 것이 포함된다. 공식적 인정행사는 자원봉사자들 간에 지역공동체 정신을 함양하고(김범수 외 2015), 공개적인 인정을 통해 자원봉사 활성화에 기여할 수 있다.

Fletcher(1989)는 자원봉사자의 참여활동 및 욕구에 대한 보상이나 인정을 다음과 같이 정의하였다. 자원봉사자들의 자원봉사 참여 동기 및 욕구에 대한 보상이나 인정을 전달할 수 있는 요소들은 다음과 같다(K. B. Fletcher, 1989:69; 조휘일, 2002 재인용).

- 특정한 기술(skill)을 사용할 수 있는 기회
- 특정한 기술을 활용하고 개발할 수 있는 기회
- 미래의 고용 준비를 위한 업무훈련의 기회
- 가능한 자신의 경력을 탐색할 수 있는 기회
- 개인이 특히 관심 있는 문제에 대해서 무언가 행동할 수 있는 기회
- 기관의 한 부분이 될 수 있는 기회
- 대인관계의 기술을 발달시킬 수 있는 기회
- 이전에 도움을 받은 경험이 있는 사람이 이에 대한 교화적 욕구에 부응할 수 있는 도움을 베풀 수 있는 기회
- 사회적 개입의 기회
- 특정 활동(및 행동)의 한 부분으로의 역할을 할 수 있는 기회
- 사회적으로 쓸모 있는(유용한) 활동에 참여하려는 욕구충족
- 자신이 필요한 존재로 인정받고 감사를 받는 경험(지역사회 봉사상 시상 대상자 추천)
- 공식적 행사에서 인정받을 수 있는 기회(연말 자원봉사자 만찬 또는 파티에서의 감사장 전달)
- 어떤 상징적 핀이나 자격증을 받는 기회(장기 자원봉사자 명단에 기록 및 게재)
- 뉴스레터, 신문 또는 다른 대중매체에 이름이나 관련 기사가 오르는 것

(2) 비공식적인 인정과 보상

공식적 형태의 보상과 인정 전달 방법 외에도 비공식적으로 인정을 전달하는 방법을 생각해 볼 수 있는데, 다음과 같은 것들이다.

- 수시로 적절한 시기를 맞추어서 '감사하다'는 말을 전하는 것
- 자원봉사자의 불편을 고려해서 훌륭한 물리적인 환경을 조성하는 것
- 자원봉사자가 '메시지'를 받을 수 있는 우편함을 설치해 주는 것
- 불가피한 사정으로 또는 근무 일정이 없어서 결근했다가 출근했을 시에는 그동안의 안부와 기관이 아쉬워했다는 말을 전하는 것
- 자원봉사자에게 기관의 새로운 변화나 발달적 사실들을 반드시 전달하는 것
- 자원봉사자의 직원회의, 직원 현임훈련 프로그램 그리고 직원의 사교행사에 참여시키는 것
- 점심 또는 커피 모임에 자원봉사자와 동반해서 참여하는 것
- 경험 많은 자원봉사자에게 새로운 자원봉사자 훈련을 도와줄 것을 요청하는 것
- 자원봉사자의 준비 상태를 점검하여 새로운 책임을 부과하는 것
- 자원봉사자 개개인의 특별한 기술이나 전문적 능력의 영역에 대한 자문을 구하는 것
- 자원봉사자가 활동과 관련된 비용을 자비로 지출했을 때 상환해 주는 것
- 자원봉사자의 생일에 카드를 보내거나 기관 내에서 생일케이크를 준비해서 축하하는 것
- 자원봉사자의 직위 및 업무와 관련된 훈련과정 참여 비용을 제공하는 것
- 자원봉사자가 잘 수행한 특정의 업무에 대해 칭찬해 주는 것

이상의 것들이 자원봉사자에게 비공식적인 보상이나 인정을 전달하는 계기가 될 수 있다(K. B. Fletcher, 1989:69; 조휘일, 2002 재인용). 이외에 제도적인 자원봉사자의 인정과 보상 방법으로 이벤트 개최, 언론매체 홍보, 감사패 혹은 표창장 전달 등이 있다.

2) 자원봉사자 유형별 인정 · 보상 실태

자원봉사자의 관리적인 측면에서 정부와 자원봉사 기관에서는 다양한 제도를 구축

하고 있다(유은경, 2015). 주성수 외(2017)의 연구에서 자원봉사자가 1년간 자원봉사활동에 대한 인정 받은 경험에 대해 조사한 결과 '기관으로부터 자원봉사 재참여 연락'이 46.8%로 가장 높았으며, '자신이 참여한 봉사활동을 좋게 평가' 45.2%, '카드, 연하장, 휴대폰 문자 등 감사 · 안부 인사'는 37.1% 등의 순으로 나타났으나 '인정이나 인센티브 받은 경험이 없다'가 29%에 달하는 것으로 나타났다.

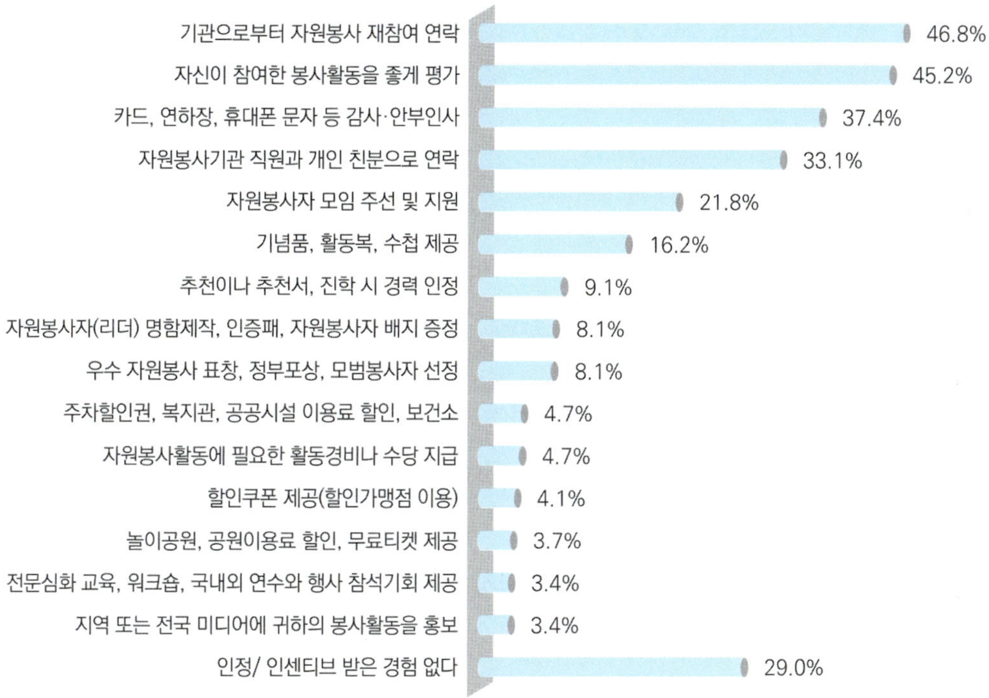

[그림 11-1] 자원봉사활동 인정 경험

또한, 자원봉사활동에 대한 자원봉사자의 인정 유형 선호도를 조사한 결과, '자원봉사자를 환영하는 분위기' 가 74.1%로 가장 높았으며, '봉사활동의 결과에 대해 알려줌' 이 65.4%로 나타났다. 다양한 연구들에서는 자원봉사자들은 공식적인 축하, 행사 그리고 인정서류 제공 보다는, 비공식적인 감사 표시, 봉사자 모임 제공, 봉사활동

결과에 대한 정보 제공 등이 더 중요하다고 보고된 바 있다. 따라서 자원봉사활동의 다양한 인정과 보상 등의 관리는 자원봉사활동의 지속적인 참여에 중요한 역할을 하고 있다고 볼 수 있다.

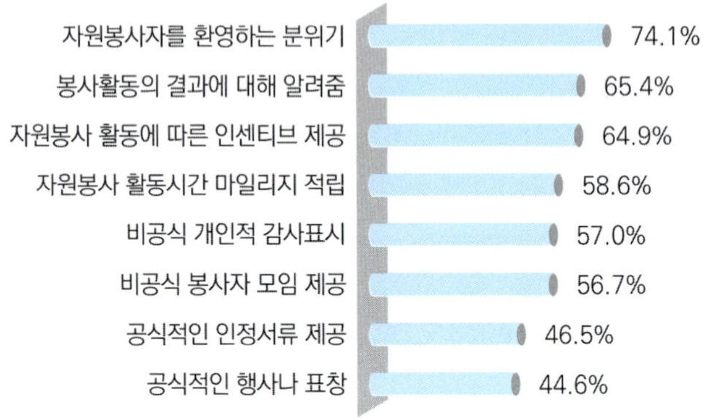

[그림 11-2] 인정 유형에 대한 자원봉사자 선호도

이용환 외(2013)의 연구에서도 자원봉사 활동의 인정・보상에 대해 자원봉사자들은 '자원봉사 정신에 위배되지 않는 인정과 혜택은 괜찮다'가 42.8%, '인정과 혜택이 있는 것이 더 좋다'가 16.2%로 나타난 반면 '혜택이나 대가를 받으면 자원봉사가 아니다'가 22.2%로 나타나 자원봉사 활동의 인정과 보상에도 각기 다른 견해가 있는 것으로 나타났다.

이처럼 자원봉사자들은 공식적 축하, 행사 그리고 인정서류 제공 보다는 비공식적인 감사 표시, 봉사자 모임 제공, 봉사활동 결과에 대한 정보 제공 등이 더 중요하다고 조사되었다. 진정한 자원봉사활동의 인정은 공식적인 인정보다는 비공식적인 인정이라는 것이 자원봉사자의 대다수의 의견이다.

[알아보기]

최근에는 자원봉사활동의 지속성을 위해 자원봉사 실적인증서 발급 및 우수 자원봉사자 표창 및 배지 수여, 상해보험 가입 외에도 다양한 문화 이벤트 초청(영화시사회, 뮤지컬, 연극, 콘서트, 놀이공원, 미술관 등)이 확대되고 있다.

또한 VMS에 등록된 자원봉사자에게 사이버대학교 등록금 감면 혜택(누적 봉사 횟수에 따라 감면 혜택이 다름)과 인터넷 어학원 할인, 건강검진, 콘도 할인 등 다양한 인정·보상이 이루어지고 있다.

* 참고 : 사회복지자원봉사 인증관리(VMS). 자원봉사 인정·보상 주요내용

3. 자원봉사 활동과 시간관리

1) 자원봉사 활동 시간관리 현황

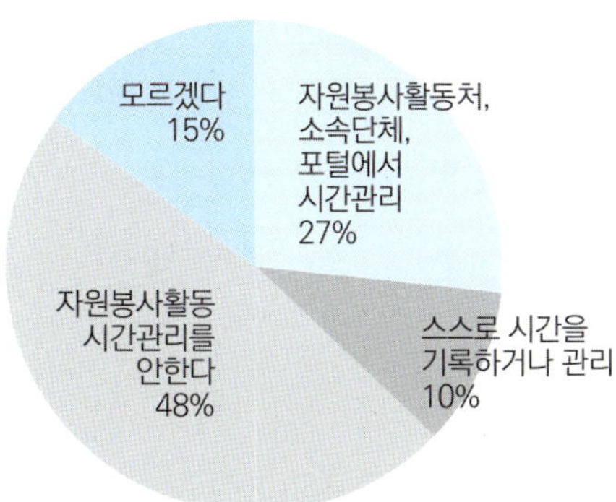

[그림 11-3] 자원봉사 시간관리 현황

출처: 행정자치부(2014).

2014 자원봉사 실태조사(행정자치부, 2014)에 의하면, 봉사자 중 '시간 관리를 안 한다'고 응답한 자원봉사자가 48%로 가장 많았으며, '스스로 자원봉사 활동시간을 관리한다'가 10%, '봉사활동처, 소속단체, 자원봉사포털에서 관리한다'는 27%, '모르겠다'가 15%로 조사되었다.

자원봉사 관리 포털에서 시간관리 받는 봉사자는 직장이나 대학에 소속된 20~30대가 비교적 많았는데, 대학생 사회봉사 점수화, 직장인 자원봉사 의무화 등 대체로 시간 확인이 필요한 대상들이다.

그러나, 자원봉사활동 시간 관리를 하는 사람보다 그렇지 않은 사람들이 더 많은

것으로 나타났다. 시간관리를 안한다는 사람이 2017년 52%로, 2014년 48%보다 늘었고, 시간관리를 하는 사람 중에는 스스로 관리한다는 사람은 9.3%, 자원봉사활동처, 소속단체, 포털에서 관리한다가 27.7%로 2014년과 같은 수준으로 나타났다.

또한, 자신이 아닌 다른 곳, 즉 활동처, 소속단체, 포털에서 시간관리를 한다는 27.7% 중에서 가장 많은 비중을 차지하는 곳은 활동처나 소속단체가 66.3%로 가장 많았고, 1365, VMS 등의 자원봉사 포털이 31.5%로 2014년에 비해 25% 가량 줄어든 것으로 나타났다(행정안전부, 2017).

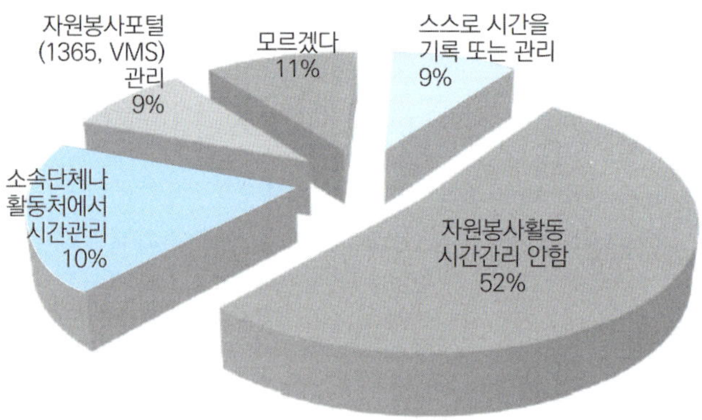

[그림 11-4] 자원봉사활동 시간 기록 및 관리

출처: 행정자치부(2017).

2) 자원봉사활동 관리 시스템

우리나라 자원봉사활동 시간 관리 시스템으로는 보건복지부의 VMS, 행정안전부의 1365, 교육부의 나이스(NEIS), 여성가족부의 두볼(DoVol)이 가장 대표적이며, 전 세계에서 이렇게 봉사시간을 시스템으로 관리하는 나라는 우리나라가 유일한 것으로 알려져 있다(한국자원봉사문화, 2015). 이렇게 각 부처별로 구분되어 있던 자원봉사 시간관리 시스템을 2005년에 학생 자원봉사포털의 경우 '청소년봉사활동관리시스템(CS버전)'을 구축하여 운영하였으며, 2008년에는 통합시스템(WEB버전)으로 개편하였다.

이 후 2012년에는 여성가족부의 청소년통합정보시스템과 통합하여 '청소년봉사활동관리시스템(DoVol)'으로 개편하여 교육인적자원부/교육부의 '나이스'와 연계함으로써 학생 자원봉사활동 실적의 포털 간 연동과 통합 관리가 가능하게 되었다.

2016년 후부터는 NEIS(교육부), DoVol포털(여성가족부), 1365포털(행정자치부), VMS(보건복지부)의 자원봉사활동 기록이 포털 간 연동이 가능하게 되어 지역사회 자원봉사활동 참여 인증 영역과 내용, 형태를 기존의 부처별 포털 운영보다는 보다 다양하게 수용할 수 있다(한국자원봉사문화, 2015).

4. 자원봉사 프로그램 평가

자원봉사 프로그램에서의 평가란 자원봉사자가 활동 초기 계획에 따른 목표를 어느 정도 달성하였는지를 판단하는 것으로, 자원봉사활동의 과업수행 전 과정에서 지속적으로 이루어져야 하는 중요한 과정이다. 자원봉사 프로그램 평가를 통해 자원봉사 활동의 효과성을 확인할 수 있는 방법으로, 개인 및 집단 자원봉사자는 물론 자원봉사프로그램의 강점과 약점을 확인할 수 있게 된다. 자원봉사 프로그램의 평가 목적 및 평가 내용 및 방법, 평가 척도에 대해 살펴보고자 한다.

1) 자원봉사 프로그램 평가의 목적

자원봉사 프로그램 평가는 자원봉사활동 프로그램에 대해 궁극적으로 자원봉사 활동이 의도했던 목표를 달성하고 있는지 지속적으로 평가하여 바람직한 방향으로 이끌어 가기 위함이다. 즉 자원봉사 프로그램의 평가 과정을 통해 자원봉사 프로그램을 개선하고, 더 나아가 자원봉사활동 조직의 정책이나 활동방향을 확인하고 점검하는 데 활용할 수 있다(현외성, 2010).

이성록(2005)은 자원봉사활동의 평가(evaluation)는 다음의 사항에 따라 중요성을 갖는다고 하였다.

첫째, 평가는 정부, 기부자, 지역사회, 경쟁자 등 이해관계자들의 실질적 성과에 대한 입증 요구에 대응하고 사회적 가치를 입증할 수 있는 효과적인 수단이다.

둘째, 평가는 자원봉사 프로그램에서 바람직한 것을 찾아내 유지·보존하고 잘못된 것은 개선하는 유일한 방법이다.

셋째, 평가는 자원봉사조직은 물론 자원봉사자와 유급직원의 사기진작을 위한 매우 중요한 수단이다.

따라서 실질적인 자원봉사 프로그램 평가를 통해 프로그램의 목적과 목표를 어느 정도 달성했는지 지속적으로 점검하는 것이 중요하다. 이러한 자원봉사 프로그램의 평가 결과를 반영하여 자원봉사자, 클라이언트의 욕구를 충족할 수 있어야 하며 이를 통해 자원봉사 프로그램의 질적 향상을 도모해야 할 것이다.

2) 자원봉사 프로그램 평가의 내용 및 방법

자원봉사 프로그램 평가를 크게 과정평가와 성과평가로 구분할 수 있다. 먼저 과정평가는 프로그램이 계획과 기대에 따라 시행되고 있는지 결정하기 위한 기관의 활동을 사정하는 것이며 성과평가는 프로그램 개입의 결과로서 자원봉사 프로그램을 통해 클라이언트나 지역사회가 어느 정도까지 변화하였는가를 측정하는 것을 의미한다. 구체적인 내용은 아래와 같다(이성록, 2005; 김범수 외, 2015; 정병오·송아영, 2016).

(1) 프로그램 과정평가(process evaluation)

과정평가란, 프로그램이 계획된 대로 추진되었는지를 점검하고 확인하는 평가로, 프로그램의 효율성 등 프로그램의 결과에 대한 만족도를 평가한다. 프로그램 중간이나 종결 후 평가를 통해 자원봉사자가 수행한 과업들, 자원봉사 활동에서 보여 준 기술과 능력, 직무지침, 업무성과, 프로그램에 대한 만족도, 프로그램에 종사한 시간, 자원봉사자가 조직에 계속 남아 있는 정도, 그리고 자원봉사자의 노력을 지지하는 데 소요된 직원의 비용을 조사한다. 설문조사, 스탭평가회의, 질적 조사(인터뷰, 초점집단인터뷰, 관찰), 중요도 - 실행도(IPA) 분석 등을 통해 평가할 수 있다.

(2) 프로그램 성과평가(outcome evaluation)

성과평가란, 원래 의도했던 것과 같이 성과가 얻어졌는지를 객관적으로 확인하는 과정을 의미한다. 프로그램 시작과 종결 시(사전 - 사후) 또는 프로그램 종결 후 참여자의 질적 변화를 평가하고, 프로그램 결과의 효과성, 효율성을 평가한다. 또한 프로그램을 통해 나타난 산물이나 직접적인 결과, 프로그램이 제공한 서비스를 조사한다. 프로그램 결과에 의한 서비스 이용자의 수, 제공된 서비스의 양 등이 평가된다.

1단계 기관의 사명은 무엇인가? (observation of mission)
2단계 프로그램 목적과 목표는 무엇인가? (identification)
3단계 프로그램의 목표 달성여부는 어떻게 판단하는가? (establishment of criteria)
4단계 계획된 목표는 달성되었는가? (comparing)
5단계 평가 자료를 어떻게 사용할 것인가? (feedback loop)

[그림 11-5] 프로그램 평가 단계
출처: 이성록(2005).

(3) 자원봉사 프로그램 평가를 위해 필요한 사항

자원봉사 프로그램의 효과성을 확인하기 위한 평가는 매우 중요하다. 특히 자원봉사 프로그램에서 이루고자 했던 목적과 목표를 달성했는지, 자원봉사 과정에서 어려운 점은 없었는지, 자원봉사프로그램을 어떻게 인식하는지 등을 다양한 방법들을 활용하여 정기적으로 파악하는 것이 필요하다. 자원봉사 프로그램 평가를 위해 반드시 필요한 사항을 살펴보면 다음과 같다(김동배, 2005).

- 프로그램을 위한 목적과 목표를 명백히 진술하여야 한다. 이는 프로그램 개발의 둘째 단계에서 이루어지는데, 이때 프로그램의 목표를 측정할 수 없는 것을 제시한다거나 혹은 프로그램의 목적이 애매모호할 경우 프로그램에 대한 오해를 초래해서 프로그램 계획가, 프로그램 책임자와 평가자는 프로그램 본래의 의도가 아닌 전혀 다른 뜻으로 받아들일 수 있다.
- 구조화된 피드백 과정을 세워야 한다. 자원봉사활동 평가를 제대로 하기 위해서는 담당 실무자와 자원봉사자가 의사소통을 할 수 있는 공식·비공식적인 경로를 만들어 두어야 한다.
- 누가 정보제공에 적합한 사람인지 정의해 두어야 한다. 다시 말해, 평가 주체를 정해야 한다는 것인데, 이는 자원봉사자 수요기관의 직원(자원봉사관리자), 자원봉사센터의 직원, 자원봉사자, 자원봉사 대상자(지역사회 주민, 수혜자), 외부 전문가 등이 될 수 있다.
- 정보제공에 적절한 자료수집 과정을 설계하여야 한다. 자원봉사 프로그램의 전체 과정을 평가하기 위해서는 프로그램 개발, 운영을 위한 조직 및 관리에서부터 프로그램 실시 및 결과에 대한 모든 자료를 수집해야 한다. 자원봉사자들의 활동을 평가하기 위한 자료는 자원봉사활동 기록부(봉사일지, 봉사활동 자기평가서, 봉사활동 상호 평가서, 봉사활동관리자에 의한 평가서, 외부 전문평가자에 의한 평가서)를 참고하여 수집할 수 있다.
- 자료를 분석하고 활용할 평가방법을 결정하여야 한다. 이는 평가 유형에 따라 달라질 수 있으므로 수집한 자료를 평가 유형에 맞게 어떻게 분석하고 활용할지 생각해 두어야 한다. 그것은 결과 해석, 목적·목표와 결과 비교, 변화를 위한 제언 등의 기초를 마련하는 것이다.

자원봉사 평가는 프로그램의 목적, 시간, 비용, 대상자의 특성 등 여러 가지 특성과 방법에 따라 다양하게 이루어질 수 있다. “내가 봉사를 하러 왔다가 더 많이 얻어 간다.", "인생에서 힘들고 어려운 시간에 새로운 빛을 본 것 같다.", 라거나 "아이들이 무척 좋아하더라." 라는 식의 비형식적인 자원봉사자의 구두 평가에서부터, 자원봉사 활동에 참여하면서 변화했던 과정과 내용들을 전문적인 평가기법을 적용하여 조직적으로 평가하는 것까지 그 범위는 넓고 다양하다.

그 외에 참여관찰, 포커스그룹인터뷰(focused group interview) 등의 방법도 많이 사용되고 있다. 실질적이고 구체적인 평가를 실시하기 위해서는 의미있는 관계 형성과 변화의 과정을 구체적으로 기록하고, 성과를 가능한 한 계량화하는 노력을 할 필요가 있다.

최근 이루어지고 있는 프로그램 평가의 동향을 보면 다음과 같다(박차상, 2014).

① 과학적이고 객관적이며 측정적인 접근방법에서 평가의 과정(process) 또는 평가의 참여에 중점을 두는 방법으로
② 정보(information) 생산에서 정보사용의 방향으로
③ 구체적인 확실성을 기대하던 차원에서 평가의 활용 면을 강조하는 방향으로
④ 평가의 주된 관심사를 '프로그램' 그 자체에 국한시키는 대신 프로그램의 대상이 되는 인적 요소와 제반 욕구 및 환경을 강조하는 방향으로
⑤ 전문가에게 의존하던 기술적인 평가방법에서 참여적인 접근방법과 평가의 과정에 가치를 부여하는 차원으로
⑥ '한 번으로 끝나는' 평가가 아닌 계속적인 활동으로서의 평가로
⑦ 외부의 기술자원에 대한 평가에서 기관 자체 평가의 방향으로 변화하고 있다.

〈표 11-1〉 과정평가와 성과평가

평가유형	과정평가(Formative evaluation)	성과평가(Outcome evaluation)
평가목적	• 프로그램 운영의 효율성 평가 • 운영과정상의 세부목표들의 달성 정도 및 효율적인 연계성 평가 • 개발운영과정에 대한 만족도 평가 • 프로그램 결과의 만족도 평가	• 프로그램 참여자의 질적 변화 평가 • 프로그램 결과의 효과성 평가 • 프로그램 결과의 효율성 평가
평가대상	• 프로그램 담당자/봉사자/대상자	• 봉사자/대상자/지역사회 • 기관 및 프로그램 담당자
평가내용	• 자원봉사프로그램 운영과정 홍보/모집, 면접/배치, 교육/훈련, 인정/보상, 갈등관리 등에서 비용측면 (인력, 예산, 시간)과 만족도/중요도 조사 • 프로그램에 대한 만족도 참여만족도/기대충족도/지속적인 참여의지/구전효과	• 봉사자 및 대상자의 질적 변화 상태/지위/행동/기능/태도/감정/인식 예) 자아통제감, 자아존중감, 정신건강(Mental Well-being), 사회통합감, 생산성, 자기이미지 변화 등 • 기관의 변화 - 기관 실무자의 인식변화 - 기관 내규의 변화 - 기관의 정책변화 - 기관의 서비스/프로그램의 변화 • 지역사회의 변화 - 정책변화, 지역사회 인식변화 - 사회적, 문화적 여건의 변화 - 경제적 여건의 변화
평가시기	• 프로그램 중간 • 프로그램 종결 후	• 프로그램 종결 후 • 프로그램 시작과 종결(사전 - 사후)
평가방법	• 설문조사(빈도, 백분율, 상관관계 회귀분석 등) • 스탭평가회의 • 질적 조사(인터뷰, 초점집단인터뷰, 관찰) • 중요도 - 실행도(IPA)분석	• 설문조사(사전 - 사후 평가) (t-test) • 통제 - 실험집단 간 비교(t-test/Anova/Ancova) • 스탭평가회의 • 질적 조사(인터뷰, 초점집단인터뷰, 관찰) • 중요도 - 실행도(IPA)분석

출처 : 이금룡(2015). p. 113

3) 자원봉사 프로그램 평가의 측정

자원봉사 프로그램 평가지표에 포함되어야 할 내용들은 평가자에 따라 다소 차이가 있으며 자원봉사 프로그램의 평가에 대해서는 아직 연구가 미비하다(최유미, 2012). 자원봉사관리 표준화 연구(김현옥 외, 2008; 이성록, 2005)가 다양하게 이루어지고 있으며 이 장에서는 Susan(2005)의 자원봉사평가에 따른 지표를 다음과 같이 소개하고자 한다.

〈표 11-2〉 **자원봉사평가에 따른 지표**

관리요소	평가지표
1. 기획과 자원	자원봉사 프로그램 개발, 자원봉사자를 위한 환경/대응력, 목적과 목표, 예산과 자원, 직원의 자세, 기획의 성취 정도
2. 직원	자원봉사자와 파트타임의 역할 구분, 자원봉사관리자에 의한 조정 정도
3. 자원봉사 직무설계	직무설계작성, 창조적 과업설계분석, 규정의 세부내용 수준
4. 모집	모집설계, 공적인 관계와 마케팅 노력
5. 면접과 선발	초기면접, 인정된 지원자 역할과 연결
6. 오리엔테이션과 교육훈련	오리엔테이션의 내용, 정책의 소개, 절차, 권리와 책임, 지도감독을 통한 조정여부
7. 자원봉사자와 직원관계	자원봉사자와 직원의 팀워크 정도
8. 지도감독	지도감독의 방향수립정도
9. 인정	인정의 내용, 제공 방법제시 여부
10. 기록보관과 보고	기록내용(자원봉사자의 보험관리, 세금감면), 보고의 내용 공유 유무
11. 평가	자원봉사자의 시간인정 정도 규칙성과 권위유지 정도
12. 자원봉사자 참여	• 자원봉사자의 조직관찰 및 비평정도 • 프로그램의 개선 제안수용 여부

출처 : 최유미(2012), p. 123.

volunteerism | part

04

자원봉사활동의 활성화

CONTENTS

volunteerism | chapter

12 자원봉사의 국제비교

자원봉사 국가발전 제3차 기본계획에서 보면 자원봉사 국제 교류 협력을 위한 체계화된 다분야 해외 자원봉사사업 활동을 촉진하고 있다. 개발도상국에 해외자원봉사단을 파견하여, 개발경험 전수를 위한 기술이전을 통해 현지 지역주민들의 삶의 질을 개선하고 글로벌 인재 양성에 기여하고 있다(행정안전부, 2019). 2019년 현재 56개국 5,153명을 파견 예정 하고 있으며 시행기관별 결정에 따라 파견대상국을 산정하여 봉사단을 파견하기로 했다. KOICA 봉사단은 국별 목표관리제에 따라 아시아 47%, 아프리카27%, 중남미21% 비중으로 파견인력을 배분하기로 했다. 2017~2021년 KOICA 중기 국가배분계획을 준용하되, 인력파견 여건을 감안하여 아프리카 비중을 축소하고, 중남미 비중을 확대하기로 했다.

OECD는 2011년부터 글로벌 145개국에서 조사한 자원봉사, 기부, 이웃돕기 세 가지 활동은 '친사회적 행태'(prosocial behavior)를 중시해, 사회통합의 주요지표로 삼고 있다. OECD는 매년 'Society at a Glance' 보고서를 통해 소개하고 있으며, 이를 통해 자원봉사, 기부, 이웃돕기 등 '나눔활동'과 국가차원의 물질자본, 인적자본, 사회자본과의 연관성을 OECD 34개국을 비교분석할 수 있다(행정안전부,2017).

1. 물질자본, 인적자본, 사회적 자본, 나눔활동

1) 나눔활동과 사회자본의 국제적 위상

통계청에 의하면 2017년 삶에 대한 전반적인 만족도와 행복감에 대한 인식은 상승하고 걱정, 우울감은 점차 감소하고 있다. 하지만 기부와 자원봉사 참여경험에 대한 참여도는 2년 전 보다 감소했다. 2017년 지난1년 동안 기부를 해 본 경험이 있는 사람은 26.7%로 나타났으며 향후 기부에 의향이 있는 사람은 41.2%로 점차적으로 감소하는 추세로 나타나고 있다. 기부를 하지 않는 이유로는 경제적인 여유가 없어서(57.3%) 또는 기부에 관심이 없어서(23.2%)등으로 나타났다(통계청, 2017).

〈표 12-1〉 **기부경험 및 향후 의향** (단위 : %)

	기부 경험									향후 의향	
	있음	기부 형태		없음	기부하지 않은 이유					있음	없음
		현금 기부	물품 기부		경제적 여유가 없어서	기부에 관심이 없어서	기부 단체 불신	직접 요청을 안받아	기부 방법을 몰라서		
2015	29.9	27.4	6.2	70.1	63.5	15.2	10.6	7.1	3.5	45.2	54.8
2017	**26.7**	**24.3**	**6.2**	**73.3**	**57.3**	**23.2**	**8.9**	**6.3**	**4.1**	**41.2**	**58.8**

출처: 통계청사회조사보고서(2017)

기부의 형태로는 물품기부 보다 현금 기부가 많은 것으로 나타났으며 지속적인 기부활동을 하는 사람들은 기부에 대한 사용처를 정확하게 알고 있는 경우, 또는 소식지 등을 통해 기부 사용처에 대한 신뢰를 바탕으로 지속적인 기부활동을 하고 있다고 했다(보건복지부,2016). 또한 스마트기기를 활용한 기부가 가능한지를 알고 있으나 실제 스마트기기를 통한 기부는 적은 것으로 나타났다.

우리나라는 국민소득3만 달러를 넘어서는 경제력으로 풍부한 인적자본을 누리는 사회로 성장하고 있다. 하지만 경제적 풍요와 사람들의 학력과 기술수준은 높은 사회로 발전은 하고 있지만 사람들 사이 친사회적 관계로 만들어지는 사회자본이 넉넉지 않는 사회로 머물러 있다. OECD 차원에서 국가별 나눔 문화의 현황을 보면, 앵글로색슨 국가들과 북유럽 스칸디나비아 국가들이 상위권에 있고 중위권 한국과 일본 다음으로 남유럽과 동유럽 국가들이 하위권으로 뒤를 잇고 있다.

기부단체를 선택하는 첫 번째는 투명성과 신뢰성, 두 번째가 활동분야 또는 수혜자에 대한 관심으로 나타났으며 투명성과 신뢰성에 가장 큰 가중치를 둔다고 한다. 즉, 어떤 단체가 어떤 활동을 하고 있고, 추진되는지, 어떻게 기부금이 사용되는지 잘 모르기 때문에 기부자의 낮은 신뢰성이 반영되어 접근성이 쉬운 기부단체를 선호한다는 것이다. 하지만 기부자들이 단체의 투명성과 신뢰성을 알아보기 위해 스스로 열심히 노력 할 것이라 기대하기는 어렵기 때문에 기부단체들의 노력이 더 필요함을 강조하는 것으로 이해하는 것이 타당할 것이다(주성수, 2016).

2) 물질자본과 나눔 활동(자원봉사, 기부 이웃돕기)

(1) 물질자본과 나눔 활동

물질자본은 나눔 활동의 물질적 토대가 된다. 물질적으로 풍요한 사회에서 나눔 활동이 활성화되어 있다. 기부, 자원봉사, 이웃돕기 등 나눔지수가 높은(낮은) 국가는 국민소득(1인당) 수준이 높은(낮은) 국가들이다. 세계적으로 최상위 나눔지수를 기록하는 앵글로색슨 국가들(미국, 호주, 캐나다 등)은 국민소득수준(1인당)이 가장 높다. 이에 비해 그리스, 포르투갈 등 남유럽 국가들과 폴란드, 헝가리 등 동유럽 국가들은 비교적 낮은 수준의 나눔지수와 국민소득을 가진 국가들이다. 또한 자원봉사, 기부, 이웃돕기 각각과 국민소득과 인간개발 수준과의 상관성도 확인되고 있다. 인간개발 수준은 국민소득, 평균수명, 교육수학을 복합한 인적 자본의 지표이다. 국민소득 수준이나 인간개발 수준이 높은 국가에서 기부, 자원봉사, 또는 이웃돕기 참여가 높게 나타나는 것이 통계적으로 유의미한 결과를 보여준다(행정안전부, 2017).

우리사회에는 많은 사회문제가 발생하고 있으며, 그 문제해결을 위해 다양한 조직과 기관들이 활동을 전개하고 있다. 각 분야별 문제는 당해 분야의 전문가들이 유급의 직업인으로서 문제해결을 위해 노력하고 있는데, 사회복지, 환경, 교육, 교통, 문화 등이 그것이다. 이러한 분야의 전문기관과 조직은 그 분야와 관련하여 문제를 해결하고 건강하고 생산적인 사회와 여건을 만들기 위해 노력하고 있다(최종혁 · 이연 · 유영주, 2015).

(2) 나눔지수와 인적자본

나눔지수는 건강지표들과도 밀접한 상관관계가 있다. 주관적인 건강평가로 평가로 조사된 양호한 건강상태 비율과의 상관관계, 주관적인 생활만족도와의 상관관계를 확인할 수 있다. 건강상태와 생활만족도 모두에서 그리스는 둘 다 높은 수준이지만 나눔지수가 낮은 국가로, 반면에 한국과 일본은 둘 다 낮은 수준이지만 나눔지수가 높은 수준에 있는 예외적인 국가에 해당된다.

한편 정서적 안정을 보여주는 하루 동안의 좋은 감정(편히 쉬고, 존중받으며, 웃고, 흥미로운 일을 하며, 즐거운 기분)과 나눔지수와의 상관관계도 의미 있는 결과를 보여준다. 예외적으로 나눔지수 수준은 중간수준이지만 정서적 안정에서 하위를 기록한 국가는 한국과 일본이다.

2. 사회자본과 나눔 활동

1) 사회자본과 나눔 활동

나눔 활동은 관계의 활동으로, 사람들 사이의 밀접한 우호적인 관계가 풍부한, 즉 사회자본이 풍부한 사회에서 활발하다. 경험적 분석 결과, 신뢰와 유대등 사회자본이 풍부한 사회에서 나눔 활동이 활발한 것을 확인할 수 있다. 먼저 신뢰(trust) 차원에서는 타인에 대한 신뢰와 정부기관에 대한 신뢰가 높은(낮은) 국가에서 자원봉사 참여도가 높은(낮은), 비교적 높은 상관성을 보여준다.

2) 사회자본과 자원봉사

사회자본의 개념은 연구자들 간에도 개념뿐만 아니라 개인에 대한 귀속성 여부, 분석단위의 차이, 긍정적 기여에 대한 입장 등의 차이가 존재하기 때문에 이후 연구자들의 많은 논의에도 불구하고 분석을 위한 조직화에 대한 합의가 이루지지 않고 있는 실정이다(강종수, 2012). 신뢰와 유대 등 사회자본이 풍부한 사회에서 자원봉사활동이 더 활발하다고 볼 수 있다. 사회자본의 주요 지표를 경험적 분석을 한 결과, 자원봉사와 사회자본 사이에는 밀접한, 유의미한 상관관계가 있다는 것을 확인하였다(행정안전부, 2017).

첫 번째, 타인에 대한 신뢰도와 자원봉사에서 타인에 대한 신뢰도가 높은(낮은) 국가에서 자원봉사 참여도가 높은(낮은), 비교적 높은 상관성을 보여준다. 예외적으로 신뢰가 높으면서 자원봉사 참여가 저조한 국가로는 스웨덴이 반대로 자원봉사 참여도는 높지만 신뢰가 낮은 국가로는 미국으로 나타났다.

두 번째는, 정부에 대한 신뢰와 자원봉사의 관계성에서는 OECD 국가의 정부에 대한 신뢰도는 최고 77%(스위스)부터 최저 19%(슬로베니아)까지 심각한 차이를 보여준다.

전체 34개국 평균이 42%인데, 한국은 28%로 하위권에 머물러 있다. 이번 2017년 조사에서 중앙정부에 대한 신뢰도는 56%로 두 배 이상 높다. 그런데 2014~2015년은 박근혜 정부 시절로 특히 청년층(15~29세)의 신뢰도는 17%로 슬로베니아 다음으로 최하위로 추락했다. 중앙정부 신뢰도와 자원봉사는 국가 차원에서 밀접한 상관성을 보여준다. 자원봉사활동은 중앙정부에 대한 신뢰도를 높여준다.

세 번째는 '타국 이주자에 대한 관용지수로 OECD에서 활용되고 있는데, OECD 국가들 대부분에서 80% 이상의 긍정적인 답변이 나오고 있다. 이 같은 타국 이주자에 대한 높은 관용도는 자원봉사가 발달한 국가의 특징으로 꼽히는데, 실제로 타국 이주자에 대한 관용과 자원봉사 참여율 사이에는 높은 긍정적 상관성을 보여준다.

2017년 1년 동안 자원봉사활동에 참여한 경험은 17.8%이며, 평균참여 횟수는 8.3회, 평균시간은 25.6시간으로 13~19세의 자원봉사 경험(74.8%)은 다른 연령층에 비해 월등이 높지만 참여 횟수와 봉사기간은 그렇지 않는 것으로 나타났다. 이와 같은 결과는 자발적인 활동 보다 의무적인 활동이 많은 것으로 나타났다.

〈표 12-2〉 자원봉사활동현황 (단위 : %, 회, 시간)

	참여 경험		참여 횟수 및 시간		향후 1년 이내 참여 의향	
	있음	없음	평균 횟수	평균 시간	있음	없음
2015	18.2	81.8	7.8	24.4	37.3	62.7
2017	**17.8**	**82.2**	**8.3**	**25.6**	**37.0**	**63.0**
13~19세	78.4	21.6	5.7	16.6	70.7	29.3
20~29세	11.5	88.5	7.7	30.0	40.5	59.5
30~39세	10.7	89.3	6.5	20.5	36.2	63.8
40~49세	17.0	83.0	8.6	25.1	41.7	58.3
50~59세	14.2	85.8	10.7	33.9	36.7	63.3
60세이상	7.8	92.2	16.3	49.1	19.2	80.8

출처: 통계청사회조사보고서(2017)

3. OECD에서의 자원봉사. 기부. 이웃돕기

1) 자원봉사와 경기침체

글로벌 차원의 자원봉사활동은 국가별로 다소 차이가 있지만, 일반적으로 감소 또는 정체 추이를 보여준다. 갤럽 인터내셔널의 국제조사 자료를 활용한 영국의 자선재단(Charity AID Foundation, 2016)의 분석에 따르면, 자원봉사 참여는 글로벌 경제침체와 상당히 관련되어 있다. 글로벌 금융위기로 경제성장 이 크게 둔화되었던 2009년 GDP 성장은 -0.6%였고, 그 때 자원봉사 참여율은 17.9%로 가장 낮은 수준이었고 2010년 이후 경제가 회복되면서 자원봉사 참여율도 다소 회복되었지만 여전히 2008년 수준에 정체되어 있다.

〈표 12-3〉 글러벌 자원봉사 참여율과 경제성장율(2002~2015)

구분	2008	2009	2010	2011	2012	2015
자원봉사 참여율	21.2%	17.9%	20.0%	18.3%	19.7%	21.6%
GDP 성장률	2.8%	-0.6%	5.2%	4.0%	3.2%	3.1%

출처 : 행정안전부(2017)

2) 자원봉사, 기부, 이웃돕기

자원봉사는 2007년 24.1%에서 2015년 23.9%로 다시 감소하였으며 기부 또한 47.2%에서 43.5%로 감소했으나 이웃돕기는 47.3%로 다소 늘었다.

〈표 12-4〉 OECD 34개국 자원봉사, 기부 이웃돕기(2007. 2012. 2015.)

년도	자원봉사	기부	이웃돕기
2007	24%	47%	47%
2012	24%	44%	49%
2015	24%	44%	49%

출처 : 행정안전부(2017)

3) 한국과 OECD 34개국 비교

자원봉사는 OECD 34개국 평균이 24.1%, 최고 미국(46%)부터 터키(5%)까지, 10배 이상 차이가 있다. 한국은 18%로 중하위에 있다. 기부는 OECD 34개국 평균이 43.6%로 최고 호주(73%)부터 그리스(9%)에 이르며, 커다란 차이가 있다. 한국은 21위 하위권에 머물러 있다. 이웃돕기는 OECD 34개국 평균이 49.4%로 최고 미국(73%)부터 일본(25%)에 이른다. 한국은 46%로 23위 하위권에 머물러 있다.

〈표 12-5〉 한국과 OECD평균비교 : 자원봉사, 기부, 이웃돕기

구 분	자원봉사	기 부	이웃돕기
한국	18%	35%	46%
국제평균	24%	43.6%	49%

출처 : 행정안전부(2017)

4. 자원봉사와 웰빙

자원봉사활동이 주관적 건강상태에 미치는 영향에 관한 선행 연구들 대부분은 공식적, 비공식적 자원봉사활동으로 주관적 웰빙 혜택을 받는다고 보고한다(OECD 2015). 갤럽의 세계 설문조사(World Poll)의 국가별 비교자료를 통해서도 자원봉사활동이 주관적 웰빙에 미치는 효과를 생활만족도와 정서적 안정 경험 측면에서 확인해볼 수 있

다. 자원봉사자는 비자원봉사자에 비해 긍정적인 정서적 경험을 하는 경향이 있는데, 부정적인 정서적 경험에 대해서는 양자 사이의 명확한 차이가 드러나지는 않는다. 호스피스 봉사자나 가출 청소년 봉사자들 가운데는 슬픔과 분노의 감정을 유발하는 경우가 있기 때문에 모든 자원봉사 활동이 긍정적인 정서적 경험을 갖는 것으로 보기는 어렵다.

1) 자원봉사와 건강증진

젊은 나이에 자원봉사활동을 하면 건강한 라이프스타일을 증진시키고 위험한 행태를 억제시키며, 자원봉사는 청년층이 당면한 문제들, 십대임신, 퇴학, 약물 중독, 폭력 등의 문제들에 대응하는 중요한 자원이 된다(OECD 2015: 행정안전부, 2017 재인용). 사람들은 나이가 들면서 직장인, 활동적인 부모 등의 역할을 상실하게 되고, 이런 역할 상실을 대신해주는 대안으로 자원봉사를 시작 하는 사람들이 늘어나고 있은 추세이며, 또한 이러한 참여를 통해 자존감과 심리적인 안정감을 얻고 있다.

최근 은퇴자들은 자기 자신의 직업에 연계해서 하는 자원봉사활동 참여율도 높지만 인생2막으로 새로운 취미생활을 자원봉사활동 통해 개인의 역량을 발휘하는 사람들도 늘어나고 있다(허종욱, 2015). 또한 노인의 자원봉사 참여 경험이 신체적 건강, 우울, 사회적지지, 삶의 의미에 대한 상호작용 효과는 통계적으로 유의한 결과가 나타났으며 신체적 건강상태가 호전되었다. 이러한 결과는 OECD 50세 이상 중장년층의 자원봉사활동이 건강증진에 크게 이바지한다고 나타난 결과와 일치한다.

2) 자원봉사활동과 생활만족도

자원봉사활동이 주관적 건강상태에 미치는 영향에 관한 선행연구들 대부분은 공식적, 비공식적 자원봉사활동으로 주관적 웰빙 혜택을 받는다고 보고한다(OECD, 2015: 행정안전부, 2017 재인용). 노년기 생활의 웰빙에 자원봉사활동이 미치는 영향에 대한 연구에서는 자원봉사에 참가한 노인들이 우울, 사회적 고독감 감소, 삶의 질과 생활만족도가 증가 한 것으로 보고되었다(허종욱, 2015). 청소년의 자원봉사활동에 대한 인식과 생활만족, 학교생활 적응의 연구 결과에서 자원봉사활동이 생활만족도와 행복에 대한 인식이 높다는 것을 알 수 있다(송혜정 · 안권순, 2012).

이처럼 자원봉사활동은 생활만족에 영향을 미치고 있으며 모든 자원봉사활동이 긍정적인 생활로 이어질 수 있도록 활성화해야 됨을 알 수 있다.

5. 자원봉사의 경제적 가치

1) 자원봉사와 경제적 가치

자원봉사는 사회정치적, 경제적, 문화적으로 가치 있는 활동이기 때문에 많은 사람들이 참여하는 글로벌 동향이 되고 있다. 한국 사회가 자원봉사를 필요로 하는 이유도 역사와 전통 뿐 아니라 복잡 다양한 현실에서 제기되는 여러 근거들에서 찾을 수 있다. 그 중에서 '심각한 사회문제'를 해결하기 위한 대안으로 자원봉사활동이 활성화된 것은 보편적인 근거로 꼽을 수 있다. 나아가 자원봉사는 보다 원대한 목표로서 시민들 사이의 신뢰, 유대, 네트워킹에 기초하는 사회자본의 생산을 위해 필요하다는 '사회자본' 시각도 강한 이론적 설득력을 보여준다. 자원봉사는 신뢰로 구축되는 시민의 자율적인 공론의 장인 공동체를 건설하고 민주주의의 질적 발전에 기여하므로 시민사회의 건설과 민주주의의 발전을 위해서도 반드시 필요하다.

국제노동기구(ILO 2011)에 따르면 자원봉사자의 '시간' 기여 가치는 보수적으로 계산해도 기부(giving)에 의한 금전적 가치보다 적어도 50% 이상으로 추산된다. 또한 국제 자원봉사 연구진(Salamon et al. 2007)이 조사한 7개국의 국가통계 자료에서 자원봉사활동의 기여도(시간 기여)는 기부활동의 기여도(금전기여)보다 훨씬 높아, 양자의 비율이

60% 대 40%로 나타났다.

한국에서도 (사)한국자원봉사문화(前 볼런티어21)는 1999년부터 자원봉사의 경제적 가치를 추산해왔는데, 이번 2017년 조사에서는 경제적 가치가 늘지 않고 줄어드는 추세이다. 자원봉사활동 인구가 약간 줄면서 활동시간이 크게 줄어 시간당 임금 계산 방정식에서 줄어든 활동시간에 따른 경제적 가치의 감소로 나타났다. 자원봉사자 활동시간을 풀타임 고용자의 임금으로 계산해 전체 자원봉사활동의 부가가치를 계산하는 방식은 미국에서 시행되었다. 미국에서 2016년 자원봉사의 경제적 가치는 자원봉사자(18세 이상) 6,300만 명의 자원봉사 활동 시간 8억시간 × 시간당 $24.14 = 1,930억 달러가 된다.

한국의 경우, 1999년부터 추산해온 경제적 가치는 2014년 이후 크게 줄었다. 2017년 자원봉사 인구는 856만 6,576명으로 추산된다. 만 20세 이상 성인인구수(4,003만 730명)에 자원봉사 참여율 21.4%를 적용시킨 수치이다. 금전적 가치는 8조 3,802억 원으로, 물가상승을 감안하면 2011년의 절반 수준 밖에 안 된다. 경제적 가치 방정식에서 가장 중요한 활동시간이 2011년의 절반 수준도 안 되기 때문이다.

2) 기부와 이웃돕기

경제적 가치 이외에도 자원봉사의 사회문화적 가치를 주목해 볼 수 있다. 자원봉사의 사회문화적 가치는 무엇보다도 '나눔 문화'의 기초라는 경험적 사실에서 찾아볼 수 있다. 2017년 조사에서도 한국 자원봉사자들은 기부와 이웃돕기 문화의 정착에 선도적인 역할을 맡고 있다는 것을 확인할 수 있었다. 자원봉사자 중에는 자원봉사와 기부를 동시에 실천한 사람이 자원봉사만 참여한 사람보다 훨씬 더 많다. 그런데 기부자 중에는 기부만 하고 자원봉사는 하지 않은 사람이 대다수를 이룬다. 이웃돕기에서도 자원봉사자는 비자원봉사자보다 훨씬 더 많이 참여한다. 그럼에도 이웃돕기 참여자가 자원봉사도 참여할 가능성은 높지 않다.

그러나 선진사회와의 국제비교 자료를 보면, 한국인의 기부와 이웃돕기는 OECD 평균 이하 하위권에 머물러 있다. OECD 34개국 평균(24.1%)과 비교해보면 우리나라의 자원봉사는 18.0%로, 최고 미국(46%)에 비해 28% 차이가 나지만, 34개국 중 21위 중 하위권에 위치해 있다. 또 한국의 기부율은 35%로 OECD 34개국 평균(43.6%)에 비교해 9% 가량차이가 나며 21위로 중하위권에 머물러 있다. 이웃돕기 참여율(46%)은 OECD34개국 평균(49.4%)에 비교해 약간 낮은 23위 하위권에 머물러 있다.

3) 시민참여와 사회자본

2017년 우리나라의 자원봉사활동은 시민참여 형태로 활성화되어 있으며 신뢰와 유대 등의 사회 자본을 생산하는데 크게 기여하였다. 시민참여의 전형적인 형태로 다양한 비영리단체들을 통한 회원활동과 더불어 봉사활동이 이뤄지면서 사람들 사이의 신뢰와 유대를 형성하는데 자원봉사가 크게 기여하였다. 2017년 조사에서 자원봉사자는 다양한 시민참여로 기부와 이웃돕기활동 뿐 아니라 대통령탄핵 집회와 시위에 적극 동참하였다. 집회 참여자 중 12.9%가 현금기부에 동참했고, 또 7.1%는 자원봉사자로 집회의 준비, 진행, 마무리를 지원하는 역할을 하였다.

또한 2017년 조사에서도 자원봉사자는 타인에 대한 신뢰와 사회기관에 대한 신뢰 등 사회자본 '생산자' 역할을 맡아 왔다. 그래서 '신뢰 사회'를 지향하는데 자원봉사는 필수적인 시민교육의 장으로 평가받을 수 있다. 그간 한국 사회는 사회기관에 대한 신뢰수준이 낮아 사회자본이 많이 부족한 '저신뢰 사회'에 해당되었지만, 2017년에는 대통령과 중앙정부 등 사회기관에 대한 신뢰도가 크게 개선되면서, '저신뢰 사회' 오명에서 벗어날 수 있게 되었다. 중앙정부에 대한 신뢰도(56%)는 OECD 34개국 평균(42%)을 크게 상회하는 수준이다.

volunteerism | chapter 13

자원봉사활동의 활성화

1. 자원봉사의 전망

4차 산업혁명 시대에 들어서면서 인공지능기술 및 사물인터넷, 빅데이터 등 정보기술(ICT)과의 융합을 통해 생산성은 향상되고 제품과 서비스가 지능화되면서 경제・사회 전반에 혁신적인 변화가 나타날 것이다(원동규・이상필, 2016). 인간의 끊임없는 욕구로 인해 빈부의 격차는 더욱더 심해질 것이며, 개인주의・이기주의가 팽배해질 가능성이 높다. 그로 인해 우리나라 국민들의 공동체 의식은 점점 더 사라지게 될 것이다.

이렇게 시대의 변화에 따라 새롭게 나타나는 사회문제를 해결할 수 있는 방법으로 자원봉사활동이 대두되고 있지만 그 실정은 아직 미비하다. 자원봉사는 사회와 공공의 이익을 위한 자기의지만으로 이타심, 책임감, 지역사회에 대한 공동체 의식 등이 어우러져서 내면화될 때 비로소 지속적인 봉사활동이 가능하게 된다(김범수 외, 2015). 자원봉사활동을 통해 점점 희미해지는 공동체 의식을 유지해 나가고, 이타심을 키우는 등 민주시민으로 자리 잡는 데 커다란 역할을 하게 될 것이다.

1) 직접적인 서비스 활동 제공

현재의 자원봉사활동은 대부분 사회복지시설 또는 기관중심 스포츠나 박람회 같은 대규모 이벤트, 재난 재해 활동과 사회적 약자들을 대상으로 하는 활동 등으로 이루어져 왔다. 물론 이러한 영역의 활동은 꼭 필요하고, 지속되어야 한다. 그러나 앞으로의 자원봉사활동은 여기에 머물러서는 안 된다. 지금의 자원봉사활동에 있어서 가장 큰 문제로 지적하는 것이 봉사활동을 '할 곳이 없다.'라고 느끼는 것이다. 그런데 정작 봉사자의 손길을 기다리고 있는 곳은 우리 주변에 너무나도 많다는 사실이다.

주로 대규모 행사로 진행했던 프로그램들이 많아 그 행사에 참여한 자원봉사자들이 차후 무엇을 어떻게 연계하여야 할지 몰라 머뭇거리거나 자원봉사활동을 쉬는 경우가 많다. 이 둘의 괴리는 바로 조직이고 체계적인 관리, 정보제공의 부재라고 할 수 있다. 자원봉사활동은 지역사회 내에 다양하게 산재해 있다. 지역사회에 나타나지 않은 클라이언트와 욕구를 파악하여 그들에게 직접적인 봉사활동서비스를 제공해 주어야 한다. 따라서 자원봉사활동이 더욱 활발하게 진행되기 위해서는 중간지원조직 기관에서 수요처에 대한 정확한 정보와 공급처를 발굴하여 연계를 하는 것이 무엇보다 중요하다.

2) 전문적 활동의 증가

자원봉사활동은 대부분 대학생, 주부 등 소수계층을 중심으로 시간적・경제적 여유가 있는 사람만이 주로 참여하고 있으며, 활동 내용도 복지시설을 중심으로 일시적 차원의 단순한 일손 돕기와 노동력 제공이 주류를 이루어 왔고, 자원봉사자의 목적과 동기와 상관없이 무료로 제공되어 왔다. 그러나 사회의 변화에 따라 문제와 욕구가 다양화되어가기 때문에 자원봉사활동도 기존의 비전문적 활동뿐만 아니라 전문가들의 자원봉사활동 참여 폭이 확대되어질 것이므로 전문적 활동이 증가하게 될 것이다.

이는 전문적인 기술과 지식을 활용함으로 자원봉사활동의 질적 향상과 양적 확대를 가져올 수 있으며, 궁극적으로는 사회계층간의 통합에 기여하게 되는 것이다. 그러나 현재 의사, 약사, 간호사, 연구원, 교사, 행정공무원 등의 전문적 종사자는 4.6%의 참여에 불과하다(권순종 외, 2010). 따라서 전문가들이 자원봉사활동에 참여할 수 있는 다양한 방법을 개발해 나가야 한다.

2. 자원봉사활동의 문제점

2019년 현재 전국의 자원봉사자 등록인원은 12,831천명을 돌파하고, 실제 자원봉사활동을 하는 자원봉사자 실인원도 4,290만 명을 상회하고 있다. 이와 같이 자원봉사자가 꾸준히 증가하며 많은 기여를 하고 있음에도 불구하고 나눔문화를 확산시키기에는 아직 부족한 실정이다. 이런 점에서 우리나라 자원봉사활동의 문제점을 자원봉사활동의 실태의 특성상의 측면과 자원봉사센터의 운영과 관련한 측면으로 구분하여 살펴보기로 한다.

1) 자원봉사활동 특성상 문제점

첫째, 참여의지와 실제 참여 간의 차이가 있다. 우리나라 전체 자원봉사 등록률은 20%, 등록된 자원봉사자 내 활동률은 30%에 그쳤는데, 이는 미국 26.4%('08), 영국 59%('08), 캐나다 36%('08)에 비해 낮은 편이며, 사회복지분야 활동봉사자 중에서도 지속적으로 참여하는 봉사자는 1.5%('2011)에 불과하다. 특히 젊은층의 자원봉사가 일회성에 그치는 경우가 많다는 점 또한 한계로 지적되고 있다.

둘째, 자원봉사자의 소명의식이 부족하다는 점이다. 한국사회복지협의회의 조사결과에 나타난 자원봉사활동에 참여한 기간을 보면 6개월 미만이 40%로 가장 많고, 그 다음으로 1개월~1년 미만이 21.9%이었다. 참여기간의 전반적 경향을 보면 6개월 미만이 가장 많고 기간이 경과할수록 참여자의 비율이 감소하였다. 이는 자원봉사활동을 자원봉사자가 오래 지속되지 못하고 중도탈락하는 데서 비롯된 결과이다. 자원봉사자를 활용하는 기관의 입장에서 볼 때, 한 사람의 자원봉사자를 교육하고 숙달시키는데 상당한 시간과 비용, 노력이 소모되기 때문에 자원봉사자의 중도 탈락은 자원의 낭비를 가져오는 결과이다. 주된 원인으로는 자원봉사활동에 대한 동기부여가 미약하며, 그에 따른 자원봉사자의 사명감과 책임감 결여 등 소명의식 부족의 문제를 지적할 수 있다.

셋째, 자원봉사 활동의 주된 참여자는 주로 여성과 학생 중심이다. 과거와 달리 현재는 자원봉사활동에 참여하는 사람이 아동에서부터 시작하여 노인에 이르기까지, 그리고 장애인과 여러 종교・시민단체 등 많이 참여하고 있는 실정이다. 그러나 자원봉사활동 참여자 중 가장 많은 부류는 여성들과 학생으로, 학생들의 경우 진학과 학점 이수와 연관하여 참여하는 경우가 다반사이다. 이는 자원봉사 '자발성'의 측면이 부족함을 나타내고 있다.

넷째, 이 외에도 가톨릭을 포함한 개신교 등 기독교인들의 전통적인 참여 형태가 지속되고 있는 점과 이기적이며 경험추구적 욕구와 동기에 의해 주도되는 참여형태, 자원봉사활동 분야가 사회복지서비스 분야에 치중되는 점, 자원봉사활동이 주로 단기적 차원의 응급치료적인 점, 그리고 자원봉사활동의 전문성 결여 등의 문제점 또한 나타나고 있음을 알 수 있다.

2) 자원봉사센터 운영상 문제점

첫째, 자원봉사센터의 종사인력 부족 및 전문 인력 확보의 미흡성이다. 시・군・구 지역자원봉사센터 내 자원봉사 관리 및 원활한 센터운영을 위한 전문 인력과 종사인력이 부족한 실정이다. 자원봉사활동 관리・조정은 사람을 다루는 과업으로서 고도의 전문성이 요구된다. 따라서 전문가 육성과 종사인력의 부족인력 충원은 센터 활성화의 중요한 관건이 된다. 이는 자원봉사 등록인원, 배치실적 등 자원봉사 프로그램 운영에 따른 과업성과 보고를 감안 할 때 질적 측면의 문제점이 제기 될 수 있다.

둘째, 운영 예산확보의 어려움이다. 시・군・구 센터예산의 세입 91.2%는 자치단체로부터 예산을 지원받아 운영되고 있으며, 8.8%만이 자부담으로 이루어지고 있다. 기본적으로 센터종사자의 인건비 또는 운영에 따른 경상경비 소요예산 제외 시, 사업프로그램운영 예산은 턱 없이 부족한 실정이고 이로 인해 센터의 활성화는 기대조차 어렵다. 민・관 공동파트너십에 의한 공공재 공동생산이라는 측면에서 자원봉사센터에 대한 지방자치단체의 예산은 매우 인색하며, 이것은 활성화의 근본적인 취지에 어긋나고 자원봉사의 자율성과 전문성을 훼손하는 결과를 일으킨다는 문제점을 지니고 있다.

셋째, 지역의 개별 자원봉사단체간의 통합과 관련한 갈등이 있다. 지역자원봉사센터가 구심점을 지니고 바람직한 방향으로 운영되고 활성화하기 위해서는, 기존 활동하고 있는 사회복지법인 및 새마을 운동협의회 등의 단체와 개별단체인 자원봉사 동아리(민간단체)간의 기능을 통합하여야 한다. 이는 상호간 역할 주도권과 상하 관계 등 조직의 체계적인 측면에서 인식차이로 인하여 갈등이 빚어졌으며, 자원봉사활동기본법 제정 시행에 따른 지역자원봉사센터 활성화에 걸림돌로 작용되고 있다. 이러한 갈등은 센터단위 간의 상호역할의 모호성과도 관련된다. 구・군 자원봉사센터에 등록된 자원봉사자가 광역센터에 이중으로 등록하였거나, 또는 센터기능이 중복됨으로서 발생하는 문제들도 있으며, 프로그램운영에 따른 자원봉사 모집과정에서 역할의 모호성도 제기되고 있다.

3. 자원봉사활동의 과제

자원봉사에 대한 관심과 참여가 높아지면서 이에 따라 해결해 나가야 할 과제들도 적지 않게 나타나고 있다. 자원봉사활동의 획기적인 발전을 위해서는 지금과는 다른 여러 상황들의 변화와 재구조화가 필요할 것이다. 자원봉사활동의 과제에 대해 자원봉사활동의 확산과 관련한 측면과 자원봉사센터의 운영과 관련한 과제로 구분하여 제시하기로 한다.

1) 자원봉사활동 확산의 과제

(1) 자원봉사활동의 인식의 변화

우리나라에 자원봉사가 많이 활성화되었지만 더 많은 사람들이 자원봉사에 대한 이해를 높이고 참여하기 위해서는 자원봉사에 대한 인식제고가 무엇보다 중요하다. 따라서 자원봉사에 대한 인식을 향상시킬 수 있는 교육교재를 개발하고, 분야별 자원봉사 전문 강사를 훈련·배출하여야 한다. 그리하여 자원봉사는 내가 속한 지역사회의 문제를 해결하기 위해 참여하고 책임감을 느끼는 활동이라는 것을 인식시킬 필요가 있다(김범수 외, 2001).

또한 자원봉사활동은 봉사의식과 책임감 없이 여가시간을 보내기 위해서 일시적, 감상적, 영웅심, 자혜심 등에서 무계획적으로 참여하는 봉사자는 경우에 따라 주어진 일이 마음에 들지 않거나 이해를 잘하지 못하면 사소한 일에도 지나친 반응을 하고, 무책임하게 행동하는 경우가 발생하고 있다(권순종 외, 2010). 이런 폐단을 막기 위해 인식을 바꾸고 활동을 지속시키기 위한 새로운 방법이 필요하다.

현재는 자원봉사활동이 사회복지 분야를 중심으로 이루어지고 있으나, 교육·보건·문화·스포츠·환경보호·공공사업·국제협력 등 사회발전에 필요한 모든 영역으로 확대되어가고 있다. 이에 맞는 새로운 관점의 자원봉사활동에 대한 의미를 새롭게 다져야 할 시기이다.

(2) 자원봉사활동 전담기구의 설치

자원봉사활동에 대한 조사・연구, 교육・훈련, 상담・지도, 프로그램개발, 수급・조정, 홍보 및 개발, 평가, 각종 자료의 제공, 국내・외 교류, 사고보장수속 등의 전문적 기능을 통합 관리・전담할 수 있는 기구의 설치가 필요하다. 현재 자원봉사활동과 관련된 중앙 행정부를 보면 행정안전부, 보건복지부, 여성가족부 등 부처 간 통신망 서비스 및 DB가 구축되어 있지 않은 상태에서 각기 산발적으로 실시하는 관계로 지방정부에서 업무 추진 시 중복과 불필요한 행정낭비 및 필요한 정보를 공유하지 못하는 경우를 초래하고 있고, 정부의 업무부서가 단일화되어 있는 않아 봉사자, 활용기관, 중개기관 간의 종합적인 긴밀한 상호협조가 이루어지지 않고 있다. 또한 자원봉사자를 필요로 하는 곳에 배정해 줄 수 있는 종합적이고 체계적인 연계기능을 수행하지 못하고 있다(양점도 외, 2010).

그로 인해 지역별, 기관별, 시설별로 진행되고 있어 수급정보제공, 활동기록의 유지, 교육 및 활동사례, 자원봉사자 개발 및 교육훈련, 프로그램의 평가, 봉사인력의 효율적 관리가 이루어지지지 않고 있다. 단적인 예로, 자원봉사자가 서울지역에서 자원봉사활동을 하다가 타 지역으로 이주해 가면 봉사자에 대한 정보가 전혀 연계되지 않아 봉사활동의 기회를 갖지 못하는 경우가 많다. 따라서 해당 부처 간 업무 조정을 통하여 각각의 영역에서 자원봉사행정도 특화해 나가는 것이 필요하다.

(3) 자원봉사자의 교육의 체계화

자원봉사활동이 세분화, 전문화되어감에 따라 다양한 자원봉사교육과 훈련이 더욱 체계화되어야 한다. 교육은 현재 일회적으로 진행되고 있는 오리엔테이션의 수준을 보강하여 자원봉사의 정신과 자원봉사의 태도에 대한 기초교육을 실시하며, 자원봉사활동의 중요성을 강조하고, 자원봉사자의 특성과 서비스 대상 및 유형을 고려하여

실효성 있는 교육이 되도록 해야 한다. 여성 취업의 증가, 삶의 질에 대한 관심의 증가, 주당 근무 시간의 축소, 새로워지는 기술과 지식, 노인 인구의 증가 등 사회적 변화로 새로운 자원봉사자들이 개발되고 등장하고 있다. 따라서 이들 자원봉사자가 가진 특별한 지식이나 기술을 활용하는 일은 앞으로 중요한 과제가 될 것이다. 특히 청소년은 자원봉사활동을 통해 다양한 일을 경험하게 되고 새로운 기술들을 배울 수 있게 하는 기회를 제공하여 잠재능력을 발견하고, 자긍심을 갖게 되며, 사회적 책임감, 공동체 의식, 이타심, 문제 해결 능력을 배울 수 있게 된다.

따라서 청소년의 자원봉사활동은 단순한 여가선용 차원에서의 일시적, 즉흥적인 활동이 아니라 최대한의 자발성, 자율성이 존중되고 실천되어야 하며, 이를 위해서는 합리적이고 과학적인 교육이 뒷받침되어야 한다. 한 예로, 자원봉사활동에 관한 모임을 갖고서 활동에 관한 계획이나 정보에 관해 학생들 각자가 토론하는 시간을 갖도록 하거나 자원봉사 전담교사를 통해 봉사에 대한 개념을 확실하게 교육하고, 자원봉사활동이 필요한 곳과 자매결혼을 맺어 활동할 수 있는 기회를 마련해 주며, 전문기관이나 현장 견학의 실습 기회를 마련해 주는 등의 실천방법이 있다.

자원봉사활동의 많은 부분에 참여하고 있는 대학의 자원봉사자에 대한 교육은 일단 교내의 모든 홍보수단을 이용하여 봉사활동의 필요성과 사례들을 지속적으로 홍보하여 자원봉사에 대한 분위기를 조성하며, 자원봉사의 기본이념에 대한 이해와 활동기법을 체계적으로 제대로 교육하여 봉사활동에 대하여 확고한 신념을 가지고 참여하도록 해야 한다. 그리고 클라이언트의 다양한 요구에 적절히 대처할 수 있는 능력을 개발하여야 한다(조휘일 외, 2010). 교육의 종류는 필요와 목적에 따라 오리엔테이션, 간담회, 보충교육, 상담, 평가회 등이 있으며, 정규 교과목과 연계되어 각 학과의 특성에 맞는 프로그램을 봉사에 기초한 학습이 되도록 하는 것도 좋은 교육 방법의 하나이다.

특히 중요한 것은 교육은 계획적이고 지속적으로 이루어져야 한다는 것이다. 자원봉사자에게 다양한 교육의 기회를 통해 자신에게 가장 적합한 업무가 무엇인지 스스로 탐색할 수 있는 기회를 갖도록 하여 자신의 관심과 수준에 맞는 영역에서 봉사할 수 있도록 하는 것이 중요한다.

(4) 인정과 보상체계 정립

자원봉사자의 동기부여 및 사기 진작을 위해 봉사활동에 대한 포상이나 적절한 차원의 인정과 보상제도가 필요하다. 이것은 자원봉사활동의 지속성과 바로 직결된다. 자원봉사자의 중도 탈락은 기관의 입장에서 중요한 인적자원의 낭비를 발생하고, 클라이언트의 입장에서는 서비스 제공이 지속되기 어렵기 때문에 불만의 요인이 되며, 기관에 대한 신뢰도에도 크게 작용할 수 있게 되기 때문에 적절한 강화 방법이 필요하다(류기현 외, 2007).

그러나 대부분의 사회복지시설 및 기관의 재정상태가 빈약한 점을 고려하여 본다면 자원봉사자에 대한 보상체계가 미흡할 수밖에 없다는 사실을 알 수 있다. 인정과 보상은 금전적인 것도 좋으나 자원봉사자의 심리적, 사회적인 관점에서 이루어지는 것이 효과적이다. 예를 들어 상장이나 상패를 수여하여 책임감과 자부심을 높여주거나, 편안히 휴식을 취할 수 있는 작은 공간의 제공, 적절한 칭찬과 고마운 표시, 지역신문이나 기관지에 우수 봉사자로 선정된 보도, 가족과 함께하는 축하파티 등을 들 수 있고, 경력이 많은 자원봉사자에게는 프로그램 기획 시 참여하게 하거나, 신입 자원봉사자에게 프로그램에 대한 오리엔테이션을 교육할 수 있는 기회를 제공해 주는 것이다.

또한 자원봉사활동에 대한 사회적 경력을 인정할 수 있도록 제도적으로 평가 체계가 마련하는 것도 좋은 방법이라 할 수 있다. 자원봉사활동은 새로운 봉사자를 개발하는 것도 중요하지만 기존의 자원봉사자를 지속적으로 활동시키는 것 또한 중요하다. 따라서 인정과 보상은 자원봉사기관의 특성과 활동하는 자원봉사자의 요구와 특성을 고려하여 개별화, 다양화될 필요가 있다.

2) 자원봉사센터 활성화의 과제

(1) 자원봉사관리자의 부족과 관리의 체계화

지역사회를 둘러싸고 있는 사회 환경의 전반적인 추세가 전문지식이나 기능을 가진 자원봉사의 요구가 증가하고 있는 데 반하여, 자원봉사 분야에서 전문가와 관리자 및 자원봉사자를 체계적으로 육성 · 관리할 수 있는 전문 인력의 양성의 제도적 뒷받침이 마련되어 있는 못하고 있다. 현재 우리나라는 자원봉사관리에 대한 전문적 기술과 지식을 가진 자원봉사관리자가 부족할 뿐만 아니라 배치가 이루어지지 않고 있다(양점도 외, 2010).

자원봉사관리자는 자원봉사자들의 욕구와 능력에 적합한 자원봉사프로그램을 개발하고, 자원봉사자들의 적성을 제대로 파악하고, 책임감과 인간관계 기술이 뛰어나며, 적성에 맞는 업무에 배치하고 격려하고, 직무분석을 정확하게 하여 봉사자 중심의 효과적인 활동이 되도록 관리해 나가야 하는 것이다. 즉, 프로그램의 기획에서부터 홍보 · 모집, 교육 · 훈련, 선발 · 배치, 평가 · 보상 등의 전 과정에 걸쳐 보다 체계적인 관리기법을 적용하는 것이다(김범수 외, 2011).

또한 자원봉사단체의 요구와 지역사회의 요구를 조화롭게 통합하여 조정할 수 있는 능력이 있어야 한다. 자원봉사관리자를 통해 자원봉사활동을 보다 체계화하는 일은 자원봉사 인력관리를 통한 자원봉사의 활성화라는 측면에서 매우 중요한다. 따라서 자원봉사활동을 육성 · 지도 · 관리하는 실천경험을 바탕으로 다양한 욕구를 조정하고 자원봉사활동을 계획 · 홍보 · 안내 · 지원 · 평가 · 관리 등의 업무를 수행하기 위한 전문가와 자원봉사자에게 업무를 효과적으로 지도하기 위한 일정한 자격을 갖춘 전문 직원의 배치가 시급하다.

전문적인 자원봉사 관리를 위해서는 교육이 중요하다. 그러나 아직까지 우리나라에서는 자원봉사관리자들을 위한 교육 기회를 제공하는 곳이 부족할 뿐만 아니라 체계적인 교과과정을 통한 전문가로서의 자질을 함양시킬 수 있는 관리자 교육 프로그램이 미흡한 실정이다. 이로 인해 자원봉사관리자들이 프로그램 개발과 관리 운영에 큰 어려움을 겪고 있다. 따라서 자원봉사프로그램의 기획 및 운영 시 필요한 지식과 기술을 습득할 수 있는 훈련 프로그램을 실시하여 자원봉사관리자의 전문성을 강화해야 한다. 또한 자원봉사관리자의 자격제도를 도입하여 처우에 대한 문제를 개선하고 높은 이직률을 방지해야 할 것이다.

앞으로 사회복지 뿐 아니라 모든 영역에서 자원봉사가 활성화될 것을 기대한다면, 자원봉사자를 개발하고 교육・훈련하며 관리하는 문제는 경쟁력이 되고 기관의 관리능력과 기술에 따라 그 결과가 크게 차이가 날 것이다. 따라서 자원봉사전문기관이나 민간단체들은 자원봉사 업무를 전문적으로 다룰 관리자를 육성・개발하고 확보하는 일이 중요하게 되었다. 자원봉사기관들은 전문적인 자원봉사관리자를 고용함으로써 자원봉사자들을 만족스럽게 관리하고 새로운 자원봉사자들을 개발할 수 있으며, 지역사회와 보다 나은 협력체계를 구축해 나갈 수 있을 것이다.

(2) 자원봉사활동 프로그램의 다양화

자원봉사활동 프로그램을 보면 대학생, 주부 일부계층에서 사회복지시설, 의료기관 등 일부분 만을 중심으로 사회 취약계층을 위한 봉사로 산발적으로 필요에 따라 기관 자체만을 위한 프로그램 위주로 운영되고 있다. 자원봉사활동은 단순한 내용을 중심으로 하는 일손 돕기, 복지시설 위문, 공공기관의 휴지 줍기 또는 행사보조, 정돈 등의 비전문적인 단순 업무에 머물러 있다.

그러나 자원봉사활동의 관심이 높아지면서 일부계층에서 주로 이루어지던 것이 다양한 계층(여성, 노인, 청소년, 장애인)과 단체(직장, 사회단체, 동호회 등)로 폭이 넓어짐에 따라 자원봉사활동 프로그램에 대한 한계를 느끼게 되었다. 또한 우리가 흔히 인식하고 있던 보호를 해줘야 하는 대상으로 여긴 노인, 장애인 등의 자원봉사에 참여하고자 하는 의지가 점점 높아지고 있다. 그러나 지금의 자원봉사활동은 이렇게 다양한 인적자원을 제대로 활동하지 못하고 오히려 창의성 개발과 전문성 확대에 걸림돌이 되고 있다. 그리고 새롭게 등장한 자원봉사활동 계층의 사람들은 자원봉사로 단순히 봉사, 헌신의 마음만을 생가하지 않고 더 나아가 자아 성취감을 높이기 위한 하나의 활동으로 여기고 있다.

자원봉사활동을 통해 자신의 역량을 발휘함은 물론, 그로인해 성취감, 만족감을 느낄 수 있게 되며 이로써 자원봉사활동의 동기 부여와 지속성에도 커다란 영향을 주고 있다. 따라서 이들의 능력과 요구를 잘 파악하여 프로그램을 개발하고 그에 맞는 서비스를 제공할 수 있도록 해야 한다.

(3) 자원봉사센터의 운영과 재원의 문제

자원봉사활동은 자율성과 창의성을 바탕으로 민간 중심의 운동으로 이루어지는 것이 바람직하다. 그러나 현재의 우리나라의 행정안정부의 자원봉사센터 운영체계를 보면 전체의 과반수 이상이 관 직영으로 되어 있고, 상근직원의 경우도 공무원이 1/3 이상을 차지하고 있다(류기현 외, 2007). 이는 정부의 과도한 개입으로 자원봉사활동의 자율성과 자발적 시민참여, 전문성에 문제를 일으킬 우려가 있다. 특히 자원봉사센터의 사업운영비가 대부분 지방자치단체의 예산에 편중되다 보니 자원봉사센터의 운영에 대한 지방자치단체의 개입 및 간섭에 따른 부작용을 방지하거나 견제할 수 있는 제어장치가 없다. 따라서 자원봉사센터의 민간 운영을 확대해야 한다.

또 자원봉사센터의 기관특성상 회비나 후원금 모금이 불가하여 재정적 어려움을 겪고 있다. 오늘날 자원봉사의 사회적 가치와 역할 중요성이 점차 증대되고 자원봉사센터가 하나의 사회적 제도로서 발전하고 있음에도 불구하고 이 예산부족 현상은 여전히 개선되지 않고 있다. 자원봉사센터뿐만 아니라 자원봉사 단체들 가운데 봉사자들을 위한 별도의 공간을 제공하거나 충분한 예산과 전담 인력을 확보하고 체계적인 계획을 수립하여 자원봉사 업무를 추진하는 곳은 많지 않다. 정부는 민간부분의 자원봉사가 보다 짜임새 있는 인프라를 구축하고 효과적으로 단체를 운영할 수 있도록 적절한 예산과 인력의 지원을 강화해야 한다. 특히 교육, 연구 및 협력체계 구축 등을 위해 집중적인 지원이 요청된다.

현재 자원봉사센터의 예산은 전액 국가 지원이 아니기 때문에 센터 운영에 재정적 부담은 항상 중요한 문제로 대두되고 있다. 정부의 경우 자원봉사센터에 국고 및 지방비 보조금, 정부기금 지원 등을 행하고 있으나 그 액수가 부족하여 자원봉사의 활성화를 달성하기 어렵고, 그나마 최근 들어 기업, 학교, 언론, 기타 사회복지 관련기관, 공공부문에서의 지원이 행해지고 있으나 시작 단계라고 할 수 있다. 열악한 상황에서 후원이나 기업의 기부문화가 성숙되지 못한 사회문화적 상황을 고려해 볼 때 안정적 예산지원 및 증대가 필요하다(양점도 외, 2010).

따라서 자원봉사활동을 위한 독립재단의 설립으로 안정된 재원을 확보하거나 재정적 안정을 국가가 책임지되 운영에 있어서는 전문적 민간기관이 참여하도록 하는 것이 필요하다. 정부는 자원봉사센터의 재원 확보를 위한 지속적인 노력을 기울여야 한다. 그리고 운영기관은 정부 부담의 재정을 효율적으로 집행하여 최대한 효과를 도출하기 위해 노력해야 할 것이다. 또한, 자원봉사활동을 조정·관리할 수 있는 전문 인력의 배치가 무엇보다 중요하다. 그러나 지방자치단체가 직영하고 있는 경우 공무원을 배치하여 자원봉사활동을 일반 행정수준으로 다루고 있으며, 민간단체가 운영하고 있는 센터의 경우에도 직원 처우의 열악성으로 이직률이 높아 전문 인력을 지속적으로 유지하지 못하고 있다(박태영 외, 2009).

우리나라 자원봉사센터 조직의 가장 큰 문제점은 정부 부처별로 지원하는 방식과 운영하는 형태가 다르며, 센터별로 이용대상이 달라 종합적인 지원체계로서의 자원봉사센터의 기능을 수행하는 데는 한계를 내포하고 있다는 것이다. 그러므로 자원봉사센터가 적절한 기능을 수행하기 위해서는 센터별 특성화와 전문화에 기초한 적정한 역할의 설정이 이루어져야 한다. 그러하여 목적에 따른 역할을 결정함으로서 업무의 중복을 피하고, 자원봉사활동의 효율성과 효과성을 증대시킬 수 있을 것이다.

4. 자원봉사의 활성화 방안

1) 자원봉사활동의 문제점 개선방향

자원봉사활동 활성화를 위해서는 정부와 민간단체들이 협력체계를 갖춰 많은 사람들이 봉사에 참여할 수 있는 환경을 조성하는 것이 가장 중요하다. 따라서 민간분야가 주축이 돼 각 영역별 특화된 봉사활동을 자발적이고 창의적으로 이끌어 가고, 정부는 법적, 제도적 지원을 뒷받침하는 것이 바람직할 것이다. 자원봉사활동 활성화 방안을 제시하면 다음과 같다.

첫째, 관주도의 자원봉사센터 운영에서 탈피하여 민간이 주체로 자원봉사운동을 확산해 나가야 한다. 지금 우리나라의 대표적인 자원봉사센터인 지역단위 자원봉사센터는 설립 주체가 정부인 '관립 자원봉사센터'이다. 다만 운영방식이 직영과 민간위탁으로 나뉘어져 있을 뿐이므로 이것이 자원봉사 문화정착에 장애요소로 작용할 수 있다. 민간차원에서 다양한 자원봉사센터들이 설립되어 다원화되는 것이 민간 자주정신에 입각하여 지역사회의 문제와 욕구에 대응하기 위해서 자발적인 참여를 유도 할 수 있을 것이다.

둘째, 현재 진행되고 있는 '민간위탁'의 문제가 개선되어야 한다. 민관파트너십을 매개해 나가야할 자원봉사센터가 관의 과도한 관여로 주민들의 자원봉사의 자주성은 물론, 자원봉사의 가치를 훼손하고 있다. 즉, 정권이 바뀔 때마다 자원봉사센터장의 70%가 바뀌는 실태이며, 정치적 중립 없이 지자체단체 선거만 끝나면 선거참모의 정실 인사 코스로 자원봉사센터에 배치하는 행태가 현재 우리나라 봉사활동 단체들의 현주소이므로 자원봉사센터 근무 공무원에 대한 전문화 및 민간기구로서의 자율성 보장이 필요하므로 제도개선이 시급하다.

셋째, 자원봉사활동 추진체계의 문제점으로 자원봉사활동의 전문적 기능을 총괄 · 지원 · 조정할 수 있는 전담기구의 부재, 지역 자원봉사센터 접근성의 어려움, 자원봉사 육성 및 추진 기관들의 상호협력 체계 미비 등을 들 수 있다. 따라서 자원봉사활동을 전담해 육성·추진할 수 있는 기구신설과 정부차원에서 생활단위의 봉사활동 조직망을 구축해야 한다.

넷째, 관리체계의 문제점으로 전문적 기술과 지식을 가진 자원봉사 관리자 부족과 자원봉사관리 과정의 전문성과 체계성 부족, 자원봉사자 양성기관의 부재 등을 들 수 있다. 이에 대한 대안으로는 업무분장, 교육훈련, 지도감독 등 포괄적인 관리체계를 도입하는 한편 자원봉사전문가나 일정한 자격을 갖춘 관리자를 육성할 수 있는 전문교육기관 및 교육시설 등이 마련돼야 할 것이다.

다섯째, 지원체계 분야에서는 자원봉사활동기본법은 행정안전부의 소관법령으로 돼있어 보건복지부와 문화체육관광부 등을 아우르는 데 한계가 있으므로 국무총리 직속으로 자원봉사 지원체계를 구축하고, 기본계획 및 연도별 시행계획 등의 세부 지원은 행정안전부가 간사부서로서 역할을 하는 것이 바람직할 것이다. 특히 자원봉사활동기본법의 하위 법령이라 할 수 있는 '자원봉사활동지원법'이 제정돼 있지 않아 봉사활동 중 발생할 수 있는 사고와 인권 및 권익보호에 대한 대책마련이 이루어져야 한다. 즉, 자원봉사활동 중 뜻하지 않은 사고를 당했을 때, 보상해 줄 수 있는 제도적 장치가 필요하다.

여섯째, 우리나라는 자원봉사 등록자수는 많으나 봉사활동 참여율은 저조한 편이므로 활동하지 않는 자원봉사자의 참여확대를 위해 지역별 자원봉사 간담회 등을 활성화하고, 우수 자원봉사자에 대해서는 사회봉사 휴가제도 등 자원봉사에 대한 보상 문화가 확산돼야 한다. 또 미국, 영국의 경우와 같이 일정 경력 이상의 자원봉사자에 대해 공직임용, 취업, 승진, 진학, 세금면제 등의 혜택을 부여하는 방안이 마련되어야 한다.

2) 자원봉사활성화를 위한 제언

우리나라 자원봉사는 짧은 역사에 비해 폭발적으로 성장하던 자원봉사의 참여율은 감소추세이며 자원봉사 참여율도 낮은 수준에서 정체되고 이다(이경혜, 2019). 자원봉사의 활성화를 위해 자원봉사 영향요인과 관련한 포괄적인 이해의 틀이 고찰될 필요성이 있다. 또한 일반적으로 참여행동에만 집중된 논의에서 확장된 자원봉사 참여의향에 따른 잠재적 자원봉사자에 대한 적극적인 관심과 연구가 필요하다고 본다.

(1) 자원봉사 전문인력의 개발・양성

자원봉사를 참여하려는 자나 자원봉사기관 등에서 자원봉사활동이 활발하게 실행되기 위해서는 많은 인력이 필요하다. 특히 리더역할을 담당해야 하는 인력은 교육과 훈련을 통해서 양성할 수 있고, 전문 인력도 개발하고 양성해야만 한다.

첫째, 교육과 훈련을 통한 인력 확보와 전문인력 양성이 필요하다. 자원봉사에 관한 교육과 훈련 없이 인력은 양성될 수 없다. 평생교육원에서 자원봉사자를 위한 교육을 일정시간 이수하게 하는 교육과정을 제도화하는 방법이 있을 것이다. 자원봉사자들을 충분히 교육하고 훈련시켜서 자원봉사활동에 임하게 할 때, 자원봉사자도 성취감을 누리며, 수혜자도 만족을 느끼고, 자원봉사기관도 소기의 목적을 달성할 수 있을 것이다.

둘째, 자원봉사활동의 전문화를 기해야 한다. 전문적이고 과학적인 자원봉사 프로그램의 개발, 자원봉사자에 대한 단계별・영역별 전문 교육과 훈련 기회 확대, 각 분야의 전문 참여 촉진 등의 방안이 모색되어져야 한다. 이를 위하여 자원봉사자와 자원봉사관리자 사이에서 조정하고 교육할 자원봉사자 리더 양성이 필요하다. 현재의 유급직원들이 자원봉사자를 관리하는 데는 한계가 있으므로 자원봉사자 리더를 양성하여 효과성을 기해야 할 것이다. 자원봉사자들 가운데 지속적으로 참여하는 자들을 자원봉사자 리더로 양성하는 것이다. 이들은 처음으로 자원봉사활동에 참여하였거나 아직 자원봉사활동에 미숙한 참여자들을 지도하고, 잠재적 자원봉사자들을 발굴하고 개발하는 역할을 맡는다. 또한 자원봉사자들에게 정보를 제공해 주고, 자원봉사자와 자원봉사관리자 간의 가교역할을 담당한다.

셋째, 전문인 양성을 위한 교육기관이 필요하다. 자원봉사자들의 지속적이고 적극적인 활동을 할 수 있도록 관리를 철저히 하고, 자원봉사 수요처에 인력을 적절히 배치할 수 있는 전문인이 필요하다. 전문인 양성을 위하여 전문교육기관, 교육시설, 전문 강사, 교육 프로그램 등의 다양한 개발이 있어야 한다. 현재의 수적 부족과 질적 부족을 극복하기 위하여 전문인 양성을 위한 교육기관에서 전문적인 교육을 통한 인재양성에 심혈을 기울여야 한다.

(2) 정부 지원과 운영제도의 개선

어떤 일을 하든지 지원체계가 든든하면 그 일은 성공적으로 완수할 수 있다. 이런 면에서 정부의 적극적인 법적・행정적・제도적 지원이 요구된다(양재모, 2018).

첫째, 자원봉사활동이 활성화되기 위하여 법적・제도적 지원과 정비가 필요하다. 자원봉사활동이 더욱 발전하고 활성화되기 위하여 법적인 문제의 보완과 정비, 제도적 지원과 적극적인 확대 등이 요구된다. 자원봉사활동기본법과 시행령이 실행되면서 많은 보완이 있었다. 그러나 법 시행 이후 계속해서 제기되고 있는 문제점과 법 개정에 대한 의견을 검토하여 민간센터의 운영 및 지원 강화, 한국자원봉사협의회의 역할 및 지원 확대, 시・도 자원봉사센터와의 관계 설정 등이 제고되어야 한다.

둘째, 자원봉사활동 지원에 관한 부처의 통합운영이 요구된다. 중앙정부의 각 부처에서 자원봉사센터 성격의 기관들을 각각 설치 운영함으로 많은 발전을 가져온 것이 사실이지만, 이는 반대로 자원봉사사업의 기능 업무가 분산되어 보다 큰 효율성을 얻지 못한다. 자원봉사를 담당하는 정부나 지방자치단체의 부서가 중복되는 경우가 있고, 자원봉사자 활용기관이나 지원기관에 대한 인력과 예산이 중복으로 지출되는 등 비효율적인 운영을 개선할 필요가 있다.

셋째, 특정된 기술을 가지고 있는 은퇴자들에게 별도의 자원봉사 교육과정을 이수하여 이들이 현장에서 직·간접적으로 재능 기부를 할 수 있는 제도적 지원이 필요하다. 현재 각 기관에서 문화예술, 재능기부단체를 구성하여 다양한 봉사활동에 참여하고 있다. 하지만 이들을 관리하고 수요에 따른 파견을 제도화하여 필요에 따라 즉

시 배치하에 자원봉사활동을 할 수 있는 제도적 지원이 필요하다.

(3) 지역사회 중심활동의 활성화

자원봉사활동은 지역사회의 발전을 도모하는 측면에서 이루어지는 것이 가장 바람직한 현상이다. 활동도 지역사회를 중심으로 하고, 조직도 지역 주민들을 주축으로 하고, 참여자도 지역사회 거주자를 중심으로 하는 것이 가장 효과적일 것이다.

첫째, 지역사회를 중심으로 하는 자원봉사활동이 전개되도록 유도해야 한다. 학교, 민간・사회단체, 청소년자원봉사단체 등 지역사회를 중심으로 하는 자원봉사활동이 전개되는 것이 유익하므로 지역사회 기관들 간의 긴밀한 협력과 유대관계 및 연합적 연결망이 이루어져야 한다.

둘째, 지역사회를 중심한 추진위원회 구성이 요구된다. 지역사회의 자원봉사활동이 활성화되기 위하여 지역사회 중심의 추진위원회를 구성할 필요가 있다. 보수단체, 개혁단체, 사회복지 의료・환경・노동・문화・교육 등을 총 망라한 조직과 아동・청소년・노인・장애인・기업・종교 등을 초월한 지역사회 발전을 위한 조직체를 운영하는 것도 한 방법이 될 것이다. 위원회는 실질적인 주민 참가에 의한 문제 확인, 비전 제시, 해결책 마련, 실천 결과 평가, 홍보 등 다양한 역할을 감당해야 할 것이다.

volunteerism | part

05

부록

CONTENTS

1. 자원봉사활동 기본법(약칭: 자원봉사법)

[시행 2017. 7. 26] [법률 제14839호, 2017. 7. 26, 타법개정]

제1조(목적) 이 법은 자원봉사활동에 관한 기본적인 사항을 규정함으로써 자원봉사활동을 진흥하고 행복한 공동체 건설에 이바지함을 목적으로 한다.

[전문개정 2014. 1. 7.]

제2조(기본 방향) 자원봉사활동의 진흥을 위한 정책은 다음 각 호의 사항을 기본 방향으로 하여야 한다.

1. 자원봉사활동은 국민의 협동적인 참여 능력을 높일 수 있는 방향으로 추진하여야 한다.
2. 자원봉사활동은 무보수성, 자발성, 공익성, 비영리성, 비정파성(非政派性), 비종파성(非宗派性)의 원칙 아래 수행될 수 있도록 하여야 한다.
3. 모든 국민은 나이, 성별, 장애, 지역, 학력 등 사회적 배경에 관계없이 누구든지 자원봉사활동에 참여할 수 있도록 하여야 한다.
4. 자원봉사활동의 진흥을 위한 정책은 민·관 협력의 기본 정신을 바탕으로 하여 추진하여야 한다.

[전문개정 2014. 1. 7.]

제3조(정의) 이 법에서 사용하는 용어의 뜻은 다음과 같다.

1. "자원봉사활동"이란 개인 또는 단체가 지역사회·국가 및 인류사회를 위하여 대가 없이 자발적으로 시간과 노력을 제공하는 행위를 말한다.
2. "자원봉사자"란 자원봉사활동을 하는 사람을 말한다.
3. "자원봉사단체"란 자원봉사활동을 주된 사업으로 하거나 이를 지원하기 위하여 설립된 비영리 법인 또는 단체를 말한다.
4. "자원봉사센터"란 자원봉사활동의 개발·장려·연계·협력 등의 사업을 수행하기

위하여 법령과 조례 등에 따라 설치된 기관·법인·단체 등을 말한다.

[전문개정 2014. 1. 7.]

제4조(국가와 지방자치단체의 책무) 국가와 지방자치단체는 자원봉사활동의 진흥에 관한 시책을 마련하여 국민의 자원봉사활동을 권장하고 지원하여야 한다.

[전문개정 2014. 1. 7.]

제5조(정치활동 등의 금지 의무) ① 제14조, 제18조 및 제19조에 따라 지원을 받는 자원봉사단체 및 자원봉사센터는 그 명의 또는 그 대표의 명의로 특정 정당이나 특정인의 선거운동을 하여서는 아니 된다.

② 제1항에서 "선거운동"이란 「공직선거법」 제58조제1항에 따른 선거운동을 말한다.

[전문개정 2014. 1. 7.]

제5조의2(자원봉사활동의 강요 금지) 누구든지 개인 또는 단체에 대하여 자원봉사활동을 강요하여서는 아니 된다.

[본조신설 2016. 12. 27.]

제6조(다른 법률과의 관계) 자원봉사활동의 진흥 등에 관하여는 다른 법률에 특별한 규정이 있는 경우를 제외하고는 이 법에서 정하는 바에 따른다.

[전문개정 2014. 1. 7.]

제7조(자원봉사활동의 범위) 이 법의 적용을 받는 자원봉사활동의 범위는 다음 각 호와 같다.

1. 사회복지 및 보건 증진에 관한 활동
2. 지역사회 개발·발전에 관한 활동
3. 환경보전 및 자연보호에 관한 활동
4. 사회적 취약계층의 권익 증진 및 청소년의 육성·보호에 관한 활동
5. 교육 및 상담에 관한 활동
6. 인권 옹호 및 평화 구현에 관한 활동
7. 범죄 예방 및 선도에 관한 활동
8. 교통질서 및 기초질서 계도에 관한 활동
9. 재난 관리 및 재해 구호에 관한 활동
10. 문화·관광·예술 및 체육 진흥에 관한 활동
11. 부패 방지 및 소비자 보호에 관한 활동
12. 공명선거에 관한 활동

13. 국제협력 및 국외봉사활동
14. 공공행정 분야의 사무 지원에 관한 활동
15. 그 밖에 공익사업의 수행 또는 주민복리의 증진에 필요한 활동

[전문개정 2014. 1. 7.]

제8조(자원봉사진흥위원회) ① 자원봉사활동에 관한 주요 정책을 심의하기 위하여 국무총리 소속으로 관계 중앙행정기관 및 민간 전문가로 구성된 자원봉사진흥위원회를 둔다.

② 자원봉사진흥위원회는 다음 각 호의 사항을 심의한다.

1. 자원봉사활동의 진흥을 위한 정책 방향의 설정 및 협력·조정
2. 자원봉사활동의 진흥을 위한 국가기본계획과 연도별 시행계획에 관한 사항
3. 자원봉사활동의 진흥을 위한 제도 개선에 관한 사항
4. 그 밖에 자원봉사활동의 진흥에 필요한 사항

③ 제2항에 따른 심의 사항을 미리 검토하고 관계 기관 간의 협의 사항을 정리하기 위하여 자원봉사진흥위원회에 실무위원회를 둘 수 있다.

④ 자원봉사진흥위원회 및 실무위원회의 구성·조직 및 운영에 필요한 사항은 대통령령으로 정한다.

[전문개정 2014. 1. 7.]

제9조(자원봉사활동의 진흥에 관한 국가기본계획의 수립) ① 행정안전부장관은 관계 중앙행정기관의 장과 협의하여 자원봉사활동의 진흥을 위한 국가기본계획(이하 "기본계획"이라 한다)을 5년마다 수립하여야 한다. <개정 2014. 11. 19., 2017. 7. 26.>

② 기본계획에는 다음 각 호의 사항이 포함되어야 한다.

1. 자원봉사활동의 진흥에 관한 기본 방향
2. 자원봉사활동의 진흥에 관한 추진 일정
3. 관계 중앙행정기관의 자원봉사활동에 관한 추진 시책
4. 자원봉사활동의 진흥을 위하여 필요한 재원(財源)의 조달방법
5. 그 밖에 자원봉사활동의 진흥을 위하여 특히 필요하다고 인정되는 사항

[전문개정 2014. 1. 7.]

제10조(연도별 시행계획의 수립) 관계 중앙행정기관의 장과 지방자치단체의 장은 기본계획에 따라 연도별 시행계획을 수립·시행하여야 한다.

제11조(학교·직장 등의 자원봉사활동 장려) ① 학교는 학생의 자원봉사활동을 권장하고 지

도 · 관리하기 위하여 노력한다.

② 직장은 직장인의 자원봉사활동을 촉진하기 위하여 노력한다.

③ 학교 · 직장 등의 장은 학생 및 직장인 등의 자원봉사활동에 대하여 그 공헌을 인정하여 줄 수 있다.

[전문개정 2014. 1. 7.]

제12조(포상) 국가와 지방자치단체는 국가와 사회에 현저한 공로가 있는 자원봉사활동을 한 자원봉사자, 자원봉사단체, 자원봉사센터 등에 대하여 대통령령으로 정하는 바에 따라 포상할 수 있다.

[전문개정 2014. 1. 7.]

제13조(자원봉사자의 날 및 자원봉사주간) ① 국가는 국민의 자원봉사활동에 대한 참여를 촉진하고 자원봉사자의 사기를 높이기 위하여 매년 12월 5일을 자원봉사자의 날로 하고 자원봉사자의 날부터 1주일간을 자원봉사주간으로 설정한다.

② 자원봉사자의 날 및 자원봉사주간의 행사에 필요한 사항은 대통령령으로 정한다.

[전문개정 2014. 1. 7.]

제14조(자원봉사자의 보호) ① 국가와 지방자치단체는 자원봉사활동이 안전한 환경에서 이루어질 수 있도록 노력하여야 한다.

② 자원봉사자에 대한 보험의 가입 등 보호의 종류와 내용에 관하여 필요한 사항은 대통령령으로 정한다.

[전문개정 2014. 1. 7.]

제15조(자원봉사활동의 관리) 자원봉사단체 및 자원봉사센터는 자원봉사자에 대한 교육훈련 및 안전대책 등이 체계적으로 관리될 수 있도록 노력하여야 한다.

제16조(국유 · 공유 재산의 사용) 국가와 지방자치단체는 「국유재산법」 또는 「공유재산 및 물품 관리법」에도 불구하고 자원봉사활동의 진흥을 위하여 자원봉사단체 및 자원봉사센터가 대통령령으로 정하는 특정한 사업을 수행하기 위하여 국유 · 공유 재산이 필요하다고 인정하면 이를 무상으로 대여하거나 사용하게 할 수 있다.

[전문개정 2014. 1. 7.]

제17조(한국자원봉사협의회) ① 자원봉사단체는 전국 단위의 자원봉사활동을 진흥 · 촉진하기 위한 다음 각 호의 활동을 하기 위하여 한국자원봉사협의회를 설립할 수 있다.

1. 회원단체 간의 협력 및 사업 지원

2. 자원봉사활동의 진흥을 위한 대국민 홍보 및 국제교류
3. 자원봉사활동과 관련된 정책의 개발 및 조사・연구
4. 자원봉사활동과 관련된 정책의 건의
5. 자원봉사활동과 관련된 정보의 연계 및 지원
6. 그 밖에 자원봉사활동의 진흥과 관련하여 국가 및 지방자치단체로부터 위탁받은 사업

② 한국자원봉사협의회는 법인으로 한다.

③ 한국자원봉사협의회는 정관을 작성하여 행정안전부장관의 인가를 받아 등기함으로써 설립된다. <개정 2014. 11. 19., 2017. 7. 26.>

④ 한국자원봉사협의회의 조직과 운영 등에 필요한 사항은 대통령령으로 정한다.

[전문개정 2014. 1. 7.]

제18조(자원봉사단체에 대한 지원) 국가 및 지방자치단체는 자원봉사단체의 활동에 필요한 행정적 지원을 할 수 있으며 「비영리민간단체지원법」에 따라 사업비를 지원할 수 있다.

[전문개정 2014. 1. 7.]

제19조(자원봉사센터의 설치 및 운영) ① 국가기관 및 지방자치단체는 자원봉사센터를 설치할 수 있다. 이 경우 자원봉사센터를 법인으로 하여 운영하거나 비영리 법인에 위탁하여 운영하여야 한다.

② 제1항 후단에도 불구하고 자원봉사활동을 효율적으로 추진하기 위하여 필요하다고 인정할 경우에는 국가기관 및 지방자치단체가 운영할 수 있다.

③ 국가는 자원봉사센터의 설치・운영이 활성화될 수 있도록 적극 노력하여야 하며, 지방자치단체는 자원봉사센터의 운영에 필요한 경비를 지원할 수 있다.

④ 자원봉사센터 장의 자격요건과 자원봉사센터의 조직 및 운영 등에 필요한 사항은 대통령령으로 정한다.

[전문개정 2014. 1. 7.]

제20조(벌칙) 자원봉사단체 및 자원봉사센터가 제5조에 따른 정치활동 등의 금지 의무를 위반한 경우에는 「공직선거법」 제255조제1항제11호에 따른 벌칙을 적용한다.

[전문개정 2014. 1. 7.]

부칙<제14839호, 2017. 7. 26.>(정부조직법)

제1조(시행일) ① 이 법은 공포한 날부터 시행한다. 다만, 부칙 제5조에 따라 개정되는 법률 중 이 법 시행 전에 공포되었으나 시행일이 도래하지 아니한 법률을 개정한 부분은 각각 해당 법률의 시행일부터 시행한다.

제2조부터 제4조까지 생략

제5조(다른 법률의 개정) ①부터 <77>까지 생략

<78> 자원봉사활동 기본법 일부를 다음과 같이 개정한다.

제9조제1항 및 제17조제3항 중 "행정자치부장관"을 각각 "행정안전부장관"으로 한다.

<79>부터 <382>까지 생략

제6조 생략

2. 자원봉사활동 기본법 시행령

[시행 2017. 7. 26] [대통령령 제28211호, 2017. 7. 26, 타법개정]

제1조(목적) 이 영은 「자원봉사활동 기본법」에서 위임된 사항과 그 시행에 필요한 사항을 규정함을 목적으로 한다.

제2조(자원봉사진흥위원회의 구성) ① 「자원봉사활동 기본법」(이하 "법"이라 한다) 제8조제1항의 규정에 의한 자원봉사진흥위원회(이하 "위원회"라 한다)는 위원장 1인과 부위원장 2인을 포함하여 30인 이내의 위원으로 구성하되, 위원은 다음 각 호의 자로 한다. <개정 2008. 2. 29., 2010. 3. 15., 2013. 3. 23.>

1. 당연직 위원 : 기획재정부장관 · 교육부장관 · 법무부장관 · 보건복지부장관 · 여성가족부장관 및 국무조정실장
2. 민간위원 : 자원봉사분야에 관한 학식과 경험이 풍부한 자 중에서 제13조의 규정에 의한 한국자원봉사협의회와 교육부장관 · 보건복지부장관 또는 여성가족부장관의 추천을 받아 국무총리가 위촉하는 자

② 위원회의 위원장은 국무총리가 되고, 부위원장은 행정안전부장관과 민간위원 중에서 호선한 자 1인이 된다. <개정 2008. 2. 29., 2013. 3. 23., 2014. 11. 19., 2017. 7. 26.>

③ 제1항의 규정에 의한 위원 중 민간위원이 과반수가 되도록 하여야 한다.

④ 민간위원의 임기는 2년으로 한다.

⑤ 위원장은 위원회를 대표하며, 위원회의 업무를 통할한다.

⑥ 부위원장은 위원장을 보좌하며, 위원장이 부득이한 사유로 직무를 수행할 수 없는 경우 그 직무를 대행하되 행정안전부장관, 민간부위원장 순으로 한다. <개정 2008. 2. 29., 2013. 3. 23., 2014. 11. 19., 2017. 7. 26.>

제3조(위원회의 운영 등) ① 위원회의 회의는 위원장이 필요하다고 인정하는 때 또는 재적위원 4분의 1이상의 회의소집 요청이 있는 때에 위원장이 이를 소집하며, 위원장이 회의를

소집하고자 하는 때에는 회의의 일시 · 장소 및 부의안건을 회의개최 5일전까지 각 위원에게 서면으로 통지하여야 한다. 다만, 긴급을 요하는 경우에는 그러하지 아니하다.

② 위원회의 회의는 재적위원 과반수의 출석으로 개의하고, 출석위원 과반수의 찬성으로 의결한다.

③ 부의된 안건과 관련하여 필요한 경우 위원장이 지정하는 중앙행정기관의 장은 위원회에 출석하여 발언할 수 있다.

④ 위원회의 사무를 처리하기 위하여 위원회에 간사 1인을 두며, 간사는 자원봉사활동 업무를 담당하는 행정안전부 소속 공무원으로 한다. <개정 2008. 2. 29., 2013. 3. 23., 2014. 11. 19., 2017. 7. 26.>

⑤ 위원회는 자원봉사진흥 등에 관한 전문적인 사항을 조사 · 연구하게 하기 위하여 위원회에 5인 이내의 전문위원을 둘 수 있다.

⑥ 제5항의 규정에 의한 전문위원은 자원봉사에 관한 학식과 경험이 풍부한 자 중에서 행정안전부장관이 위촉한다. 이 경우 예산의 범위 안에서 연구비 및 여비를 지급할 수 있다. <개정 2008. 2. 29., 2013. 3. 23., 2014. 11. 19., 2017. 7. 26.>

⑦ 그 밖에 위원회의 구성 · 운영에 관하여 필요한 사항은 위원회의 의결을 거쳐 위원장이 정한다.

제4조(자원봉사진흥 실무위원회의 구성 등) ① 법 제8조제3항의 규정에 의한 자원봉사진흥 실무위원회(이하 "실무위원회"라 한다)는 위원장 1인과 부위원장 2인을 포함하여 25인 이내의 실무위원으로 구성하되, 실무위원은 다음 각 호의 자로 한다. <개정 2008. 2. 29., 2010. 3. 15., 2013. 3. 23., 2014. 11. 19., 2017. 7. 26.>

1. 당연직 실무위원 : 기획재정부 · 교육부 · 법무부 · 보건복지부 · 여성가족부 · 경찰청 및 소방청의 자원봉사에 관한 업무를 담당하는 국장
2. 민간실무위원 : 자원봉사분야에 관한 학식과 경험이 풍부한 자 중에서 제13조의 규정에 의한 한국자원봉사협의회와 교육부장관 · 보건복지부장관 또는 여성가족부장관의 추천을 받아 행정안전부장관이 위촉하는 자

② 실무위원회의 위원장은 행정안전부차관이 되고, 부위원장은 자원봉사활동 업무를 담당하는 행정안전부 소속 공무원과 민간실무위원 중에서 호선한 자 1인이 된다. <개정 2008. 2. 29., 2013. 3. 23., 2014. 11. 19., 2017. 7. 26.>

③ 제1항의 규정에 의한 실무위원 중 민간실무위원이 과반수가 되도록 하여야 한다.

④ 민간실무위원의 임기는 2년으로 한다.

⑤ 부의된 안건과 관련하여 필요한 경우 실무위원회의 위원장이 지정하는 중앙행정기관의 자원봉사 관련 국장은 실무위원회에 출석하여 발언할 수 있다.

⑥ 실무위원회의 사무를 처리하기 위하여 실무위원회에 간사 1인을 두며, 간사는 자원봉사활동 업무를 담당하는 행정안전부 소속 공무원으로 한다. <개정 2008. 2. 29., 2013. 3. 23., 2014. 11. 19., 2017. 7. 26.>

⑦ 그 밖에 실무위원회의 구성 · 운영에 관하여 필요한 사항은 위원회의 의결을 거쳐 위원장이 정한다.

제5조(자원봉사활동의 진흥에 관한 국가기본계획의 수립) ① 행정안전부장관은 법 제9조의 규정에 의한 자원봉사활동의 진흥에 관한 기본계획(이하 "기본계획"이라 한다)을 기본계획 개시연도의 전년도에 수립하여야 한다. <개정 2008. 2. 29., 2013. 3. 23., 2014. 11. 19., 2017. 7. 26.>

② 행정안전부장관은 기본계획을 수립할 때에는 관계중앙행정기관의 장과 협의하고 위원회의 심의를 거쳐야 한다. <개정 2008. 2. 29., 2013. 3. 23., 2014. 11. 19., 2017. 7. 26.>

제6조(연도별 시행계획의 수립 · 시행) ① 법 제10조의 규정에 의하여 시장 · 군수 · 구청장(자치구의 구청장을 말한다. 이하 같다)은 매년 12월말까지 특별시장 · 광역시장 · 도시자(이하 "시 · 도지사"라 한다)에게 다음 연도의 소관 자원봉사활동진흥에 관한 시행계획을 제출하여야 한다.

② 관계 중앙행정기관의 장과 시 · 도지사는 매년 1월말까지 당해연도의 소관 자원봉사활동 진흥에 관한 시행계획을 행정안전부장관에게 제출하여야 하며, 행정안전부장관은 이를 종합하여 위원회의 심의를 거쳐 확정한 후 이를 3월말까지 중앙행정기관의 장 및 시 · 도지사에게 알려야 한다. <개정 2008. 2. 29., 2013. 3. 23., 2014. 11. 19., 2017. 7. 26.>

③ 시장 · 군수 · 구청장은 매년 1월 15일까지 시 · 도지사에게, 중앙행정기관의 장 및 시 · 도지사는 매년 1월말까지 행정안전부장관에게 각각 전년도 시행계획의 이행결과를 제출하여야 한다. <개정 2008. 2. 29., 2013. 3. 23., 2014. 11. 19., 2017. 7. 26.>

④ 국무총리는 행정안전부장관으로 하여금 제3항의 규정에 의한 이행결과를 점검 · 평가하고 그 결과를 위원회에 제출하게 할 수 있으며, 행정안전부장관은 이행상황을 점검 · 평가하기 위하여 필요한 경우 전문 연구기관에 자문을 구하거나 조사 · 연구를 의뢰할 수 있다. <개정 2008. 2. 29., 2013. 3. 23., 2014. 11. 19., 2017. 7. 26.>

제7조(관계기관 등에 대한 협조요청) 국가 및 지방자치단체는 제5조 및 제6조의 규정에 의한 기본계획 및 연도별 시행계획의 수립 · 시행을 위하여 필요한 때에는 공공기관 · 자원봉사단체 그 밖의 민간단체에 대하여 필요한 자료 또는 의견의 제출 등의 협조를 요청할 수 있다.

제8조(포상) 법 제12조의 규정에 의한 포상 대상자의 선정절차와 훈격은 「상훈법」의 규정에 따른다.

제9조(자원봉사자의 날 및 자원봉사주간 행사) 법 제13조의 규정에 의한 자원봉사자의 날 및 자원봉사주간을 기념하기 위하여 국가와 지방자치단체 및 자원봉사단체 등은 다음 각 호의 행사를 실시할 수 있다.

1. 기념행사
2. 연구발표 및 국제교류행사
3. 유공자 및 유공단체에 대한 격려
4. 대중매체 등을 통한 홍보
5. 그 밖에 자원봉사 활성화에 대한 범국민적인 관심을 높이기 위한 행사

제10조(자원봉사자에 대한 보험가입 등) ① 국가와 지방자치단체는 법 제14조제1항의 규정에 의하여 자원봉사단체 및 자원봉사센터로 하여금 위험이 수반되는 자원봉사활동에 대한 안전교육 등 사전에 필요한 조치를 취하도록 할 수 있다.

② 법 제14조제2항의 규정에 의한 자원봉사자에 대한 보호의 종류는 다음 각 호와 같다.

1. 자원봉사활동 중인 자원봉사자의 신체적 보호
2. 자원봉사활동 중에 발생한 자원봉사자의 경제적 손실보호
3. 자원봉사활동 중에 발생한 타인의 신체 또는 재물손괴에 대한 보호

③ 국가 및 지방자치단체는 자원봉사센터 또는 「비영리민간단체 지원법」에 의하여 등록된 단체에 소속한 자원봉사자의 보호를 위하여 다음 각 호의 요건을 모두 갖춘 보험 또는 공제에 가입할 수 있다.

1. 자원봉사활동 중에 발생한 자원봉사자의 사망, 후유장애 및 의료 · 입원 · 수술비 등에 대한 보상을 할 수 있을 것
2. 자원봉사활동 중에 발생한 타인의 신체 또는 재물손괴에 대한 보상을 할 수 있을 것

④ 지방자치단체는 제3항의 규정에 의한 보험의 가입절차 및 방법 등에 관하여는 조례로 정한다.

제11조(교육훈련) 자원봉사단체 및 자원봉사센터는 법 제15조의 규정에 의하여 자원봉사자의 안전한 봉사활동을 위한 교육훈련을 관련 교육시설에 위탁할 수 있다.

제12조(국 · 공유재산의 사용) ① 법 제16조의 규정에 의하여 국가 또는 지방자치단체가 국 · 공유재산을 무상으로 대여하거나 사용하게 할 수 있는 자원봉사단체 및 자원봉사센터의 사업은 다음 각 호와 같다.

1. 국제행사에 관한 사업
2. 재난복구 및 구호에 관한 사업
3. 그 밖에 국가 및 지방자치단체가 자원봉사활동의 진흥을 위하여 필요하다고 인정하는 사업. 이 경우 국 · 공유재산을 사무실 용도로 대여 · 사용하거나 1년 이상의 기간을 대여 · 사용하게 할 수 없다.

② 국 · 공유재산의 무상대여나 사용의 절차 및 방법 등에 관하여는 「국유재산법」 또는 「공유재산 및 물품관리법」의 규정에 따른다.

제13조(한국자원봉사협의회의 회원 등) ①법 제17조의 규정에 의한 한국자원봉사협의회(이하 "협의회"라 한다)의 회원은 다음 각 호의 어느 하나에 해당하는 자로 한다.

1. 자원봉사를 주된 사업으로 하는 비영리법인 또는 단체의 대표자
2. 그 밖에 자원봉사활동의 진흥을 위하여 필요하다고 인정되어 협의회 이사회의 의결을 거친 자

② 협의회의 임원으로 대표이사 1인을 포함한 20인 이상 50인 이하의 이사와 감사 2인을 둔다.

③ 임원은 정관이 정하는 바에 따라 총회에서 선출한다.

④ 임원의 임기는 2년으로 하되 연임할 수 있다.

⑤ 임원의 자격요건과 선출방법 및 협의회의 운영에 관하여 필요한 사항은 협의회의 정관으로 정한다.

⑥ 협의회에 관하여 이 영에 규정된 것을 제외하고는 「민법」 중 사단법인에 관한 규정을 준용한다.

제14조(자원봉사센터 장의 자격요건 등) ① 법 제19조의 규정에 의한 자원봉사센터 장의 자격요건은 다음과 같다.

1. 대학교의 자원봉사 관련 학과에서 조교수 이상의 직에 3년 이상 재직한 자
2. 자원봉사단체 · 자원봉사센터 또는 사회복지기관 · 시설 · 학교 · 기업에서 자원봉사 관리업무에 5년 이상 종사한 자

3. 5급 이상 퇴직공무원으로서 자원봉사업무 또는 사회복지업무에 3년 이상 종사한 자
4. 국가 및 지방자치단체에 등록된 자원봉사 관련 시민사회단체에서 임원으로 10년 이상 활동한 자

② 자원봉사센터 장은 공개경쟁의 방법에 의하여 선임한다.

③ 지방자치단체는 자원봉사센터 장의 선임방법 및 절차 등에 관하여는 조례로 정한다.

제15조(자원봉사센터의 조직 및 운영 등) ① 자원봉사센터의 사무를 처리하게 하기 위하여 자원봉사센터에 사무국을 둔다.

② 자원봉사센터의 원활한 운영을 위한 정책결정기구로서 운영위원회를 둔다. 다만, 자원봉사센터를 법인으로 하여 운영하는 경우에는 이사회를 둔다.

③ 제2항의 규정에 의한 운영위원회는 20인 이하로 하되 자원봉사단체 대표를 과반수 이상으로 구성하고 대표는 민간인으로 한다.

④ 특별시 · 광역시 · 도 자원봉사센터는 지역 내 자원봉사 활성화를 위하여 다음 각 호의 사업을 수행한다.

1. 특별시 · 광역시 · 도 지역의 기관 · 단체들과의 상시협력체계 구축
2. 자원봉사 관리자 및 지도자의 교육훈련
3. 자원봉사 프로그램의 개발 및 보급
4. 자원봉사 조사 및 연구
5. 자원봉사 정보자료실 운영
6. 시 · 군 · 자치구 자원봉사센터간의 정보 및 사업의 협력 · 조정 · 지원
7. 그 밖에 특별시 · 광역시 · 도 지역의 자원봉사 진흥에 기여할 수 있는 사업

⑤ 시 · 군 · 자치구 자원봉사센터는 지역 내 자원봉사 활성화를 위하여 다음 각호의 사업을 수행한다.

1. 시 · 군 · 자치구 지역의 기관 · 단체들과의 상시협력체계 구축
2. 자원봉사자의 모집 및 교육 · 홍보
3. 자원봉사 수요기관 및 단체에 자원봉사자 배치
4. 자원봉사 프로그램의 개발 · 보급 및 시범운영
5. 자원봉사 관련 정보의 수집 및 제공
6. 그 밖에 시 · 군 · 자치구 지역의 자원봉사 진흥에 기여할 수 있는 사업

⑥ 지방자치단체는 자원봉사센터의 조직 및 운영 등에 관한 사항은 조례로 정한다.

제16조(고유식별정보의 처리) ① 행정안전부장관은 법 제11조에 따른 자원봉사활동 공헌 인정에 필요한 자원봉사활동실적 정보를 수집(자원봉사활동 관련 사무를 수행하는 다른 중앙행정기관의 정보시스템으로부터 제공받는 경우를 포함한다) · 저장 · 보유 · 가공 · 제공(자원봉사활동 관련 사무를 수행하는 다른 중앙행정기관의 정보시스템으로 제공하는 경우를 포함한다)하는 사무를 수행하기 위하여 불가피한 경우 「개인정보 보호법 시행령」 제19조제1호 또는 제4호에 따른 주민등록번호 또는 외국인등록번호(이하 이 조에서 "주민등록번호등"이라 한다)가 포함된 자료를 처리할 수 있다. <개정 2014. 11. 19., 2017. 7. 26.>

② 행정안전부장관 또는 지방자치단체의 장은 법 제14조제2항에 따른 자원봉사자에 대한 보험 가입에 관한 사무를 수행하기 위하여 불가피한 경우 주민등록번호등이 포함된 자료를 처리할 수 있다. <개정 2014. 11. 19., 2017. 7. 26.>

[본조신설 2014. 7. 7.]

부칙<제28211호, 2017. 7. 26.>(행정안전부와 그 소속기관 직제)

제1조(시행일) 이 영은 공포한 날부터 시행한다. 다만, 부칙 제8조에 따라 개정되는 대통령령 중 이 영 시행 전에 공포되었으나 시행일이 도래하지 아니한 대통령령을 개정한 부분은 각각 해당 대통령령의 시행일부터 시행한다.

제2조부터 제7조까지 생략

제8조(다른 법령의 개정) ①부터 <150>까지 생략

<151> 자원봉사활동 기본법 시행령 일부를 다음과 같이 개정한다.

제2조제2항 · 제6항, 제3조제6항 전단, 제4조제1항제2호, 제5조제1항 · 제2항, 제6조제2항부터 제4항까지 및 제16조제1항 · 제2항 중 "행정자치부장관"을 각각 "행정안전부장관"으로 한다.

제3조제4항 및 제4조제2항 · 제6항 중 "행정자치부"를 각각 "행정안전부"로 한다.

제4조제1항제1호 중 "소방방재청"을 "소방청"으로 하고, 같은 항 제2호 중 "교육과학기술부장관"을 "교육부장관"으로 한다.

제4조제2항 중 "행정자치부차관"을 "행정안전부차관"으로 한다.

<152>부터 <388>까지 생략

3. 자원봉사관리자 윤리지침

제 1장 총 칙

제1조(목적) <자원봉사관리자윤리지침>은 <자원봉사관리자윤리강령>의 기본 정신을 구체적으로 실현하기 위한 제반 사항들을 규정함으로써 자원봉사관리자가 건강한 시민의 육성과 비영리단체의 성장 및 지역사회의 복지증진과 사회정의 실현, 지속가능한 생태환경을 조성하기 위한 역할 수행에 필요한 윤리적 기준을 제시하는 것을 목적으로 한다.

제2조(정의) 이 지침에서 규정하는 자원봉사관리자의 뜻은 다음과 같다.

① 자원봉사관리자는 조직적인 자원봉사 참여를 이끌고 활동과정을 체계적으로 관리할 책무를 지니는 자를 통칭한다.

② 일반적으로 공식적인 조직에 기반한 자원봉사 활동을 책임지는 직(職)의 자를 '자원봉사관리자'라 칭한다.

③ 직업적 자원봉사관리자 외에도 자원봉사자로서 자원봉사단체 및 모임을 대표하는 자도 자원봉사관리자의 범주에 포함한다.

④ 위의 ①에서 ③항까지 명시된 조건에 해당하는 자는 직무수행에 따른 급여 여부와 상관없이 자원봉사관리자로 간주한다.

제3조(지침의 준수) 자원봉사관리자 및 자원봉사자는 본 지침을 존중하고 준수하여야 한다.

제2장 기본적인 윤리기준

제4조(책무) 자원봉사관리자는 직무의 수행에 있어서 다음과 같은 책무를 다하기 위해 노력해야 한다.

① 자원봉사관리자는 자원봉사자와 함께 일하며 개인, 가족, 집단, 지역사회와 공동체의 공존과 변화를 촉진할 수 있도록 한다.

② 자원봉사관리자는 자원봉사의 가치를 실현하고, 인권을 존중·옹호하며, 잠재력을 개발하고 성장할 수 있도록 지원·촉진함으로써 자원봉사활동을 효과적으로 돕도록 한다.

③ 자원봉사활동 현장에서 인종과 나이, 성별, 성적 지향, 직업과 직위, 경제상태, 사상과

종교, 사회적 평판 등 어떤 이유로도 차별이 있어서는 안 된다.

④ 자원봉사활동 중 문제가 발생할 경우 적절한 조치를 취하여 조직과 개인을 보호하여야 한다.

제5조(품위유지)자원봉사관리자는 기본적인 사회규범을 준수하고, 공공성을 띤 업무를 수행하는 자로서 품위를 유지하기 위해 다음과 같이 노력해야 한다.

① 자원봉사관리자는 자원봉사의 철학을 내면화하는 한편 자원봉사관리의 새로운 지식을 습득하고 역량개발에 힘써 자원봉사의 사회적 가치를 실현하는 전문가로서 능력과 품위를 유지하도록 노력해야 한다.

② 자원봉사관리자는 자원봉사현장에서 음주, 약물 등으로 인하여 자원봉사자와 수혜자들의 생명과 신체에 위해를 가져올 수 있는 상태에서 활동해서는 안 된다.

제6조(기록관리) 자원봉사관리자는 자원봉사자의 활동기록과 결과를 정확하고 성실하게 작성하여야 한다.

① 자원봉사관리자는 자원봉사자가 스스로 자원봉사의 결과를 자원봉사의 가치와 사회적 맥락 하에 기록으로 남길 수 있도록 적극적으로 지지하고 돕는다.

② 자원봉사관리자는 자원봉사자가 원할 경우, 정확한 활동결과를 반영한 자원봉사 활동확인서를 발급하고 자원봉사활동에 관한 정보와 기록 관리에 있어 위조, 변조, 누락, 추가 등으로 인한 왜곡이 발생하지 않도록 만전을 기해야 한다.

제3장 자원봉사자에 대한 윤리

제7조(상호신뢰) 자원봉사관리자는 자원봉사자와 서로 신뢰하고 존중하는 관계가 유지되도록 노력하여야 한다.

① 자원봉사관리자는 자원봉사자의 인격과 자기결정권, 자발성을 최대한 존중하고 자원봉사자의 권익이 보장될 수 있도록 해야 한다.

② 자원봉사관리자는 자원봉사자의 자기개발과 성장을 위해 자원봉사교육을 비롯한 필요한 지원을 충분히 제공해야 한다.

제8조(인권존중) 자원봉사관리자는 자원봉사자의 인권을 존중하고, 인권침해가 일어나지 않도록 노력해야 한다.

① 자원봉사관리자는 자원봉사자가 '무임금 노동자'나 '동원의 대상'이 아닌, 인격을 지닌

권리의 주체로 존중받을 수 있도록 해야 한다.

② 자원봉사관리자는 자원봉사자의 사생활이 존중될 수 있도록 해야 한다.

③ 자원봉사관리자는 자원봉사현장에서 희롱, 추행, 학대 등 모든 형태의 성폭력을 방지하고, 성평등의 문화가 정착될 수 있도록 노력해야 한다.

제9조(정보보호) 자원봉사관리자는 봉사활동 중 알게 된 관련 정보 및 비밀을 보호해야 한다.

① 자원봉사자의 개인정보를 법률적 근거나 당사자의 동의 없이 제3자에게 제공될 수 없다. 단, 미성년자인 경우 보호자 확인을 통해 정보가 제공될 수 있다.

② 자원봉사관리자는 조사 및 연구 등을 수행함에 있어 개인정보를 보호해야한다.

③ 자원봉사관리자는 봉사활동 사진이나 동영상 등이 자원봉사자의 의견에 반하여 공개되지 않도록 필요한 조치를 취해야 한다.

제4장 조직에 대한 윤리

제10조(동료 간의 존중) 자원봉사관리자는 자신과 동료들이 수행하는 직무의 가치와 내용을 이해하고 정당한 지시나 조언을 존중하는 등 상호 간에 신뢰를 바탕으로 협력한다.

제11조(부당한 상황에 대한 대응) 자원봉사관리자는 자원봉사활동과 업무수행의 현장에서 겪는 부당한 상황에 단호하고 적절하게 대응해야 한다.

① 자원봉사관리자는 동료가 제반 법률기준이나 윤리지침에 위배된 행위를 하는 경우 윤리지침에 따라 조치를 취해야 한다.

② 조직의 방침을 준수하며 현장의 전문적 가치와 판단에 따라 행동하고 부당한 간섭이나 지시 혹은 압력이 있을 경우, 타협하지 않으며 즉시 자원봉사관리자윤리위원회에 보고한다.

③ 조직은 부당한 상황을 알리고자 하는 제보자가 불이익을 받지 않도록 보호해야 한다.

제5장 사회적 역할과 책무

제12조(인권과 안전보호) 자원봉사관리자는 자원봉사활동 현장에서 벌어지는, 혹은 그 과정에서 알게 된 혐오, 학대, 폭력 등 인간의 신체와 정신을 침해하는 행위가 있을 경우 피해자의 인권을 보호하기 위해 필요한 조치를 취해야 한다.

제13조(부당이득 추구 금지) 자원봉사관리자는 공공성을 가진 업무를 수행하는 자로서 청렴의 의무를 지닌다.

① 자원봉사관리자는 소속 조직과 직위, 업무수행 과정 등을 통해 부당한 이득을 추구해서는 안 된다.

② 자원봉사관리자는 합법적인 후원모금을 제외하고 금품 등을 부당하게 요구하거나 받아서는 안 된다.

제14조(사회적 역할) 자원봉사관리자는 일상적인 업무수행을 넘어 자원봉사의 진흥과 시민사회의 활성화를 위해 노력해야 한다.

① 자원봉사관리자는 시민들이 충분한 자원봉사 참여의 기회를 누릴 수 있도록 사회적 요구를 파악하고 필요한 지원을 제공해야 한다.

② 자원봉사관리자는 자원봉사활동의 토대가 되는 시민사회의 참여문화와 공익활동 생태계의 활성화에 적극적으로 기여해야 한다.

③ 자원봉사관리자는 자원봉사가 자율성, 호혜성, 지속가능성 등 사회적 공유가치의 증진에 기여할 수 있는 여건을 조성해야 한다.

④ 자원봉사관리자는 자원봉사의 진흥과 시민사회 활성화를 위한 계획수립 및 정책결정과정 참여, 정책제안, 제도개선 등의 정책적여건 마련을 위해 노력해야한다.

제6장 자원봉사관리자윤리위원회

제15조(자원봉사관리자의 관계) 자원봉사관리자윤리위원회(이하 '윤리위원회')는 자원봉사관리자들의 올바른 직무수행을 지원하기 위해 존재하며 자원봉사관리자는 동 위원회의 권고와 결정을 존중해야 한다.

① 자원봉사관리자는 자원봉사활동과 관련하여 제반 법률이나 본 지침에 위배 되는 사안에 대해 '윤리위원회'에 제소하거나 그 의견을 제출할 수 있다.

② 자원봉사관리자는 '윤리위원회'의 구성, 운영, 결정에 대해 적절한 절차를 통해 의견을 제출할 수 있다.

2018년 12월 5일 제정

4. 자원봉사활동 인정(시간인증, 인정프로그램) 기준

1. 개 요

□ 근거규정 : 법 제11조, 시행령 제15조

□ 추진방향

○ 자원봉사 참여 확대와 지속성을 강화하는 방향으로 추진

○ 자원봉사활동의 가치 증진과 감사의 표현, 동기부여라는 자원봉사 인정 본연의 목적 범위 내에서 시행

○ 자원봉사 인정은 자원봉사활동에 대한 사후적 인정으로, 자원봉사의 기본가치인 「무대가성 및 자발성의 원칙」 견지

○ 인정은 자원봉사자 중심으로 공정하고 합리적으로 추진

2. 자원봉사 시간인증 기준

【 기 본 원 칙 】

- 자원봉사 시간 인증은 자원봉사자와 관련기관・단체 간 상호신뢰를 바탕으로 함
- 인증대상이 되는 봉사활동은 자원봉사의 공익성(공공성, 비영리성), 무보수성의 기준을 충족하여야 함
- 매 활동별 혹은 누적시간에 따라 시간을 인증관리 함
- 봉사자가 요구 시 활동시간에 대한 소정의 인증서를 발급함
- 시간인증은 자원봉사자 개인단위로 함(시간인증 관련 봉사자 연령제한 없음)
  ※ (예시) 가족단위 봉사활동 중 미취학아동 봉사자가 직접 봉사활동에 참여한 경우 시간인증 가능
- 인증시간을 실제 시간보다 늘리거나 양도하는 것은 금지함
- 시간인증은 자원봉사활동 후 3개월 이내에 하는 것을 원칙으로 함
- 시간인증 및 관리방법, 절차는 가능한 간편하고 효율적이어야 함

1 자원봉사 공통 인증기준

□ 시간 및 활동 기본인증기준

○ 자원봉사활동 시간 인증은 1일 8시간 이내 인정 원칙

- 다만, 활동 목적상 8시간을 초과한 활동(예시 참조)이 불가피한 경우, 자원봉사센터에서는 수요처 활동 계획을 검토하여 1일 12시간 이내 인정 가능
- 이 경우에도 수요처에서 활동 봉사자를 충분히 모집, 봉사자의 적정한 활동시간(8시간 이내) 준수 및 휴게시간 보장하도록 운영하는 것이 바람직함

※ (예시) 1박 2일 장애인 캠프 프로그램 활동보조 봉사활동 등

○ 실제 봉사활동 시간에 한해 인증하는 것이 원칙

구분	출발	현장 도착	준비 / 교육	활동	식사	활동	평가	봉사활동 후 여흥	현장 출발	센터등 도착	귀가
인증			활동인증대상시간								

※ 차량봉사의 차량운행 및 기타 봉사시간, 아동안전 지킴이 활동의 현장순찰 활동시간 등 실제로 현장에서 활동한 시간을 인정

- 다만, 이동시간은 원칙적으로 불인정하되 특별재난지역에 대한 자원봉사 등 국가적 재난극복을 위한 활동의 경우 2시간 이내에서 이동시간 추가 인정

○ 자원봉사활동시간 확인·실적 인정은 활동 종료 후 3개월 이내에 이루어지도록 하는 것을 원칙으로 함

- 단, 3개월이 경과하였더라도 이전 자원봉사활동 실적을 구체적으로 입증할 수 있는 경우(예 : 자원봉사 인증기관의 직인이 날인된 자원봉사활동 확인서를 제출하는 경우 등) 관할 자원봉사센터의 판단에 따라 예외적으로 인정* 가능

* 행정안전부의 자료 요구 또는 실태점검 시 구체적으로 실적 증빙 필요

□ 자원봉사 내용별 시간인증기준

○ 자원봉사 관련 교육 및 회의시간

- 자원봉사활동과의 직접적 관련성을 기준으로 판단하되, 실제 자원봉사활동을 수행한 봉사자에 한해서만 관련 교육·회의시간을 봉사활동시간으로 인정

※ 직접적 관련성 : 자원봉사활동 수행을 위해 별도로 실시되는지 여부

- 자원봉사활동에 따른 인정 프로그램의 일환으로 제공되는 교육, 학위 과정·자격증 획득 과정 등 정규 교육 프로그램 이수 과정에서 이루어지는 일상적 교육·회의·실습활

동 등은 불인정

○ 문화공연 준비

- 공연, 전시회 형식의 자원봉사활동의 경우, 공연 당일 최종 리허설은 봉사활동시간으로 인정

※ 학교·동호회·시민단체의 경우 회원(강습자) 대상으로 회화·서예·레크리에이션 등 다양한 강습 프로그램을 진행하고 그 결과물을 공연·전시의 형식으로 일반 시민들에게 제공하는 경우가 있음. 이 경우 공식 공연(리허설 포함)은 자원봉사활동으로 인정 가능하나 일상적 연습 및 공연 준비는 불인정

○ 번역

- 공익적 목적에 의해 공식적으로 요청받은 경우, 200자 원고지 5매 또는 A4용지 1매를 1시간 기준으로 인증

※ 점자, 녹음 등 번역과 유사한 활동의 경우에 유사한 기준을 정하여 인증

○ 행사참여

- 각종 행사에 따른 내빈 안내나 주차, 주변정리, 홍보 등 실질적 봉사활동은 인정, 단순 참여는 불인정

※ 국가·지자체의 기념식 등의 공공행사에 단순 동원식 참여 및 행정기관으로부터 활동비 등 대가를 받는 활동은 제외

○ 물품 및 현금기부 등

- 물품 및 현금 기부는 봉사활동 시간으로 환산하여 인증할 수 없음

○ 종교시설 봉사활동

- 교회, 성당, 사찰 등의 종교행사 관련은 자원봉사 불인정
- 동일 종교시설 내 신도를 위한 활동은 자원봉사 활동으로 등록 불가

○ 헌혈(전혈, 성분헌혈)

- 시간적용기준 : 회당 4시간
- 연간 자원봉사시간 인정 횟수는 전혈 5회, 성분헌혈 24회 이내

※ 혈액관리법 제2조 및 같은 법 시행규칙 제2조의2에 헌혈 가능 횟수 규정

- 헌혈 자원봉사시간 인정은 헌혈자 본인에 대해서만 적용하고, 헌혈증서를 양도 받은 자는 적용하지 않음

2 자원봉사활동 주체별 특별 인정기준

□ 중고생 자원봉사활동

○ 중고생의 학생자원봉사활동도 일반 자원봉사활동과 동일한 기준에서 시간 인증이 원칙

○ 교육목적에 따른 교육과정의 일환으로 실시한 봉사활동의 시간 인증, 반영정도 등은 학교 및 교육청에서 결정

- 단, 공식적 인증기관의 별도의 인증 없이 학교에서만 인증된 활동시간은 자원봉사센터 등에서 합산 관리하지 않음

※ 교육청 또는 학교의 학생 봉사활동 인정기준에 따라 인정시간이 달라질 수 있음

□ 기업 · 직장 자원봉사활동

○ 근무시간 중 봉사활동이라고 하더라도 '본인의 의사에 따라 자발적으로 참여'한 경우에는 시간 인증 가능

- 단, 기업 · 직장의 영리 추구와 관련된 행사(예 : 신제품 프로모션 등)에 참여한 경우에는 자원봉사활동으로 인정받을 수 없음

○ 국군장병의 경우에도 일과 이후, 휴무일, 개인 휴가기간 동안 본인의 의사에 따라 자발적으로 참여한 활동에 대해서는 같은 기준으로 실적 인정

- 단, 일과 중 봉사활동의 경우 자원봉사센터와 사전협의 후 진행한 활동에 대해 인정 가능

□ 자원봉사단체 종사자의 자원봉사활동

○ 회장 등 단체대표자의 단체유지 활동시간은 무급이라도 불인정

※ 단, 회원과 함께 실시한 자원봉사활동 등은 인정

○ 대표자 이외 회원이 봉사단체의 봉사활동준비 등을 위한 단체유지 활동, 공공기관이나 자원봉사센터에서 자원봉사관리 등을 위한 무급활동은 실제 활동시간을 실적으로 인정

3 자원봉사활동별 시간인증 기준의 적용 등

○ 세부 봉사활동별 시간인증의 판단

- 시간인증의 공정성 및 업무처리 효율성 제고 등을 위하여 [별첨5] 자원봉사활동 시간인증 표준표를 참고하여 적용하되 인증기관에서 자율 결정

○ 현장 자원봉사 관리자의 판단에 따를 수밖에 없는 개별 사안의 경우에는 내부심의 등을 거쳐 합리적으로 결정

④ 자원봉사활동시간 인증주체 및 인증방법

□ 인증신청자의 범위

○ 자원봉사자 개인

○ 수요처 관리자 또는 해당 봉사프로그램 담당자

○ 자원봉사단체 주관의 경우 해당 단체장

○ 시·도, 시·군·구 자원봉사센터 장 등

□ 자원봉사 인증기관

○ 시·도 및 시·군·구 자원봉사센터

○ 사회복지자원봉사인증센터, 청소년활동진흥센터 등

※ 향후 법률개정 등에 따라 인증기관은 변경될 수 있음

□ 인증방법

○ 인증기관에 의한 인증서를 발급하는 방법

○ 1365자원봉사포털에 입력하는 방법

○ 자원봉사자 수첩 기록 혹은 수요처 담당자의 확인자료 제출

3. 자원봉사 인정 프로그램 운영

○ 자원봉사 활동에 대한 각종 인정 프로그램 및 대상자 선정기준 등은 각 지자체별로 자율적으로 결정

- 지자체간 상호간 보상체계 및 내용에 혼선을 초래하지 않도록 상호 협조 필요

○ 자원봉사 실적 적립 활용

- 개인별 자원봉사실적 적립·관리를 통해 자원봉사자에 대한 각종 인정 프로그램에 적극 활용

- 학교, 직장 등 자원봉사 공헌인정을 위한 자료제공

- 자원봉사실적 관리를 통한 증명서 발급 등 소속감과 인정감을 부여하여 자원봉사자에 대한 사기진작 등

출처: 행정안전부(2019). 자원봉사 활성화를 위한 자원봉사센터 운영지침 pp. 36-42.

〈 인정 프로그램 유형 및 내용 예시 〉

유 형	인정 프로그램의 내용
정서적 인정	○ 감사카드, 축하카드(생일, 성년 등), 연하장, 휴대폰 문자 등 ○ 언어적・비언어적 감사의 표시와 관심 표현
기회의 인정	○ 국내외 행사 참석기회, 보건소 무료 건강검진 기회 ○ 전문 심화교육, 워크숍 참석기회 ○ 국내・외 연수, 테마여행 기회
상징적 인정	○ 각종 기념품, 활동조끼, 자원봉사자 수첩 제공 ○ 자원봉사자 배지(누적 봉사활동 시간에 따른 금・은・동 배지) ○ 자원봉사자(리더) 명함 제작 또는 자원봉사 인증패 증정 ○ 이달의 모범 자원봉사자 선정 또는 봉사왕 선정 등
간접적・경제적 인정	○ 주차할인권, 공공시설 및 복지관 프로그램 이용료 할인 ○ 놀이공원・공연관람료 할인 또는 무료티켓 등 제공 ○ 할인쿠폰 제공(할인가맹점 이용)
사회적 인정	○ 추천이나 추천서 제공 ○ 우수 자원봉사자 표창, 정부포상 추천 ○ 지역 또는 전국적 미디어 활용 홍보 ○ 상급학교 진학시 경력 인정

참고문헌

1. 국내 자료

강종수 (2012). 대학생의 자원봉사활동 지속의지에 미치는 참여 동기 및 인정 · 보상 요인 분석. 한국산학기술학회논문지, 13(12), 5728-5737.

강종수 (2012). 중소도시 지역사회자본이 복지 자원개발에 미치는 효과: 기부활동을 중심으로. 한국지역사회복지학, 40. 239-262.

경기연구원 (2014). ISSUE & ANALSIS 자원봉사활동 활성화와 인정 · 보상 제도. GRI퍼스펙티브. 제 4호.

고재욱 외 (2011). 행복한 사회를 만들어 가는 자원봉사론. 경기: 양서원.

관계부처 합동 (2018). 자원봉사활동 진흥을 위한 제3차 국가기본계획(2018~2022).

구승신 · 나상운 · 임정문 · 유정욱 · 김태식 (2016). 자원봉사론. 경기도: 정민사.

구재관 · 권향임 · 김근아 · 김남용 · 김현옥 · 박성석 · 박정숙 · 이민숙 · 이영실 · 조미숙 (2013). 자원봉사론. 서울: 창지사.

김동배 (2005). 시민사회와 자원봉사. 서울: 학지사.

김동배 · 김선아 · 이서원 · 장신재 · 조학래 · 홍영수 (2009). 자원봉사의 이해. 서울: 학지사.

김범수 외 (2004). 자원봉사의 이해. 서울: 학지사.

김범수 외 (2010). 자원봉사의 이해. 서울: 학지사.

김범수 (2013). 자원봉사론. 서울: 학지사.

김범수 · 권선진 · 손영희 · 신승연 · 이종복 · 전종숙 · 정옥희 · 정용충 · 최은숙 (2015). 자원봉사론 3판. 서울: 학지사.

김범수 · 신원우(2018). 지역사회복지론. 경기: 공동체.

김성경 (2000). 자원봉사 조직과 전달체계는 문제는 없는가. 한국자원봉사 포럼 제20회 정기포럼자료집, 5-14.

김성이 (1997). 봉사학습의 개념과 실천원칙에 관한 연구. 사회과학연구논총, 41-61.

김성혜 (2017). 자원봉사지원체계의 개선에 관한 연구: 서울시 자치구 자원봉사센터를 중심으로. 성균관대학교대학원 석사학위논문.

김승렬 · 김진덕 (2016). 자원봉사활동 인정 · 보상 선호에 대한 집단 간 차이분석. 한국지방행정학보, 13(1), 71-95.

김영학 (2016). 4차 산업혁명시대의 지적교육 방향. 한국지적정보학회지, 18(3), 35-49.

김익균 · 주익수 · 이용환 · 최광신 · 김재원 · 박옥신 · 박철훈 · 문황진(2013). 자원봉사론. 경기: 정민사

김재학 (2014). 자원봉사의 동기, 교육・훈련, 인정 보상이 행동의도에 미치는 영향. 호텔경영학 연구, 23(4), 129-145.

김지영 (2017). 대학의 봉사학습 프로그램 운영 모형 개발 연구. 교육문화연구. 23(1), 65-102.

김진우・이지민 (2018). 민간공익단체에 대한 국가감독체계의 개선방향에 관한 연구- 영국법으로부터의 시사점, 외법논집, vol.42:1.

김현옥・안승・천희・김형용・오영수・박연수 (2008). 자원봉사활동 관리 표준매뉴얼 개발 연구. 행정안전부.

나선경 (2015). 자원봉사센터 운영 활성화 방안: 경상북도센터를 중심으로. 경북대학교 석사학위논문.

남은영・이재열・김민혜 (2012). 행복감. 사회자본. 여가: 관계형 여가와 자원봉사활동 함의를 중심으로. 한국사회학, 46(5), 1-33.

대구광역시 (2003). 자원봉사교육교재. 대구광역시.

류기덕・박귀영・박영국・신경안・오 주・이기량・이재모・장재원・정영주(2017). 자원봉사론. 경기: 양성원.

류기형・남미애・박경일・홍봉선・강대선(2013). 자원봉사론. 경기도: 양서원.

문재우・우연웅 (2013). 자원봉사활동이 건강과 삶의 만족도에 미치는 영향. 보건과사회과학, 34, 87-107.

박가나 (2012). 우리나라 봉사학습에 대한 연구동향 분석. 시민청소년학연구, 3(2), 30-55.

박가나 (2014). 학교중심 봉사학습의 유형 및 내용 분석. 청소년학연구, 21(6), 27-57.

박기훈 (2017). e-learning 기반 자원봉사이론 교육 프로그램의 효과에 관한 연구. e-비즈니스연구, 18(6), 331-345.

박석순 (2006). 대구광역시 지역자원봉사센터 활성화 방안. 경북대학교 석사학위논문.

박승희・전상신・박지연 (2015). 초・중・고등학교 현장에서 실행된 봉사활동 및 봉사학습의 내용, 효과 및 과제 : 1995~2014년 국내외 연구 분석. 특수교육학연구, 50(2), 249-276.

박차상 (2014). 자원봉사론. 서울: 창지사.

박춘희 (2015). 시민의 자원봉사활동에 영향을 미치는 요인에 관한 연구 : 자원봉사자의 만족도 및 참여지속성을 중심으로. 건국대학교 대학원 박사학위논문.

박태영 (2000). 자원봉사 조직과 전달체계는 문제는 없는가. 한국자원봉사 포럼 제20회 정기포럼자료집, 19-20.

박현식・김준경・구재관・박지현・정지웅 (2018). 경기: 양서원.

박희진 (2018). 봉사학습 사례 분석을 통한 사회정서역량 함양 정책 방안 탐색: 영국과 싱가포르를 중심으로. 한국교육 45(1), 137-165.

보건복지부 (2016). 나눔실태 및 인식현황 정책보고서.

볼런티어 21 (2000). 미국의 봉사학습(Service Learning) 유형. 볼런티어 21 편집부.

볼런티어 21 (2005). 2005 한국인의 자원봉사 인식 및 현황 조사연구. 행정자치부, 45-61.

서울시자원봉사센터 (2011). 청소년 봉사활동 이렇게 지도하세요! 청소년봉사학습 가이드북.

서울특별시교육청 (2015). 교육정책연구과제 보고서, 혁신미래교육을 위한 새로운 학력관의 정립과 실현 방안.

서울특별시 교육청 (2012). 2012 학생봉사활동 운영 안내.

송민경 (2011). 봉사학습, 청소년의 경험학습이자 사회참여의 길을 열다. 민주화운동기념사업회. 시민교육, 4, 77-82.

송민경 (2016). 청소년을 둘러싼 교육 여건의 변화와 봉사학습의 연계: 봉사학습의 핵심적 구성요소를 중심으로. 서울시자원봉사센터.

송복렬 (2004). 자원봉사활동의 활성화와 사회 참여. 명지대학교 석사학위논문.

송혜경 · 안권순 (2012). 청소년들의 행복과 자원봉사활동 인식이 만족에 미치는 영향. 청소년학연구, 19(6), 269-290.

승금희 (2005). 자원봉사론, 서울:대왕사.

신원식 외 (2011). 사회복지개론, 공동체,

신재섭, 황성하 (2011). 한국 자원봉사관리 현황과 문제점에 관한 연구. 복지행정논총, 21(2), 61-79.

안영주 (2017). 평창동계올림픽 자원봉사 동기, 인정 · 보상, 연결성, 봉사활동 참가의도와의 관계 연구 -연결성의 매개효과를 중심으로. 관광학연구, 41(6). 191-205.

양정하 · 황인옥 · 김정희 · 배의식 · 박미정 · 김남숙 · 강가영 (2019). 지역사회복지론. 경기: 공동체.

양재모 (2018). 자원봉사활동기본법 개정논의에 관한 검토. 한양법학, 29(4), 105-125.

양창삼 (1997). 사회봉사의 철학과 기능. 서울: 한양대학교 출판원.

여성부 (2005). 자원활동 해외정책 연수보고서.

염철현 (2009). 미국 역대 행정부의 자원봉사법 변천 과정과 최근 동향. 교육법학연구, Vol. 21,1, pp.119~139

우태식 · 김창래 (2015). 자원봉사활동의 유래를 통한 행정체계의 발전방향에 대한 고찰, 한국행정사학회.

원동규 · 이상규 (2016). 인공지능과 제4차 산업혁명의 함의. IE 매거진, 23.2(2016.6): 13-22

원미순 (2003). 대학생의 봉사학습성과에 영향을 미치는 요인들에 관한 연구. 서울여자대학교 대학원. 박사학위논문.

유길준 (2015). 인정 · 보상 효과에 대한 자원봉사자와 자원봉사관리자의 인식 비교 연구. 인문사회 21, 6(3), 323-341.

유숙영 · 서운경 (2016). 기독교 대학교육에서 봉사-학습의 도입 및 효과. 기독교교육정보, 48, 121-149.

유용식 · 원요한 · 김봉순 · 유길준 (2016). 자원봉사론. 경기도: 양서원.

유은경 (2015). 노인 자원봉사자의 동기충족이 자원봉사활동 만족도에 미치는 영향에 관한 연구-인정・보상의 조절효과를 중심으로-한국노인복지학회 2015년 국제학술대회 자료. 199-227.

이경상 (2014). 청소년 봉사활동의 실태 및 발전과제. 공공정책연구, 31(1), 193-224.

이경혜 (2019). 시민의 자원봉사 영향요인에 관한 탐색적 연구: 자원봉사와 잠재적 자원봉사자를 중심으로. 한국행정복지학회. 21(1), 31-54.

이금룡 (2015). 노인자원봉사자 및 실무자 교육교재. 보건복지부, 한국노인종합복지관협회. 109-136.

이만식・손식・신효진 (2014). 21세기 자원봉사관리 이론과 실제. 학지사.

이민창・사고영호・주영신 (2006). 자원봉사 진흥을 위한 국가기본계획 의제선정 연구보고서. 행정자치부.

이병순・김효정・오효근・박미혜・민승화・김화진・강정희 (2014). 자원봉사실천가가 풀어쓴, 자원봉사론. 서울: 공동체.

이성록 (2005). 자원봉사 매니지먼트. 서울: 미디어숲.

이수진・정신실 (2019). 학교의 시계가 멈춰도 아이들은 자란다. 서울: 우리학교.

이영근 (2012). 스마트 교육 환경기반 교육콘텐츠 모형 연구. 한국정보과학회 학술발표논문집, 39(1A), 137-139.

이영철 (2009). 지역사회복지론. 양서원.

이영춘・황희숙 (2013). 자원봉사자를 위한 재교육 프로그램에 관한 연구. 한국정책연구, 13(3), 239-259.

이용환・송상훈・김진덕 (2013). 자원봉사 가치 인식조사를 통한 자원봉사 활성화 방안 연구. 정책연구, 1-63.

이재은・조영아 (2015). 서울시 자원봉사센터 자원봉사 관리자의 역량모델 개발. 한국사회복지연구회.

이해주・곽삼근・최윤진 (2002). 자원활동자 교육을 위한 자원봉사론 강해. 서울: 한국방송통신대학교 출판부.

전신현・이경상 (2016). 청소년 도움활동으로서 자원봉사와 기부활동의 참여요인: 초・중・고등학생 세집단의 비교. 한국청소년학연구27(3), 5-30.

제8회 전국자원봉사컨퍼런스 (2015). “자원봉사 기본으로 돌아가자.” 자료집.

제9회 전국자원봉사컨퍼런스 (2016). “지속가능한 미래, 행복한 공동체.” 자료집.

전해황 외 (2008). 지역사회복지론. 양서원.

정병오・송아영 (2016). 알기 쉬운 사회복지 프로그램 성과평가 매뉴얼. 경기복지재단.

정창우 (2008). 청소년 봉사학습의 문제점과 도덕교육적 활용 방안. 도덕윤리과교육, (27), 85-112.

조상식 (2016). ‘제4차 산업혁명’과 미래 교육의 과제. 미디어와 교육, 6(2), 152-185.

조휘일 (2002). 대학의 지역사회봉사를 위한 봉사학습(Service-Learning)의 개념 고찰. 서울여자대학교 사회복지연구센터. 사회복지실천, 1, 1-21.

조휘일 (2002). 자원봉사 프로그램 관리: 이론과 실제. 서울: 학지사.

주성수 (2005). 자원봉사: 이론, 제도, 정책. 서울: 아르케.

주성수 (2013). 자원봉사 문화와 제도. 한양대학교출판부.

주성수 (2016). 나눔문화: 기부, 자원봉사, 이웃돕기. 한양대학교출판부.

주성수 (2017). 자원봉사활동 실태조사 및 활성화 방안 연구, 한국자원봉사문화. 서울: 행정안전부.

주성수 · 정희선 (2014). 자원봉사활동 실태조사 및 활성화 방안 연구. 행정자치부.

주성수 · 정희선 · 윤영미 (2017). 2017 자원봉사활동 실태조사 및 활성화 방안 연구. 행정안전부.

최덕경 · 이혜자 · 서정학 · 배은숙 · 박주현 (2012). 현대사회와 자원봉사. 경기: 공동체.

최유미 (2009). 자원봉사의 주관적 가치인식과 인정경험이 직무만족에 미치는 영향. 지역사회연구, 17(4), 1-30.

최유미 (2010). 자원봉사 교육과 인정이 직무만족에 미치는 영향에 관한 연구. 한국지역사회복지학, 32, 151-183.

최유미 (2012). 한국형 자원봉사관리 평가지표 개발연구. 한국지역사회복지학. 43, 115-135.

최유미 (2015). 자원봉사관리론. 경기도: 공동체.

최종혁 · 이 연 · 유영주 (2015). 자원봉사론. 경기: 양서원.

통계청 (2017) 국내 나눔실태 2017. 통계청.

통계청 (2017). 2017년 한국의 사회지표. 통계청.

하영수 · 김한양 (2015). 지역사회 주민의 자원봉사정책, 인식도에 관한 연구. 한국지역사회복지학. 52, 53-85.

한국자원봉사문화 (2015). 자원봉사 시간관리와 도구주의. ISSUE 2. 시민참여문화.

한국중앙자원봉사센터 (2014). 자원봉사센터 현황.

한국중앙자원봉사센터 (2015). 자원봉사센터 현황.

행정안전부 (2012). 자원봉사 제2차 국가기본계획 수립.

행정안전부 (2017). 2017년 자원봉사센터 현황. 행정안전부.

행정안전부 (2017). 2017 자원봉사활동 실태조사 및 활성화 방안연구. 행정안전부.

행정안전부 (2017). 자원봉사 활성화를 위한 자원봉사센터 운영지침. 행정안전부.

행정안전부 (2018). 2018년 자원봉사진흥시행계획 I . 행정안전부.

행정안전부 (2018). 자원봉사진흥을 위한 제3차 국가기본계획(2018~2022).

허종욱 (2015). 여가활동과 자원봉사활동이 생활만족도에 미치는 영향. 관광연구저널, 29(8), 141-152.

현외성 (2010). 자원봉사론 강해. 서울: 학지사.

홍원표 (2013). 학교봉사활동의 교육적 의미를 강화하기 위한 방안 탐색: 봉사활동을 넘어 봉사학습으로. 교육과정연구, 31(3), 227-251.

2. 해외 자료

Baldock, C. V. (1990). Volunteers in welfare. Sydney: Allen and Uniwin Australia Pty Ltd.

Bang, H. SD Ross(2009). Volunteer motivation and satisfaction. Journal of Venue and Event Management, 61-77.

Ilsley, P. J. (1990). Enhancing the volunteer experience, Jossey-Bass Publishers: California.

Jacoby, B. (1996). Service-learning in higher education: Concepts and practices. 조용하(역)(2008). 대학교육과 봉사학습: 이론적 관점과 실제. 서울: 학지사.

Smith, Ellis, & Steven (2002). UK-wide evaluation of the Millennium volunteers programme, Institute for Volunteering Research. Research Report RR357.

Schwbab, K. (2016), The fourth industrial revolution. Colony/Geneva: World Economic Forum. 송경진(역)(2016), 제4차 산업혁명, 서울: 새로운 현재.

Sigmon, R. (1979). Service-learning : Three principles. Synergist. 9-11.

http://contents.kocw.or.kr/KOCW/document/2014/wonkwang/OHSeyoung/4.pdf KOCW 강의안 - 자원봉사의 역사적 발전.

http://contents.kocw.or.kr/KOCW/document/2014/wonkwang/OHSeyoung/4.pdf KOCW 강의안 - 자원봉사란 무엇인가?.

http://welinfo.kr/index.html 사회복지정보센터.

http://www.law.go.kr/lsInfoP.do?urlMode=lsInfoP&lsId=010001 자원봉사활동기본법, 국가법령정보센터.

http://www.volunteeringkorea.org/ 볼론티어 21.

http://www.youth.go.kr/youth/youth/contents/srvcActIntroForm.yt?curMenuSn=357 청소년활동진흥원.

http://youngcitizens.volunteernow.co.uk/millennium-volunteers 영국 밀레니엄자원봉사단 홈페이지.

https://socialwelfare.library.vcu.edu/eras/great-depression/civilian-conservation-corps/ 사회복지 역사.

https://vimeo.com/93343687 / 청소년자원봉사교육애니메이션.

https://www.1365.go.kr/vols/main.do 1365 자원봉사포털.

https://www.gov.uk/government/news/regulator-publishes-new-research-into-factors-the-public-associate-with-trustworthy-charities 영국정부자선위원회 2018/7/11 뉴스기사.

https://www.nationalservice.gov/about/who-we-are 미국봉사단 홈페이지.

찾아보기

(인명)

저자소개

▎천정웅(대구가톨릭 대학교)

미국 캔사스대학교(The University of Kansas)에서 사회복지학 박사학위를 취득하였으며 한국 중앙대학교에서 정치학 박사학위를 받았다. 한국청소년정책연구원 기획조정실장, 한국청소년학회 사무총장, 미국 아이오와 대학교(University of Iowa) 방문학자, 미국 캔사스대학교(University of Kansas), 사회정책분석연구원 Research Manager 등으로 일한 바 있다. 현재 대구가톨릭대학교 사회복지학과 교수로 재직하고 있으며, 대구다문화가족지원센터 협회장, 대구동구사회보장대표협의체 위원 등을 역임했다. 대구가톨릭대학교의 주요보직은 국제다문화대학원장, 다문화연구원장, 다문화교육원장, 청소년복지연구소장, 사회복지학과장, 대학원 사회복지학과장 등이 있으며, 강의과목은 학부와 일반 및 특수대학원 석 · 박사 과정에서 인간행동과 사회환경을 비롯하여 청소년복지론, 청소년인권과 참여, 청소년활동론, 사회복지정책론, 사회복지행정론, 지역사회복지론, 고급통계자료분석론, 질적연구방법론, 사회복지법제론, 국제사회복지론, 국제이주와 사회통합, 영성과 사회복지 등이 있다.

1980년대 중반 이후 30여 년간 청소년학, 사회복지 및 영성복지 등과 관련한 이론과 실천, 양적/질적 연구방법론 등에 관한 연구, 강의 및 저작활동에 진력해오고 있다. 한국전통사상에 관해 특별한 관심을 갖고 있으며, “적극적 관점의 청소년개발”, “차세대 사회복지개론”, “청소년인권과 참여”, “사회복지연구방법론”, “사회복지조사론”, “청소년복지론”, “다문화청소년활동론”, “지구환경레짐의 정치경제학,” “지역사회복지론”, 등의 저서와 “청소년영성발달과 유교적 영성의 ‘효’: Ken Wilber의 통합이론과 긍정청소년개발 모델의 적용”, “청소년참여의 유형화 연구”, “청소년정책의 발전적 특성연구” 등 다수의 국문 저서와 논문이 있다. 또한, “Best practices in community-based prevention for youth substance reduction”, “Causal relationships between service outcomes and satisfaction, service utilization, and demographic characteristics: A path analysis” 등 단독저자로서 SCI, SSCI 등재 영문저널에 게재된 여러 편의 영문논문이 있다.

2003년 미국에서 “세계청소년학 아카데미(World Academy for Youth Studies)”를 창립했으며 2006년에는 한국 청소년복지의 발전을 위한 “청소년학 월드포럼(World Forum on Youth Studies)”을 제안하여 세계 주요 국가를 순회하면서 국제컨퍼런스를 개최하고 있다. 2015년 6월에는 대구가톨릭대학교에서 “Homo Nomad & Young People”을 대주제로 제4회 월드포럼 국제학술대회를 11개국의 참가자들과 함께 개최한 바 있다. 한국사회복지질적연구학회 편집위원장, 글로벌청소년학회 편집위원장, 한국청소년연구 편집위원 등을 역임했으며, 최근에는 국제사회복지학회 회장, 글로벌청소년학회 회장을 맡아하고 있으며, 한국시민청소년학회 회장을 역임하였다.

▎김세광 (고신대학교)

명지대학교에서 청소년지도학 전공으로 교육학석사와 박사학위를 받았다. 현재 고신대학교에 재직 중이다. 청소년복지, 청소년청소년 문제와 보호, 청소년활동, 청소년문화, 청소년프로그램개발론 등 청소년관련 과목과 학교폭력예방과 학생의 이해 등 교직 과목을 강의 하고 있다. 한국청소년정책연구원의 연구에 참여하여 ‘청소년 멘토링을 위한 멘토 교육 프로그램개발(2012-2013)’, ‘청소년 시민성 역량 함양 프로그램개발(2013)’, ‘청소년 기업가 정신 함양 프로그램개발(2014)’, ‘청소년이 행복한 지역사회 구성방안(2015~ 2017)’ 등을 연구해 오고 있다. 2012년부터 현재까지 지역사회의 비행청소년과 다문화청소년 등 소외 청소년을 위한 멘토링 프로그램 개발과 실행을 하고 있으며 청소년의 균형 있는 역량 개발을 지원하기 위한 멘토들을 양성하고 있다.

자원봉사 영역에서는 자원봉사교육을 위한 창의적 자원봉사 지도방법을 연구하고 있으며 청소년을 대상으로 자원봉사를 지도하는 지도자들을 위한 강연을 하고 있다. 한국평화교육훈련원에서 회복적 정의 워크샵 전문가/강사, 서클프로세서 진행전문가로 활동하고 있다. 회복적 정의 패러다임의 다양한 적용과 학교폭력예방, 청소년 역량 프로그램개발, 학업중단 청소년을 위한 지원과 청소년을 둘러싼 생태 환경 속에서 발생하는 갈등조정과 청소년을 위한 창의적 지도방법 등에 관심을 가지고 연구하고 있다. 주요저서로는 “회복적 정의와 실제적 대처 방안을 중심으로 한 학교폭력 예방 및 대책(2014)”, “청소년을 위한 멘토링의 이해와 실제(2014)”, “숨겨진 나 발견하기(2013)”, “청소년프로그램개발과 평가(2015)”,“청소년문제와 보호(2017), “청소년을 위한 기업가 정신과 진로 창업역량 개발 : 벤처스타 (2018)”,”청소년지도방법론(2019)” 등을 공저 하였다.

안명선 (해맑음문화활동센터)

대구가톨릭대학교에서 사회복지학 박사학위를 받았으며, 대구한의대학교에서 청소년학 석사를 취득하였다. 2005년도부터 창원문성대학교, 대구한의대학교, 김해대학교, 포항선린대학교 등에서 사회복지실천기술론, 인간관계론, 인간과 사회심리, 아동복지론, 사회복지조사방법론, 사례연구 등을 강의했다. 현재는 비영리민간단체 해맑음문화활동센터 센터장, 사회적기업 (주)해맑음 대표, 지속가능미래연구소 대표, 경남범죄피해자지원센터 상담분과위원, 창원시보건정책위원, 창원시자원봉사센터 운영위원, 경남사회적기업심사위원, 창업육성기업심사위원, 창원시 으뜸마을만들기심사위원등을 맡아 활동하고 있다. 대표논문으로 "한국의 공적개발원조(ODA) 평가와 청소년국제교류 활성화의 과제"(2015), "현실요법적 놀이치료프로그램이 비행청소년의 공격성과 자기효능감에 미치는 효과"(2008), 협동조합 실태분석 및 정책실효성에 관한 연구(2017), 노인장기요양보험제도의 문제점 및 개선방안에 관한 고찰(2019) 등이 있으며, 저서로는 역량중심의 청소년 지도 설계(2013), 청소년지도방법론: 적극적 관점 (2017)등이 있다.

문정희(강남 다함께키움센터)

서울여자대학교에서 사회복지학(임상사회사업) 전공으로 석사학위를 취득하였다. 사회복지법인 청풍복지재단 계명원, 서울시아동복지협회에서 아동양육시설 아동들의 자립준비, 퇴소 이후의 자립생활 등에 대해 관심을 가지고 실천·연구하였다. 이후 사회복지법인 성민 성민성년후견지원센터 연구원으로 성년후견제도 관련 서울시 연구사업을 수행하고, 한국양성평등교육진흥원에서 공무원 대상 성인지 교육 창의형콘텐츠(성인지 교육연극)개발 등 다양한 교육 콘텐츠 개발에 참여하며 공무원 대상 성인지 교육사업운영의 업무를 담당하였다. 현재는 보건복지부사업인 '다함께 돌봄사업·서울시 우리동네키움센터'의 일환으로 실시되고 있는 강남다함께키움센터(역삼)에서 센터장으로 근무하고 있다.

주요 논문으로는 청소년의 인권감수성과 학교폭력 태도 및 행동과의 관계(2014), 탈가정 후 결혼이주여성들의 생활실태와 대안모색(2015), 석사학위논문인 아동양육시설 자립지원전담요원의 직무수행에 관한 연구(2016), 내가 선택하는 성년후견제도: 발달장애 당사자용 후견사무설계를 위한 활동북(2016) 개발, 발달장애 당사자용 후견사무설계를 위한 활동북 개발보고서(2016), 서울시 발달장애인 공공후견활동 욕구조사(2016), 아동양육시설 자립지원전담요원의 직무수행실태에 관한 연구(2017), 다문화가정 한국인 남편의 안정적인 결혼적응 경험(2017), 느린학습자 지원 정책 수립을 위한 기초연구-학습권 보호를 중심으로(2019) 등이 있다.

자원봉사론

1판 1쇄 인쇄 — 2020년 1월 6일
1판 1쇄 발행 — 2020년 1월 10일

저　　자 - 천정웅 · 김세광 · 안명선 · 문정희
발 행 인 - 강철원
발 행 처 - 양성원
주　　소 - 경기도 파주시 검산로 173번길 29-20
전　　화 - 031-946-3861(代)
팩　　스 - 031-946-3864
이 메 일 - tnwpub@naver.com
홈페이지 - tnwpub.co.kr
출판등록 - 2015년 8월 31일 제 2015-000211 호

ISBN 979-11-6126-236-9

정가 18,000원

※ 저자와 협의하여 인지는 생략합니다.
※ 저작권법 제136조(벌칙)에 따라 위반자는 5년 이하의 징역 또는
5천만 원 이하의 벌금에 처하거나 이를 병과할 수 있습니다.